Rainer Albertz
Elia

Biblische Gestalten

Herausgegeben von
Christfried Böttrich und Rüdiger Lux

Band 13

EVANGELISCHE VERLAGSANSTALT
Leipzig

Rainer Albertz

Elia

Ein feuriger Kämpfer für Gott

EVANGELISCHE VERLAGSANSTALT
Leipzig

Bibliographische Information der Deutschen Nationalbibliothek
Die Deutsche Nationalbibliothek verzeichnet diese Publikation in
der Deutschen Nationalbibliographie; detaillierte bibliographische
Daten sind im Internet über http://dnb.dnb.de abrufbar.

4. Auflage 2015
© 2006 by Evangelische Verlagsanstalt GmbH · Leipzig
Printed in Germany · H 7019

Das Buch wurde auf alterungsbeständigem Papier gedruckt.

Cover: behnelux gestaltung, Halle/Saale
Satz: Evangelische Verlagsanstalt GmbH
Druck und Binden: Hubert & Co., Göttingen

ISBN 978-3-374-02351-6
www.eva-leipzig.de

INHALT

Vorwort 7
A. Einführung »… bis dass aufstand ein Prophet
   wie Feuer« 9

B. Darstellung 19
   1. Historische Spurensuche 19
      1.1 Was wissen wir vom historischen Elia? 20
      1.2 Die Zeit Elias 28
      1.3 Die »klassischen« Gerichtspropheten und
          ihr Scheitern 49
      1.4 Die Anerkennung der Gerichtsprophetie in
          der Exilszeit 55
      1.5 Neuer Streit um die Prophetie in
          nachexilischer Zeit 58
   2. Die Erzählungen über Elia 63
      2.1 Die literarische Gestalt der Elia-Erzählungen 64
      2.2 1. Kön 21: Elia deckt schreiendes Unrecht auf 88
      2.3 2. Kön 1: Elia stellt sich den Mächtigen
          in den Weg 105
      2.4 1. Kön 17–18: Elia kämpft leidenschaftlich
          um sein Volk 115
      2.5 1. Kön 19: Der Kampf Elias darf
          nicht scheitern 139
      2.6 2. Kön 2: Elia fährt feurig gen Himmel 150

C. Wirkung 161
   1. Das Weiterwirken Elias in der Bibel 161
      1.1 2. Chr 21: Ein später Brief Elias 163
      1.2 Mal 3: Die Wiederkehr Elias am Ende
          der Zeiten 164
      1.3 JesSir 48: Das frühjüdische Eliabild 168
      1.4 Elia und Johannes der Täufer 173
      1.5 Elia und Jesus von Nazareth 177
      1.6 Elia als Orientierung für die frühen Christen 182

2. Elia in Kunst, Musik und Literatur 184

   2.1 Elia in der bildenden Kunst 185

   2.2 Das Oratorium »Elias«
      von Felix Mendelssohn-Bartholdy 200

   2.3 Der Roman »Der Fünfte Berg«
      von Paulo Coelho 213

D. Verzeichnisse 225

   1. Literaturverzeichnis 225

   2. Abbildungsverzeichnis 230

VORWORT

Nur sechs Kapitel des Alten Testaments berichten vom Propheten Elia, dennoch stieg er im frühen Juden- und Christentum zum wichtigsten aller Propheten auf. Neben dem Gesetzgeber Mose repräsentiert er nunmehr die gesamte Prophetie Israels. Das vorliegende Buch sucht, die Gründe für diese beispiellose Wirkungsgeschichte aufzuspüren und zeichnet deren Stadien im einzelnen nach.

Einer der Gründe liegt wohl darin, dass Gott sich auf ganz besonders enge Weise an diesen frühen Propheten gebunden hat und sein Reden und Handeln mit einer Vollmacht ausstattete, die schon zu dessen Lebzeiten Aufsehen erregte. Ein weiterer Grund mag sein, dass Elia kompromißlos um die Anerkennung seines Gottes kämpfte und seinem Volk die Entscheidung für ihn abrang.

Die Erwartung, dass der Prophet, den Gott zu sich entrückte, am Ende der Zeiten noch einmal wiederkommen würde, um sein Werk zu vollenden, hatte auf Johannes den Täufer und auch auf Jesus von Nazareth einen prägenden Einfluß. So ist von Elia im Neuen Testament häufiger die Rede als von allen anderen Propheten. Die Faszination, die von diesem Propheten ausgeht, zog bis heute Maler, Musiker und Schriftsteller wie Lukas Cranach, Felix Mendelssohn Bartholdy und Paulo Coelho in ihren Bann.

Für mich als Alttestamentler, der meist mit den historischen Ursprüngen im alten Israel beschäftigt ist, war es eine faszinierende Aufgabe, die lange Wirkungsgeschichte dieser biblischen Gestalt innerhalb und außerhalb der Bibel nachzuzeichnen.

Noch zwei Hinweise zum Gebrauch des Buches: (1) Da die Gestalt Elias so viel Interesse auf sich zog, sind die Erzählungen von ihm im Verlauf der weiteren Geschichte leichter oder stärker bearbeitet worden. Die ursprüngliche literarische Gestalt der Elia-Erzählungen wird in Kapitel 2.1 rekonstruiert. Diesem Kapitel wurden kleine graphische Schaubilder beigegeben, um den Bearbeitungsprozeß leichter verständlich zu machen. Dabei ist der ursprüngliche Kern der Elia-Erzählung dunkel eingefärbt, während die späteren Bearbeitungen durch helle und herausgerückte Kästchen markiert werden. Die Textauslegungen von Kapitel 2.2–6 sind auch ohne Kenntnis dieser literaturgeschichtlichen Analyse verständlich; doch wer es genauer wissen will, kann zu Kapitel 2.1 zurückblättern. (2) Ein hochgestelltes Sternchen (*) nach einem Bibelvers meint, daß nicht der gesamte heutige Bibeltext des Verses oder Versabschnitts zur rekonstruierten Textgestalt gehört hat. Auf welche Versteile sich das Sternchen bezieht, wird aus der Analyse und aus der Auslegung deutlich.

Viele haben zum Gelingen dieser Aufgabe beigetragen. Als erstes danke ich meiner Schülerin, Frau Dr. Susanne Otto. Die zahlreichen Gespräche, die ich mit ihr im Verlaufe ihres Dissertationsprojektes führte, haben mir die Elia-Erzählungen nahe gebracht, und ich habe viele ihrer redaktionsgeschichtlichen Einsichten in dieses Buch übernommen. Als zweites danke ich Herrn Privatdozenten Dr. Rüdiger Schmitt, von dessen Habilitationsschrift über »Magie im Alten Testament« ich profitiert habe und der mich kenntnisreich mit interessanten Bildern für dieses Buch versorgt hat. Als drittes danke ich meiner Sekretärin, Frau Gertrudis Sieg, und meinen Hilfskräften, Gaby Kern und Andréa Claudia Frank, für ihre sorgfältigen Korrekturarbeiten.

Altenberge, im Oktober 2005   Rainer Albertz

A. EINFÜHRUNG

»... bis dass aufstand ein Prophet wie Feuer«

»Feuriger Elias« nannte und nennt man seit der Erfindung der Eisenbahn eine Lokomotive, die fauchend und feuersprühend heranbraust. Dabei drückt diese merkwürdige Bezeichnung, die wohl die einzige Übertragung einer biblischen Gestalt auf eine stählerne Maschine darstellt, ganz unterschiedliche Empfindungen aus: Zuerst Bewunderung vor der unbändigen Dynamik dieses neuen Verkehrsmittels, dann Furcht vor seiner qualmenden, sengenden und herandonnernden Gewalt und zuletzt auch ein wenig Spott, dass dieses feuerspeiende Ungetüm sich nur aufbläst, als wäre es der wirkliche Elias, aber in Wirklichkeit nicht an den biblischen Propheten heranreicht.

Die Metapher »feuriger Elias« ist nicht zufällig. Schon der biblische Elia – der Buchstabe »s« am Ende des Namens geht auf die griechische und lateinische Bibel zurück – hat es auf eigentümliche Weise mit dem Feuer zu tun. Nach den biblischen Erzählungen hat er dreimal Feuer vom Himmel auf die Erde herabfahren lassen: Auf sein Gebet hin entzündete ein göttliches Feuer Elias Opfer auf dem Karmel und erwies so die alleinige Göttlichkeit des Gottes Israels (1. Kön 18,38). Und auf sein Wort hin fiel gleich zweimal das göttliche Feuer auf eine Kohorte, die ihn im Auftrag des Königs von Israel festnehmen wollte (2. Kön 1,10.12). Schließlich ist auch der Tod Elias mit einer imposanten Feuererscheinung verbunden: Er ist keines natürlichen Todes gestorben, sondern wurde auf einem feurigen Wagen, bespannt mit feurigen Pferden, von Gott direkt in den Himmel entrückt (2. Kön 2,11). Diese wunderbare Verbindung Elias mit dem Feuer hat schon in der späten alttestamentlichen Überlieferung dazu geführt, dass man seine Person und sein Wirken im Ganzen mit dem Feuer verglich: »Bis dass aufstand ein Prophet wie Feuer, und seine Worte waren wie ein brennender Ofen« (JesSir 48,1).

Auf uns moderne Menschen des 21. Jh.s wirken dergleichen mirakulöse Vorgänge erst einmal befremdlich. Wir haben gelernt, dass die Blitze, die vom Himmel zucken, im elektrischen Spannungspotential gegensätzlich geladener Wolkenformationen eine ganz natürliche Ursache haben. Solche physikalischen Erklärungen kannten die biblischen Zeugen noch nicht. Für sie, die noch weit ungesicherter lebten als wir, war noch in den gewaltigen Wettererscheinungen Blitz, Donner und Sturm direkt etwas von der Macht Gottes erfahrbar, die diese Welt erhielt, aber auch bedrohen konnte. Sie interessierten sich noch nicht für die Wettererscheinungen als solche. Sie wollten wissen, warum der Blitz gerade an einer ganz bestimmten Stelle und gerade zu einem ganz bestimmten Zeitpunkt einschlug und sie damit in einer ganz bestimmten Lebenssituation betraf. Das ist nun aber eine Frage, auf die auch wir »moderne« Menschen keine Antwort wissen. Wir können lediglich auf Wahrscheinlichkeitsstatistiken verweisen. Die biblischen Menschen suchten in einer Entscheidungs- oder Konfliktsituationin in solchen dramatischen Naturereignissen Zeichen Gottes. Und sie machten die Erfahrung, dass es einige, herausgehobene Menschen gab, die Gott sogar beeinflussen konnten, solche entscheidenden Zeichen zu geben. Ein solcher Mensch war nach ihrer Meinung Elia. Das himmlische Feuer, das er provozieren konnte und das ihn entrückte, soll als ganz besonderes Zeichen der Macht und Wirksamkeit Gottes verstanden werden.

Vielleicht hilft es uns für das Verständnis, dass in den Texten das Feuer, mit dem es Elia zu tun hat, ausdrücklich »Feuer Gottes« (2. Kön 1,12) oder sogar »Feuer JHWHs« (1. Kön 18,38) genannt wird; es geht somit nicht um irgendwelche Blitze, sondern um besondere Feuererscheinungen, an die sich Gott gebunden hat und die er als Zeichen und Erweis seiner Macht verwenden will. Wenn Elia auf dem Gottesberg Horeb darüber belehrt wird, dass JHWH, der gerade noch auf dem Karmel im Feuer antworten konnte (1. Kön 18,24.38), dennoch keineswegs in Blitz, Donner und Sturm anwesend ist (19,11 f.), dann wird deutlich, dass schon die biblischen Erzähler klarstellen, dass Gott mit keiner noch so eindrücklichen Naturerscheinung, die seine Erscheinung begleitet, identifiziert werden kann.

Elia hat nun aber nicht nur mit dem göttlichen Feuer zu tun; er ist auch im übertragenen Sinn ein »feuriger Prophet«. Schon Jesus Sirach konnte ihn – wie wir sahen – selber mit dem Feuer und seine Worte mit einem brennenden Ofen vergleichen (48,1). Der Vergleich lässt sich in dreierlei Richtung entfalten: Sein erster Aspekt betrifft die unbändige Kraft des Feuers: Wie das Feuer, wenn es erst einmal voll entflammt ist, unaufhaltsam alles frisst, was es erreicht, so entfaltet das Wort und Wirken Elias eine gewaltige Wirkmächtigkeit in Natur und Geschichte. Durch sein Wort verschloss Elia den Himmel, so dass mehrere Jahre kein Regen mehr in Palästina fiel (1. Kön 17,1); und allein durch sein konzentriertes »magisches« Wirken konnte der Regen nach diesen Jahren der Dürre wieder herbeigezwungen werden (18,41–45). Währenddessen sicherte er durch sein Nahrung schaffendes Gotteswort einer Witwe und sich selber in der Hungersnot das Überleben (17,14–16); und durch sein mächtiges Heilungsritual erweckte er das Kind dieser Witwe vom Tode (17,21–23). Schließlich gingen auch seine Gerichtsworte, die er den Königen von Israel seiner Zeit entgegengeschleudert hatte – wenn auch zum Teil mit Verzögerung –, in Erfüllung (1. Kön 21,19; 2. Kön 1,6; vgl. 2. Kön 1,17; 9–10).

In diesem wirkmächtigen Reden und Handeln, das in den biblischen Erzählungen herausgestrichen wird, unterscheidet sich Elia deutlich von den späteren bekannten Propheten wie Amos, Hosea, Jesaja oder Jeremia. Er ist nicht nur ein Prophet, der die Zukunft ankündigt, sondern auch ein Wunderheiler und Regenmacher. Solches sogenanntes »magisches« Wirken ist breiter sonst nur noch beim Propheten Elisa belegt, der darum als Schüler Elias gilt (1. Kön 19,19–21; vgl. 2. Kön 4–6); von den späteren Propheten scheint nur Jesaja gelegentlich als Heiler gewirkt zu haben (2. Kön 20,1–11). Doch in der Dimension solcher »magischer« Eingriffe in Naturabläufe überragt Elia sie beide.

War damit Elia ein Magier oder Zauberer? Es kommt darauf an, wie man diese Bezeichnungen versteht. Es gehört nämlich zu den zähen Missverständnissen der Moderne, dass man meinte, Magie als ein aus sich selbst wirksames Handeln (*ex opere operato*) verstehen zu wollen, das sich aus den übernatürlichen Kräften oder Fähigkeiten des Magiers speise und mit dem dieser direkt auf seine Umwelt einwirke. Doch wie RÜDIGER SCHMITT jüngst nachweisen konnte, war im gesamten alten Vorderen Orient die Magie immer auf die Götterwelt bezogen und der Erfolg eines magischen Rituals immer von einem Gott bewirkt.[1] Diese Richtigstellung gilt nun auch und gerade für Elia: Nach der vorliegenden biblischen Darstellung geschahen alle seine wunderbaren Eingriffe in die Abläufe von Natur und Geschichte entweder im Auftrag Gottes (1. Kön 17,1; 18,1.41–45; 17,14.16; 21,17–19; 2. Kön 1,6), oder wurden von Gott aufgrund eines Gebets Elias bewirkt (1. Kön 17,21 f.; 18,36–38). Die sensationelle Wirkmächtigkeit Elias kam somit dadurch zustande, dass sich JHWH ganz besonders eng an ihn gebunden

---

1   Magie, 2004, 1–106.

hatte, seine Gebete umgehend erhörte, seine Worte sofort erfüllte und seine Ritualhandlungen mit Erfolg krönte. Als »Magier JHWHs« ist Elia selbst Zeichen der göttlichen Wundermacht. Darin überragt er alle übrigen Propheten der Bibel.

Der zweite Aspekt des Vergleichs mit dem Feuer betrifft die Ambivalenz des Wirkens Elias. So wie das Feuer auf der einen Seite menschliches Leben erhält und fördert, etwa indem es bei der Nahrungszubereitung hilft und in der Kälte wärmt, aber auf der anderen Seite, wenn es sich zum Brand entwickelt, alles Leben zu vernichten droht, so hat auch das Wirken Elias zugleich eine hilfreich-rettende und eine bedrohlich-zerstörerische Seite. Rettend und hilfreich ist er da tätig, wo er die Witwe vor dem Hungertod bewahrt und ihren gestorbenen Sohn neu zum Leben erweckt (1. Kön 17,8–16.17–24), rettend auch da, wo er seine besondere Gottesbeziehung voll einsetzt, um nach den Jahren der Dürre und des Hungers den langersehnten Regen wieder zu bringen (18,41–45). Allerdings hatte er selber mit der Vollmacht, die ihm von Gott her zur Verfügung stand, diese furchtbare Dürrenot überhaupt erst in Gang gesetzt (17,1) und damit große Not und Elend über Israel gebracht. Unbarmherzig hatte er die Baalspropheten hingeschlachtet (18,40) und am Ende setzte er, vom Gottesberg kommend, ein lang anhaltendes Läuterungsgericht über das abtrünnige Israel in Gang, in dessen Verlauf bis auf einen kleinen Rest viele, viele Menschen umkommen sollten (19,15–18).

Ist Elia damit der »Verderber Israels«, wie ihm offenbar schon viele zu seinen Lebzeiten vorwarfen (1. Kön 18,17)? Hat er auf unverantwortliche Weise seine großen Kräfte, die ihm Gott zuwachsen ließ, zum Schaden seines Volkes eingesetzt? Wir können die beunruhigende Frage, die uns aus den Erzählungen über Elia entgegenschallt, noch weiter treiben: Wenn

Elia all' dies bedrohende und zerstörerische Wirken im Auftrag und mit tatkräftiger Unterstützung Gottes vollzog, wie die Erzählungen unablässig betonen und wahrscheinlich auch schon er behauptet hat, wollte dann JHWH, der Gott Israels, sein eigenes Volk in den Untergang treiben? Oder war der Gott Elias gar nicht JHWH, sondern ein böser Dämon? Hatte sich Elia nur angemaßt, in JHWHs Diensten zu stehen? Die theologischen Abgründe, die sich hier auftun, versuchen die biblischen Erzähler behutsam zu schließen: Sie verweisen zum einen auf die unbestrittenen Wohltaten Elias und sie versuchen zum anderen den Nachweis zu erbringen, dass auch das bedrohende und zerstörerische Handeln Elias letztlich darauf abzielt, Israel zu seinem Gott zurückzubringen und damit sein Überleben zu retten (18,36 f.41–45; 19,18). So schreiben sie anhand der Elia-Erzählungen, weil sich angesichts der großen Gottesnähe Elias hier das Theodizeeproblem besonders scharf stellt, eine groß angelegte theologische Verteidigung und Begründung der Gerichtsprophetie Israels.

Der dritte Aspekt des Vergleichs mit dem Feuer zielt auf die Intensität des Wirkens Elias. Wie die Glut des Feuers in den intensivsten Rottönen aufstrahlt und selbst noch unter der Asche leuchtet, so brennt in Elia die Leidenschaft für seinen Gott und für sein Volk. Er fühlt sich durchdrungen vom Eifer für JHWH (1. Kön 19,10.14); er hat sein Leben lang für ihn gekämpft. Die von im provozierte Dürrenot und die große Opferprobe auf dem Karmel (18,19–40) hatten nur ein Ziel, die wahre Göttlichkeit JHWHs gegenüber seinem Konkurrenten Baal zu erweisen und seine alleinige Anerkennung beim Volk durchzusetzen. Und so ringt Elia ebenso leidenschaftlich um sein Volk. Mit höchstem Risiko setzt er seine besondere Gottesbeziehung ein, um ein Wunderzeichen von JHWH auf dem Karmel zu erwirken und das Volk damit von den Baalspropheten weg und auf seine Seite zu ziehen (18,30a). Der emotionsgeladene Götterwettkampf gelingt: Baal wird als ohnmächtiger Popanz erwiesen (18,25–29); JHWH geht mit Elias Hilfe als Sieger hervor, und das Volk erkennt ihn als den wahren Gott an (18,31–39). Elia hat in seinem Ringen um sein Volk einen triumphalen Sieg errungen und feiert die wiederhergestellte Gemeinschaft damit, dass er zusammen mit dem Volk die unterlegenen Baalspropheten einfängt und umbringt (18,40).

War Elia somit ein religiöser Fanatiker? Kämpfte er so leidenschaftlich für seinen Gott, dass er dafür sogar über die Leichen seiner Gegner ging? Diese Fragen wird man heute ernsthaft stellen müssen, angesichts eines erneuten Aufflammens religiös motivierter Gewalt in unserer Gegenwart. Es entlastet nicht wirklich, sondern verschiebt das Problem nur, wenn in der vorliegenden Elia-Erzählung zuvor berichtet wird, dass die Baalspropheten die Protektion des Königshauses, insbesondere der aus Phönizien stammenden Königin genossen hatten (1. Kön 18,19), und diese Königin Isebel ihrerseits davor schon die JHWH-Propheten hatte ausrotten wollen (18,4.13), so dass Elia glaubte, als einziger JHWH-Prophet übrig geblieben zu sein (18,22). Hintergrund des leidenschaftlichen Kampfes Elias ist danach eine religionspolitische Auseinandersetzung, bei der religiöse Gewalt von beiden Seiten zur Tagesordnung gehörte. Die Anfänge des Kampfes um den Monotheismus, von dem wir in den Elia-Erzählungen hören, waren offensichtlich gewalttätig. Und die ernste Frage, die sich für uns stellt, lautet, ob dies notwendig der Fall sein muss.

Die biblischen Erzähler geben insofern kritische Hinweise zur Gewaltproblematik, dass sie darstellen, wie Elia gleich nach seinem furiosen Sieg vor den Morddrohungen Isebels, die den Tod ihrer Propheten zu rächen schwört, fliehen musste (19,1–4). Elias Kampf war somit total gescheitert; die Ermordung der religiösen Gegner hatte überhaupt nichts eingebracht. Im Gegenteil, sie hatte nur Gegengewalt provoziert, und das Volk war trotz allem erneut und noch schlimmer von JHWH abgefallen: Es ging nun selber gewaltsam gegen die JHWH-Propheten und die JHWH-Heiligtümer vor (19,10.14). Angesichts eines solchen fatalen Ausgangs seines religiösen Kampfes wünschte sich Elia den Tod (19,4).

Allerdings fand sich Gott mit der totalen Niederlage seines Dieners nicht ab; er erteilte ihm am Gottesberg einen neuen Auftrag: Auch dieser schloss Gewalt ein: Elia soll mit dem aramäischen König Hasael, dem Revolutionär Jehu und seinem Nachfolger Elisa drei neue Gerichtswerkzeuge Gottes salben, die alle Abtrünnigen aus Israel beseitigen sollen (1. Kön 19,15–18). Aber diese Gewalt wurde nun deutlich kanalisiert: Der Kampf um die Alleinverehrung JHWHs sollte innerhalb des Gottesvolkes ausgetragen werden, er sollte sich nicht nach außen gegen die Anhänger anderer Religionen richten.[2]

Die Sonderstellung Elias gegenüber allen anderen Propheten wird dadurch unterstrichen, dass nach biblischer Überlieferung Gott seinen leidenschaftlichen Kämpfer nicht eines natürlichen Todes sterben ließ, sondern durch einen Feuerwagen direkt zu sich in den Himmel entrückte (2. Kön 2,11). Darin dokumentiert sich noch einmal auf eindrückliche Weise das einmalig enge Gottesverhältnis, welches schon das ganze Wirken Elias geprägt hatte. Aufgrund seiner großen Gottesnähe erlebte Elia im Verlauf der biblischen Tradition eine ganz außergewöhnliche Wirkungsgeschichte: Er

---

2 Diese nach innen gerichtete religiöse Aggression ist für das Judentum typisch geworden; erst im Christentum und im Islam wurde das aggressive Potential des Monotheismus nach außen gewendet.

stieg nicht nur zum wichtigsten Propheten auf, der mit seinem spektakulären Wirken alle anderen Propheten überstrahlte (vgl. JesSir 48,1–11),[3] sondern man erwartete sogar, dass er noch einmal am Ende der Zeiten wiederkehren werde: Bevor Gott selber kommen würde, um sein endzeitliches Gericht zu vollziehen, würde er erneut den Propheten Elia senden, um sein Volk zur Umkehr zu führen, damit seine Strafe nicht zu verheerend ausfalle (Mal 3,22–24). Als wiederkommender Elia sollte dieser leidenschaftliche Kämpfer das Wunder der Umkehr des Volkes, das ihm schon einmal auf dem Karmel kurzzeitig geglückt war, endgültig und dauerhaft zu Ende führen. Darum hatte Gott ihn zu sich entrückt und bei sich aufgehoben. So umgreift in der spätalttestamentlichen Vorstellung von der Wiederkehr Elias die Gestalt dieses Propheten die gesamte Geschichte der Prophetie: Elia, der außergewöhnliche Prophet aus der Frühzeit der israelitischen Prophetie würde auch der letzte Prophet sein, bevor Gott seine Herrschaft auf Erden aufrichtet.

Wie lebendig die Erwartung der Wiederkunft Elias in eschatologisch gestimmten Zirkeln des frühen Judentums war, können wir aus dem Neuen Testament erkennen. Hier ist nicht nur Elia der am häufigsten genannte alttestamentliche Prophet,[4] sondern hier wird

---

3 Jesus Sirach widmet ihm in seinem Lob der Väter (44–49), das die ganze Geschichte Israels überblickt, mehr Aufmerksamkeit als allen anderen Propheten. Der Abschnitt über ihn (11–12 Verse) ist etwa so lang wie die über alle übrigen Propheten zusammen.

4 Sein Name wird allein 29-mal im Neuen Testament genannt, nimmt man die Variante in Lk 9,54 hinzu, begegnet er 30-mal; das ist mehr als der Name aller anderen Propheten: Jesaja: 22-mal, Jona: 9-mal, Jeremia: 3-mal, Daniel: 1-mal, Hosea: 1-mal, Joel: 1-mal. Verglichen mit anderen alttestamentlichen Gestalten wird Elia im Neuen Testament an Häufigkeit der Namensnennung nur von Mose (80-mal), Abraham (73-mal) und David (53-mal) übertroffen.

fast selbstverständlich vorausgesetzt, dass vor dem Endgericht und dem Anbruch der Gottesherrschaft Elia noch einmal auftreten müsse (Mk 9,11; Mt 17,10). Dabei werden insbesondere Johannes der Täufer (Mt 11,14; 17,10–13; Lk 1,17; vgl. Mk 9,13), aber auch Jesus mit Elia identifiziert (Mk 6,15; 8,28), was allerdings teilweise strittig bleibt (Joh 1,21; Mk 6,16; 8,29). In der Verklärungsszene erscheint Elia neben Mose und Jesus als Repräsentant der gesamten alttestamentlichen Prophetie (Mk 9,4 f.; Mt 17,3 f.; Lk 9,30.33). Wie Mose die alttestamentliche Tora repräsentiert, so ist Elia der einzige wirklich »biblische« Prophet, weil er in beiden Testamenten der Bibel eine gewichtige Rolle spielt.

Im Folgenden sollen die unterschiedlichen Aspekte der Eliagestalt nach ihren historischen, literarischen und theologischen Dimensionen entfaltet werden. Kapitel B 1 behandelt den historischen Hintergrund, und zwar nicht nur das, was wir über die Person und die Zeit des historischen Elia wissen, sondern es enthält auch, weil in die Elia-Erzählungen auch viele Erfahrungen und Probleme mit der Prophetie späterer Epochen eingeflossen sind, einen Abriss über die Geschichte der israelitischen Prophetie bis in die nachexilische Zeit.

Im Kapitel B 2 werden die Elia-Erzählungen in Hinblick auf ihre literarische Gestalt und ihre theologische Dimension im Detail ausgelegt. Daran schließt sich in Kapitel C 1 die innerbiblische Wirkungsgeschichte der Eliagestalt an; dabei wird auf die späten alttestamentlichen Texte und die neutestamentlichen Belege eingegangen. Kapitel C 2 behandelt exemplarisch die spätere Wirkungsgeschichte der biblischen Eliagestalt in der bildenden Kunst, der Musik und der Literatur.

B. DARSTELLUNG

1. HISTORISCHE SPURENSUCHE

Anders als von den meisten »klassischen« Propheten wie Amos, Hosea, Micha, Jeremia oder Ezechiel, von denen wir eigene Bücher besitzen, wird von Elia innerhalb der Geschichtsüberlieferung Israels in den Königsbüchern berichtet und zwar in den 6 Kapiteln 1. Kön 17–19; 21; 2. Kön 1–2.[1] Während die »klassischen« Propheten meist ganz hinter den ihnen zugeschriebenen Prophetensprüchen zurücktreten,[2] wird von Elia recht viel erzählt. So könnte man meinen, dass wir von ihm sehr viel mehr als von jenen wissen. Doch das Gegenteil ist der Fall. Es lassen sich aus den Elia-Erzählungen nur recht wenige verlässliche historische Daten gewinnen. Das hängt damit zusammen, dass sie, wie die literarische Analyse zeigen wird,[3] ihre vorliegende Form erst relativ spät, nämlich ca. 100 bis 400 Jahre nach Elias Auftreten gefunden haben; es hängt weiter damit zusammen, dass Erzählstoffe über Elia in prophetischen Zirkeln, zuerst wahrscheinlich im Schülerkreis Elisas überliefert wurden, die weniger an historischen Details als an dem theologischen Gehalt des Geschehens interessiert waren. Alle Erzählungen von Elia sind dazu noch extrem parteilich aus prophetischer Position zur Rechtfertigung und zum höheren

---

1 Der einzige der »klassischen« Propheten, von dem auch in den Königsbüchern berichtet wird, ist Jesaja (vgl. 2. Kön 18–20). Wohl wegen dieser eingestreuten Prophetenerzählungen, zu denen sich neben denen von Elia auch die von Elisa (2. Kön 2–13) und anderer Propheten gesellen, werden die Geschichtsbücher (Jos-2. Kön) in der Hebräischen Bibel »Vordere Propheten« genannt.

2 Vergleichbar ausführliche Prophetenerzählungen gibt es innerhalb der klassischen Propheten nur von Jeremia (Jer 26–29; 36–43).

3 S. u. 64 ff., 84 f.

Ruhm des verehrten Meisters geschrieben. Schließlich müssen wir damit rechnen, dass der beispiellose Aufstieg Elias zum Repräsentanten der gesamten Prophetie auf seine Wirkungsgeschichte in den Erzählungen zurückgewirkt und eine Übermalung der historischen Gestalt bewirkt hat.

Über die Zeit Elias sind wir dagegen durch die biblischen Berichte (1. Kön 16–2. Kön 10), assyrische Quellen und Ausgrabungsfunde relativ gut unterrichtet. Wegen der außergewöhnlichen Wirkungsgeschichte Elias, die nachweislich auf die Elia-Erzählungen eingewirkt hat, gehört die weitere Geschichte der Prophetie zum historischen Hintergrund hinzu.

1.1 Was wissen wir vom historischen Elia?

Es ist nicht ganz einfach, die Gestalt des historischen Elia unter den späteren Übermalungen zu entdecken. Jedoch einige Daten sind ziemlich sicher: Elia ist unter den beiden Königen des Nordreichs Israel Ahab und Ahasja aufgetreten. Ahab regierte von 870–851 v. Chr.; sein Sohn Ahasja nur von 851–850 v. Chr. – Er starb durch einen Sturz vom Obergemach seines Palastes vorzeitig (2. Kön 1,1–18). Elia wirkte somit im zweiten Viertel des 9. Jh.s v. Chr.

Sicher belegt ist der Name des Propheten und einige äußere Lebensdaten: Elia, hebräisch *'elijjah* (2. Kön 1,3 f.8.12; Mal 3,23) oder häufiger in der Langform *'elijjahu* (1. Kön 17,1 ff.; 21,17.20.28; 2. Kön 1,10.13.15.17; 2. Kön 2,1 ff.) bedeutet »(Mein) Gott ist JH(WH)«, und klingt für den leidenschaftlichen JHWH-Kämpfer wie ein theologisches Programm. Daraus wurde zuweilen gefolgert, es handele sich um einen theologischen Symbolnamen. Doch ist das eine Fehldeutung. Elia ist ein echter Personenname, der auch sonst biblisch belegt ist (1. Chr 8,27; Esr 10,21.26). Er gehört zu einem verbreiteten Typ von Bekenntnisnamen, in dem zwei Gottesbezeichnungen miteinander kombiniert werden.[4] Gleichgebaut ist z.B. *'eli 'el* »(Mein) Gott ist El«, ein Gott, der in Syrien als Götterkönig fungierte (vgl. auch noch *jisra 'el* »El herrscht«), aber in Israel später mit JHWH gleichgesetzt wurde. Dazu kommt: Namen werden von den Eltern den Neugeborenen gegeben, bevor deren späterer Lebensweg erkennbar ist. Im konkreten Fall ist der Name damit Ausdruck der persönlichen Frömmigkeit der Eltern Elias und hat mit den späteren religionspolitischen Auseinandersetzungen ihres Sohnes erst einmal gar nichts zu tun. Mit dem Namen »Elia« wollten sie vertrauensvoll festhalten, dass Jahwe auch der Gott ihrer Familie ist und zum persönlichen Schutzgott ihres Sohnes werden soll. Man kann aus dem Namen nur ableiten, dass die Familie, aus der Elia stammt, JHWH nicht nur als Nationalgott Israels, sondern auch als ihren Familiengott verehrte. Das religiöse Milieu einer bewussten persönlichen JHWH-Frömmigkeit in seiner Familie mag eine Rolle für die spätere Entwicklung Elias gespielt haben, doch wissen wir nichts darüber. Sicher können wir nur sagen, dass aus dem Namen »Elia« kein Argument gewonnen werden kann, dass der so Bezeichnete nicht eine historische Person gewesen ist.

Elia wird mehrfach formelhaft »der Tischbiter« genannt (1. Kön 17,1; 21,17.28; 2. Kön 1,3.8; 9,36), d.h. man bezeichnete ihn – wie auch andere Propheten (vgl. »Ahia, der Siloniter« 1. Kön 11,29; »Micha, der Moreschiter« Mi 1,1) – nach seinem Herkunftsort. Gemeint ist damit, wie 1. Kön 17,1 weiter präzisiert, das Tischbe (Lutherbibel schreibt: Thisbe) in Gilead, eine Landschaft im mittleren Ostjordanland. Die genaue Lage des Ortes ist noch nicht gesichert, sie könnte sich aber

---

4 Vgl. R. Albertz, Persönliche Frömmigkeit, 1978, 73 f.

in der Nähe des Hügels *Mar Elyas* befunden haben, ca. 15 km östlich des Jordan und 20 km nördlich seines Nebenflusses Jabbok, wo sich, wie der Name anzeigt, in römisch-byzantinischer Zeit offenbar eine Gedächtnisstätte für Elia befand.[5] Das heißt: Elia stammt aus einem Gebiet in der östlichen Provinz, fernab von den politischen und kultischen Zentren des Nordreiches Israel. Die konservative Prägung seines religionspolitischen Kampfes gegen die »moderneren« Entwicklungen in der Hauptstadt Samaria mögen mit seiner Herkunft aus der Peripherie des Nordreiches zu tun haben.

Elia trug eine außergewöhnliche Kleidung, durch die er offenbar eindeutig identifiziert werden konnte (2. Kön 1,8): Er trug einen zottigen Fellmantel und einen ledernen Hüftschurz. Der hebräische Ausdruck *ba ͨal se ͨar*, wörtlich: »Herr des Haares/des Fells«, wurde von Luther mit »langhaarig« wiedergegeben, was semantisch möglich ist;[6] da aber in Sach 13,4 ausdrücklich ein »Mantel aus Haaren/Fell« *'addärät se ͨar* als typische Prophetenbekleidung erwähnt ist und ein Mantel Elias an anderen Stellen begegnet (1. Kön 19,13.19; 2. Kön 2,8.13 f.),[7] so ist die Interpretation »(weiter) Fellmantel oder Fellumhang« vorzuziehen. Dieser Mantel Elias galt in prophetischen Kreisen offenbar als Zeichen seiner prophetischen Vollmacht, die mit ihm auf seinen Schüler Elisa übergehen konnte (1. Kön 19,19; 2. Kön 2,13). Durch seine »urwüchsige« Bekleidung setzte sich Elia klar von der normalen Wohnbevölkerung ab und distanzierte sich insbesondere von den Wohlhabenden und Mächtigen. Auch wenn wir über die soziale Herkunft Elias nichts wissen, so prä-

---

5   Vgl. dazu die Diskussion bei W. Thiel, Könige, 2000, 36 f.

6   Der Begriff *ba'al* steht im Hebräischen häufig zur Bezeichnung einer Eigenschaft oder einer Teilhabe.

7   In Gen 25,25 wird die dichte Behaarung Esaus mit einem solchen Fellmantel verglichen.

sentierte er sich doch eindeutig als ein gesellschaftlicher Außenseiter.

Die Lebensweise Elias ist nicht mit der gleichen Sicherheit zu erkennen, scheint aber in ähnliche Richtung zu gehen. Soweit erkennbar, hatte er keinen festen Wohnsitz: Folgt man den Erzählungen, treffen wir ihn im Ostjordanland (am Bach Krit: 1. Kön 17,2–6), in Zarpat in der Nähe des phönizischen Sidon (17,7–10), auf dem Karmelgebirge (18,19–25), in der Zweitresidenz Jesreel (18,46; 21,17–19), in Beerscheba (1. Kön 19,3) und am Horeb (19,8 ff.) ganz im Süden und wieder auf einem Berggipfel in der Nähe von Samaria (2. Kön 1,9); schließlich besucht er mit Elisa kurz vor seinem Tode die Orte Gilgal, Bethel und Jericho, wo sich Prophetenjünger aufhalten, und wird in der Wüste jenseits des Jordans entrückt (2. Kön 2,1–11). Danach hätte Elia fast ganz Palästina durchwandert. Bis auf sein Ende ist Elia fast immer allein; nur beim Regenritual auf dem Karmel steht ihm ein junger Diener zur Seite (1. Kön 18,43), den er aber auf dem Weg zum Gottesberg schon wieder ausdrücklich zurücklässt (19,3). Elia erwirtschaftet kein geregeltes Einkommen, sondern ernährt sich entweder in der Wildnis (17,2–6) oder wird von einzelnen Sympathisanten/innen aus der Wohnbevölkerung versorgt (17,8–16). Für solche Versorgung zeigt er sich durch Einsatz seiner besonderen Fähigkeiten erkenntlich (17,9–24). So gehört Elia wohl auch nach seiner Lebensweise zu den Außenseitern der israelitischen Gesellschaft.

Wir können damit Elia religionssoziologisch dem Typ des institutionell ungebundenen wandernden Einzelpropheten zuordnen. Diese hatten sich aus ihren verwandtschaftlichen und beruflichen Bindungen weitgehend gelöst (vgl. explizit Elisa 1. Kön 19,19–21), um als wandernde Wunderheiler, Exorzisten und Orakelgeber ihren Lebensunterhalt zu verdienen. Soweit wir erkennen können, entstand dieser Typ von Prophet in

Israel erst im 9. Jh. v. Chr. Elia ist jedenfalls sein erster greifbarer Vertreter. Die Propheten, von denen wir aus dem 10. Jh. hören, gehörten ganz anderen Typen an: Da waren einmal Hofpropheten wie Natan und Gad, die institutionell fest in den Königshof Davids eingebunden waren. Diese hatten überwiegend die Funktion, die Institution des Königtums von Gott her zu stabilisieren (2. Sam 7,1–16; 24,11 ff.; 1. Kön 1,22 ff.), auch wenn einige kritische Worte von ihnen überliefert werden (2. Sam 12,1–15). Auch im 9. Jh. sind solche Hofpropheten im Dienste des Königs bezeugt, sie scheinen sich zu dieser Zeit sogar ganz erheblich vermehrt zu haben: In der Erzählung 1. Kön 22 treten 400 Propheten am Hofe des Königs von Israel auf, darunter nur ein einziger kritischer (Micha ben Jimla); ihre Funktion besteht u. a. darin, den günstigen Zeitpunkt für einen Kriegszug zu bestimmen. Daneben gab es in der frühen Königszeit ekstatische Prophetengruppen (1. Sam 10,5 f.10–12; 19,19–24), deren einzige Funktion, soweit erkennbar, es war, sich gemeinsam in Ekstase zu bringen.

Der Typ der institutionell ungebundenen Propheten, den Elia eröffnet, ist für die Geschichte der Prophetie deswegen so bedeutend, weil sich erst damit die Propheten zu wirklichen Gegenspielern der Könige entwickeln. Aufgrund ihrer wirtschaftlichen Unabhängigkeit und gesellschaftlichen Außenseiterrolle können sie erheblich freier agieren und brauchen weit weniger auf die Interessen der Mächtigen Rücksicht zu nehmen. Dies ist für das Verständnis der Auseinandersetzungen Elias von großer Wichtigkeit.

Eine weitere Variante dieses Typs wird vom Propheten Elisa repräsentiert, der Haupt einer Prophetengenossenschaft war, die am Jordan in der Nähe von Gilgal über ein Versammlungshaus verfügte (2. Kön 4,38; 6,1 ff.). Während Elisa ein begüterter Landwirt aus Abel-Mehola aus dem mittleren Jordantal gewesen war, der aber all sein Gut aufgegeben hatte (1. Kön 19,19–21), rekrutierten sich die Prophetenschüler offenbar vorzugsweise aus der mittellosen oder verarmten Unterschicht (2. Kön 4,1–7). Die Prophetengenossenschaft Elisas versorgte sich teilweise selber, litt aber große Armut (4,38–41; 6,5); daneben wurde sie aber auch von der umliegenden Bevölkerung unterstützt (4,42–44). Auch Elisa selber profitierte von wohlhabenden Sympathisanten (4,8–17) und wurde für seine Wunderheilungen, sofern es sich um prominente Patienten handelte, reichlich belohnt (5,1–27). Im Falle Elisas handelt es sich somit um eine institutionell ungebundene Gruppenprophetie, die gegenüber Elia einen höheren Grad interner Organisation aufweist. Doch bestehen so viele Gemeinsamkeiten gerade hinsichtlich der sozialen Einordnung, dass man Elia und Elisa als Varianten eines Prophetentyps auffassen sollte. So ist es nicht zufällig, dass die Elisaschüler in Elia einen der ihren erblickten und beide Propheten eng zusammenrückten.

Was das Wirken des historischen Elia betrifft, sind sichere Ergebnisse weit schwieriger zu gewinnen, weil dies von der späteren Überlieferung am meisten übermalt worden ist. Hier muss man sich notgedrungen mit Wahrscheinlichkeiten abfinden. Folgt man dem Kriterium, dass gerade diejenigen Züge des Wirkens Elias am ehesten historisch sein können, die am weitesten von der späteren »klassischen« Prophetie abweichen, dann kann man mit mehr oder weniger großer Wahrscheinlichkeit folgende Elemente dem historischen Elia zurechnen: Völlig einmalig ist, wie Elia durch ein magisches Ritual in 1. Kön 18,41–43 den Regen nach einer Dürrezeit herbeiholt. Elia war somit sehr wahrscheinlich ein berühmter Regenmacher. Eigentümlich ist, dass Elia in 1. Kön 17,1 das Ausbleiben des Regens nicht mit einem üblichen Prophetenwort ankündigt, sondern durch einen regelrechten Schwurzauber, den er an seine Person bindet, verhindert. Auch dieses Wort geht damit mit einiger Wahrscheinlichkeit auf den historischen Elia zurück. Ebenfalls unerfindlich ist die nur hier vorkommende Formulierung, die Elia als »Verderber Israels« betitelt (18,17). Aus diesen drei Informationen kann man als ein ziemlich wahrscheinliches historisches Szenario rekonstruieren, dass Elia vorgeworfen wurde, er habe seine »magischen Fähigkeiten« als Regenmacher zum Schaden des Volkes eingesetzt und sich dem staatlichen Zugriff durch Flucht entzogen. Macht man sich von dem Vorurteil frei, dass Magie nichts mit Religion zu tun habe, dann ist die Nachricht von 17,1 durchaus glaubwürdig, dass Elia den Schadenzauber im Auftrag des Gottes JHWH vollzogen habe. Schädliche, d. h. »schwarze Magie« im Namen des Nationalgottes eines Staates aber ist so ungewöhnlich,[8] dass der Dürrekonflikt wahrscheinlich mit der Verehrung dieses Gottes zu tun gehabt hat. Da nun auch im Götterwettstreit auf dem Karmel ein altes Element steckt, nämlich der merkwürdige Vorwurf Elias gegenüber dem Volk: »Wie lange wollt ihr auf zwei Krücken herumhinken?« (18,21),[9] ist es durchaus wahrscheinlich, dass Elia den Dürrekonflikt

---

8 »Schwarze Magie« war in Israel wie überall im alten Vorderen Orient strengstens verboten (2. Mose 22,17; 3. Mose 19,26b; 5. Mose 18,10 f.), vgl. dazu R. SCHMITT, Magie, 2004, 335 ff. Allerdings stammen diese ausdrücklichen Verbote wahrscheinlich aus einer Zeit nach Elia.

9 Die Formulierung ist so außergewöhnlich, dass ihre genaue Übersetzung bis heute umstritten ist. Die Lutherbibel von 1984 (vgl. 1892 und 1912) übersetzt frei: »Wie lange hinkt ihr auf beiden Seiten?«. Mit dem nur hier begegnenden hebräischen Wort *sa'if* ist wahrscheinlich eine Astgabel gemeint, die als Krücke verwendet werden konnte, zur ausführlichen Diskussion vgl. W. THIEL, Könige, 2000, 143–146. Üblicherweise verwendete man in der Antike nur eine solche Krücke; die Gabel unter die Achsel gesteckt, boten zwei solche Krücken keinen Halt.

wegen einer, wie er meinte, Vernachlässigung der Verehrung JHWHs zugunsten des Gottes Baal provoziert hat. Dies würde bedeuten, dass die Grunddaten der in 1. Kön 17–18 geschilderten Auseinandersetzung durchaus historische Plausibilität haben, auch wenn diese später stark überhöht und ins Grundsätzliche ausgezogen wurde. Typisch für den historischen Elia war offensichtlich die enge Verbindung von prophetischem und magischem Wirken.

Auf den historischen Elia geht wahrscheinlich auch das Prophetenwort an den König Ahasja zurück, das die Befragung des Baal von Ekron nach dessen Unfall kritisiert und ihm im Namen JHWHs den Tod ansagt (2. Kön 1,3 f.6.16). Das Wort entspricht zwar von der Form her schon dem späteren prophetischen Gerichtswort der klassischen Prophetie (Anklage, Botenformel, Gerichtsankündigung), doch ist die Formulierung eigentümlich (»Von dem Bett, auf das du gestiegen bist, wirst du nicht mehr herabsteigen«) und entspricht insofern der magischen Grundhaltung Elias, dass sie Gott als Verursacher des Unheils nicht nennt. Der historische Elia hat somit sehr wahrscheinlich auch dagegen protestiert, dass das Königshaus eine Baalgottheit im privaten Bereich konsultiert.

Ähnliches gilt wahrscheinlich auch zumindest für die Gerichtsankündigung, die Elia dem König Ahab nach dem Justizmord an Nabot vorgehalten haben soll (1. Kön 21,19b). Die Formulierung ist ebenfalls eigentümlich (»An dem Ort, an dem die Hunde das Blut Nabots geleckt haben, werden die Hunde auch dein Blut lecken«) und belässt ebenfalls JHWH als Verursacher des Unheils im Verborgenen. Zwar wird in 2. Kön 9,25 f. ein ähnliches Gerichtswort an Ahab überliefert (»Ich werde dir auf diesem Feldstück vergelten«), dessen Sprecher eigentümlicherweise anonym bleibt, so dass man fragen könnte, ob Elia die Prophetie zum Fall Nabot nicht erst nachträglich in den Mund gelegt worden ist. Doch macht die Formulierung von 1. Kön 21,19b den urtümlicheren Eindruck; die Ankündigung 2. Kön 9,26 ist schon theologisch formuliert. Außerdem ist die Gerichtsankündigung Elias nicht eingetroffen, da Ahab eines natürlichen Todes stirbt (1. Kön 22,40).[10] Da aber kaum anzunehmen ist, dass die Tradenten, denen, wie wir noch sehen werden, die Nichterfüllung ganz erhebliche theologische Probleme gemacht hat, ein solches Wort dem verehrten Elia nachträglich in den Mund gelegt haben, bleibt die wahrscheinlichste Lösung, dass die Gerichtsankündigung gegen Ahab im Fall Nabots vom historischen Elia stammt. Damit gehört wahrscheinlich auch das Eintreten gegen die sozialen Übergriffe des Königshauses zum historischen Propheten.

1.2 Die Zeit Elias

Wie schon erwähnt, ist Elia im zweiten Viertel des 9. Jh.s v. Chr. unter den beiden Königen Ahab (870–851) und Ahasja (851–850) im Nordreich Israel aufgetreten. Was war das für eine Zeit?

In den Königsbüchern wird Ahab extrem negativ beurteilt; er gilt als schlimmer als der auch schon notorisch negativ beurteilte Gründer des Nordreiches, Jerobeam I. (1. Kön 16,31a) und alle seine Vorgänger (16,33), ja, als der schlimmste König des Nordreichs überhaupt (21,25 f.; 2. Kön 21,3). Grund dieser herben Kritik ist der Bau eines Tempels für den Gott Baal in der Hauptstadt Samaria (1. Kön 16,32), der nach V. 31 in unmittelbaren Zusammenhang mit der Heirat der phönizischen Kö-

---

10 Die Formulierung »sich zu seinen Vätern legen« bezeichnet eindeutig den natürlichen Tod (1. Kön 2,10; 11,43; 15,8 u. ö.). Erst später ist durch Einfügung der Prophetenerzählung 2. Kön 22,1–38 versucht worden, die Diskrepanz zur Ankündigung Elias auszugleichen (vgl. V. 35–37).

nigstochter Isebel gestellt wird. Daneben wird noch von der Herstellung einer Aschere berichtet, gemeint ist ein Kultsymbol oder Götterbild, das die Göttin Aschera darstellt (16,33). Aber als die eigentliche Sünde Ahabs, die JHWH, den Gott Israels, zum Zorn gereizt habe, wird die offizielle und unablässige Förderung der Baalverehrung angesehen (16,31–33). Aufgrund dieser theologischen Einschätzung wird die Zeit Ahabs und die seiner Söhne Ahasja und Joram (850–845) als Zeit des politischen Niedergangs gezeichnet: Die Provinz Moab, jenseits des Toten Meeres, ging sofort nach Ahabs Tod verloren (2. Kön 1,1; vgl. 2. Kön 3), und die Aramäer von Damaskus fielen ins nördliche Ostjordanland ein und begannen das Nordreich immer härter zu bedrängen (2. Kön 8,28 f.; vgl. 1. Kön 22).

Diese biblische Einschätzung der Ahabzeit ist extrem einseitig. Sie hängt damit zusammen, dass die Königsbücher Teil eines größeren Geschichtswerks sind, das erst nach dem Untergang des Nord- und Südreiches während der Exilszeit geschrieben wurde (nach 562 v. Chr.; vgl. 2. Kön 25,27–30). Dieses Geschichtswerk, das von 5. Buch Mose 1 bis 2. Kön 25 reicht, verfolgte vor allem das Anliegen, die Gründe für die nationale Katastrophe aufzuzeigen, und sah diese vor allem im Abfall Israels von seinem Gott JHWH. Die Kriterien für die Einschätzung der gescheiterten Geschichte fanden die Geschichtsschreiber im 5. Buch Mose, das in der griechischen und lateinischen Bibel »Deuteronomium« (»Zweites Gesetz«) heißt, konkret im Fremdgötter- und Bilderverbot der Zehn Gebote (Dekalog; 5. Mose 5,6–10), im Gesetz zur Zentralisation allen JHWH-Kultes (12), im Verbot von Mazzeben und Ascheren, den Kultsymbolen der sog. Höhenheiligtümer (16,21 f.), im Banngebot im Krieg (20) und anderem mehr. Wegen dieser durchgehenden Orientierung an den Gesetzen und der Theologie des Deuteronomiums wird dieses Geschichtswerk

Abb. 1: Monolith Salmanasser III. aus Kurkh, Britisches Museum, London

»Deuteronomistisches Geschichtswerk« (DtrG) genannt. Weil die deuteronomistischen Historiker (Dtr) aus ihrer exilischen Sicht die Verehrung fremder Götter neben oder anstelle von JHWH als die schlimmste Sünde brandmarken wollten, die Israels Untergang heraufbeschworen hatte, mussten sie zu einer so extrem negativen Einschätzung der Zeit Ahabs kommen.

Dass diese negative Einschätzung so nicht stimmen kann, wird schlaglichtartig aus einem Bericht des assyrischen Königs Salmanassar III. (859–824 v. Chr., Abb. 1) über die Schlacht von Qarqar deutlich, die in Syrien 853 v. Chr. stattfand.[11] Dieser erwähnt, dass »Ahab von Israel« innerhalb einer größeren Koalition syrischer und phönizischer Kleinstaaten, die er offenbar nicht besiegen konnte, 10.000 Soldaten und 2.000 Streitwagen aufgeboten habe. Selbst wenn diese Zahlen übertrieben sein sollten, so gehörte Ahab doch offenbar zu den stärksten Mitgliedern der Koalition; zwar konnte ein Partner mehr Fußsoldaten als Ahab aufbieten, aber in der Zahl der Streitwagen übertraf er sie alle. Die Streitwagen stellten den modernsten Stand der damaligen Waffentechnik dar und verursachten mit ihrer Drei-Mann-Besatzung, der Bewaffnung der Bogenschützen, der Pferdehaltung samt ihrer Unterbringung, Versorgung und Training ganz erhebliche Kosten. Daraus kann man schließen: Das Nordreich Israel stellte unter Ahab nicht nur einen gewichtigen Machtfaktor in Syrien-Palästina dar, sondern musste zu dieser Zeit auch eine erhebliche Wirtschaftskraft entwickelt haben.

In die gleiche Richtung weisen auch die Ergebnisse der archäologischen Forschung. Aus der Zeit des Ahab sind mehrere monumentale Festungsbauten nachweisbar, so etwa Hazor in Galiläa (Abb. 2), Megiddo (Abb. 3) und Jesreel (Abb. 4) in der Jesreelebene, und Gezer in der mittleren Küstenebene. Die Reste vom Palast des Ahab, die in Samaria gefunden wurden, weisen eine so hoch entwickelte Steinmetztechnik auf, dass in die Fugen der ohne Mörtel aufeinander gefügten Steine kein Blatt Papier passt. Die herausragende Bautätigkeit Ahabs kann auch der deuteronomistische Historiker nicht ganz übergehen; er erwähnt 1. Kön 22,39, dass er neben den Städten, die er ausgebaut, auch ein »Elfenbeinhaus« errichtet habe. Im Zerstörungsschutt von Samaria aus der Zeit der Eroberung der Stadt durch die

---

11 Vgl. Texte aus der Unterwelt des alten Testaments (TUAT) I/4, 360–362, häufig verwendete Literatur wird entsprechend dem Literaturverzeichnis S. 225 ff. abgekürzt.

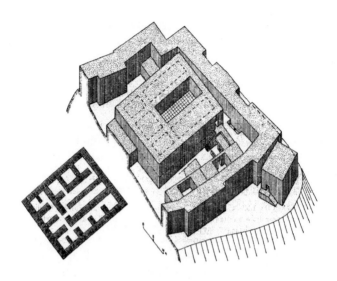

Abb. 2: Rekonstruktion der Zitadelle von Hazor, Stratum V A

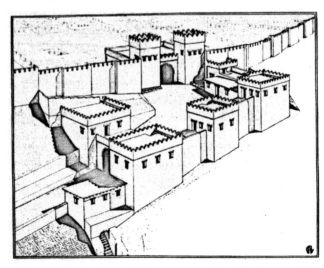

Abb. 3: Rekonstruktion der Toranlage von Megiddo, Stratum IV

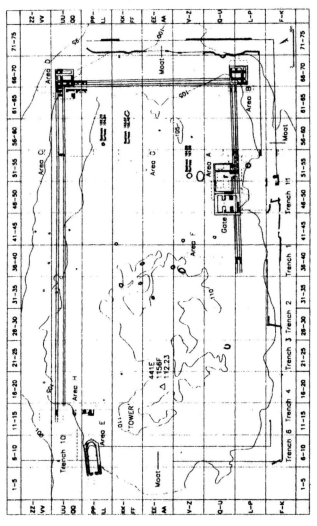

Abb. 4: Grundriss der Anlage von Jesreel, omridisch

Abb. 5: Elfenbeineinlage mit der Darstellung eines Keruben aus Samaria

Assyrer (722–720 v. Chr.) wurde ein großer Schatz von 300 kunstvollen Elfenbeinschnitzereien gefunden, die meist als Verzierungen für kostbare Möbel gedient hatten (Abb. 5). Wohl ist nicht sicher, welche und wie viele davon auf die Zeit des Ahab zurückgehen. Aber das von ihm errichtete »Elfenbeinhaus« wird sehr wahrscheinlich die Tradition eines Palastflügels, der mit elfenbeinverzierten Möbelstücken ausgestattet war, in Samaria begründet haben. Aus diesen und vielen weiteren Funden können wir heute mit Sicherheit schließen, dass das Nordreich unter Ahab eine regelrechte kulturelle Blüte erlebte.

Versucht man diese Befunde in den geschichtlichen Ablauf einzuordnen, so kommt man zu einem völlig anderen Bild als die deuteronomistischen Historiker: Das Nordreich, das aufgrund eines sozialen Konfliktes um die staatliche Fronarbeit im Jahr 926 v. Chr. (vgl. 1. Kön 12,1–19) aus dem davidisch-salomonischen Staatsverband ausscherte, war von seiner Größe, Lage und seinen wirtschaftlichen Ressourcen her immer der potentere Partner gegenüber dem Südreich Juda. Allerdings versank das Nordreich unter seinem ersten König Jerobeam I. (926–906), der im Unterschied zur autokratischen Herrschaft Salomos offenbar auf feste Herrschaftsstrukturen wie eine feste Residenz und die Verbindung von Tempel und Palast bewusst verzichtete, in die außenpolitische Isolation und eine zunehmende innenpolitische Destabilisierung. Es war nach außen in ständigen Abwehrkriegen gegen den Bruderstaat Juda und die teilweise mit ihnen verbündeten Aramäer von Damaskus verwickelt (1. Kön 15,16–22). Und es wurde im Innern von mehreren Revolten ambitionierter Heerführer erschüttert, die den regierenden König gewaltsam beseitigten und sich selber an seine Stelle setzten (Ba'esa erschlug Jerobeams Sohn Nadab, 1. Kön 15,25–30; Simri erschlug Ba'esas Sohn Ela, 16,8–14). Aus einem blutigen Bürgerkrieg zwischen drei rivalisierenden Heerführern, die sich von ihrer Truppe jeweils zum König ausrufen ließen, ging im Jahr 881 v. Chr. schließlich der Offizier Omri als Sieger hervor (16,15–22). Geschwächt durch die ständigen Kriege und geschüttelt von den häufigen Revolten, war auch die Bevölkerung des Nordreiches nun bereit, den Aufbau einer starken politischen Zentralinstanz hinzunehmen.

Der politische Kurswechsel, der zum raschen Wiederaufstieg des Nordreiches zu Macht, Reichtum und kultureller Blüte führen sollte, wurde vom tatkräftigen

König Omri (881–870) vollzogen. Er baute sich als erstes nach davidischem Vorbild Samaria zur Hauptstadt aus und schuf dem Königtum damit erstmals eine ständige, stark befestigte Machtbasis, die – außerhalb der Stammesterritorien gelegen – von der Intervention der Stammesführer unabhängig war (1. Kön 16,24). Er führte sodann das Nordreich zielstrebig aus der außenpolitischen Isolation heraus, indem er sich mit den Davididen aussöhnte und seine Tochter Athalja mit dem dortigen König Joram vermählte (2. Kön 8,25 f.). Die beiden Teilstaaten bildeten damit wieder ein enges Bündnis, aber – anders als zu Davids und Salomos Zeiten – je länger je mehr unter der Dominanz des Nordens. Noch folgenreicher aber war die Einbindung des Nordreichs in ein Bündnis mit den umliegenden phönizischen und aramäischen Kleinstaaten. Sichtbarster Ausdruck dieser neuen diplomatischen Einbindung Israels war die Heirat, die Omri zwischen seinem Sohn Ahab und der phönizischen Königstochter Isebel stiftete (1. Kön 16,31).

Isebels Vater Ethbaal wird »König der Sidonier« genannt. Da beim jüdischen Schriftsteller Josephus, der sich dazu auf Menander von Ephesos beruft, ein 'Ithobalos von Tyros erwähnt wird, hat man Isebel lange für eine tyrische Königstochter gehalten.[12] Doch hat STEFAN TIMM wahrscheinlich gemacht, dass der Titel »König der Sidonier« nicht im weiteren Sinn als »König der Phönizier«, den es so nicht gegeben hat, sondern im engeren Sinn als »König von Sidon« verstanden werden muss, da er genau der aus diesem Stadtstaat inschriftlich belegten Titulatur entspricht.[13] Danach wäre Isebel besser als eine sidonische Königstochter anzusehen. Die Frage ist nicht ganz unbedeutend, weil sich damit auch der religionsgeschichtliche Einfluss von Tyrus nach Sidon verschiebt.

---

12 So erneut wieder W. THIEL, Könige, 123–125 mit Diskussion.
13 Dynastie Omri, 1982, 200–231. Der von 1. Kön 16,31 abweichende Titel »König von Sidon«, der in Jer 25,22; 27,3 belegt ist, erklärt

Ahab setzte die internationale Ausgleichspolitik seines Vaters konsequent fort, wie seine Beteiligung an der zwölf Könige aus Syrien und Phönizien umfassenden Militärkoalition in der Schlacht von Qarqar zeigt (Abb. 6). Es war somit diese breite politische Öffnung für den Handel und die Kultur der umliegenden Kleinstaaten, die Israel, im Verbund mit Juda, zur ersten großen Machtentfaltung samt wirtschaftlicher und kultureller Blüte führte.

Diese erfolgreiche Außenpolitik Omris und Ahabs hatte allerdings innenpolitisch zwei problematische Konsequenzen. Zum einen erhöhte der ungeahnte wirtschaftliche Aufstieg die sozialen Differenzen in der Gesellschaft. Wir hören erstmals aus dem 9. Jh., dass kleinbäuerliche Familien, die schlechter als die Großgrundbesitzer beim verschärften Wirtschaftswachstum mithalten konnten, in eine dauernde Verarmung und sogar in die Schuldknechtschaft gerieten (2. Kön 4,1). Das soziale Klima wurde weiter verschärft durch die Macht- und Prachtentfaltung des erfolgreichen Königshauses, das mit seinem notorischen Landbedarf beim Bau neuer Residenzen und zur Versorgung des wachsenden Hofes fast notwendig in Konflikt mit den althergebrachten Eigentumsverhältnissen in der kleinbäuerlichen Gesellschaft geraten musste. Der Streit um Nabots Weinberg, den Ahab zum Gemüseanbau seiner neuen Residenz in Jesreel nutzen wollte (1. Kön 21), wirft ein bezeichnendes Schlaglicht auf diesen Sozialkonflikt.

Zum anderen hatte die neue Bündnispolitik der Omriden weitreichende religionspolitische Konsequenzen. In einer polytheistischen Welt waren Bündnisse

---

sich daraus, dass hier daneben der König von Tyrus genannt wird, somit der doppeldeutige Ausdruck Sidonier, der sowohl alle Phönizier als auch die Einwohner von Sidon bezeichnen kann, missverständlich wäre.

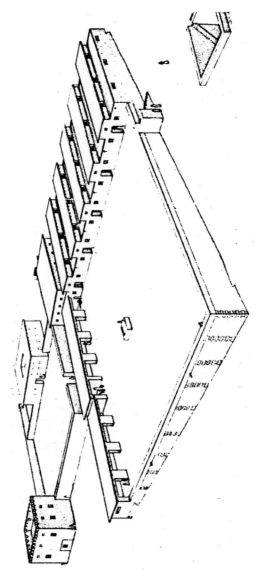

Abb. 6: Palast und Kasernen in Megiddo Stratum IV A

zwischen religiös verschieden geprägten Staaten immer auch mit einer gewissen Anerkennung der Götter der Bündnispartner verbunden. Es war z. B. damals üblich, bei zwischenstaatlichen Verträgen die wichtigsten Götter beider Vertragspartner als Schützer der Abmachungen anzurufen. So ist es nur konsequent, dass Ahab zur Festigung seines Bündnisses mit den Phöniziern dem Gott Baal, der bei ihnen – in verschiedenen Gestalten – eine ähnliche Rolle als Nationalgott einnahm wie JHWH in Israel, einen Tempel samt einem Altar in Samaria errichtete (1. Kön 16,32). Dieser sollte in erster Linie Isebel und ihrem phönizischen Gefolge ermöglichen, ihren heimischen Kult auszuüben. Er war darum wahrscheinlich speziell dem Baal von Sidon geweiht. Aber er war doch zugleich ein Ausdruck der Ehrerbietung vor dem Hauptgott des verbündeten Nachbarvolkes.

Ein solcher »diplomatischer Synkretismus« war in der damaligen Welt an sich nichts Ungewöhnliches. Auch Salomo hatte den Göttern der unterworfenen Vasallenvölker auf dem Ölberg kleine Tempel errichten lassen (1. Kön 11,5.7.33), ohne dass diese irgendwelche erkennbaren Probleme hervorgerufen hätten. Sie scheinen erst unter dem König Josia im Zuge seiner Kultreform im 7. Jh. abgeschafft worden zu sein (2. Kön 23,13 f.). Dagegen scheint der Baaltempel von Samaria mehr als nur eine Privatkapelle der Königin gewesen zu sein. Es handelte sich, wie wir aus 2. Kön 10,18 ff. erfahren, um einen ausgebauten Kultbetrieb mit einer Vielzahl von Priestern und Propheten, der über den Hof und die Hauptstadt hinaus eine Attraktivität auf Teile der Bevölkerung ausübte.

Der Unterschied hängt wohl damit zusammen, dass Baal – anders als der moabitische Kamosch oder der ammonitische Milkom – kein eindeutig ausländischer Gott war, sondern Jahrhunderte lang im späteren israelitischen Staatsgebiet verehrt worden war. Seine Verehrung war, wie wir aus einem relativ hohen Anteil von Baal-haltigen Namen in den Samaria-Ostraka ablesen können (Abb. 7), auch im Nordreich des 9. und 8. Jh.s noch immer lebendig, zumindest in der Familienfrömmigkeit. So hat es den Anschein, dass unter der Schirmherrschaft des offiziellen Staatskultes für den phönizischen Baal in Samaria auch an anderer Stelle im Lande die halbverschüttete Baalverehrung revitalisiert wurde, und andere ehemalige Baalheiligtümer, wie etwa auf dem Karmel, zu neuem Leben erwachten. Dabei ist es relativ unwahrscheinlich, dass vom Königshaus eine aggressive Religionspolitik gegen die JHWH-Verehrung ausging. Die Texte werfen dies Isebel teilweise vor (1. Kön 18,4.13; 19,2; vgl. 2. Kön 9,22). Da aber die Kinder Ahabs allesamt JHWH-haltige Namen tragen (Ahasja, Joram, Athalja), hat der König privat offenbar immer an der JHWH-Verehrung festgehalten und diese auch gegenüber seiner Frau durchgesetzt. Vielmehr hat Ahab wahrscheinlich aus diplomatischen Gründen das bewusste Nebeneinander von JHWH- und Baalverehrung bewusst gebilligt, wenn nicht sogar gefördert und dabei auch eine Wiederbelebung früherer Baalfrömmigkeit im Lande in Kauf genommen.

Ziel der Religionspolitik Ahabs war dabei offenbar nicht die synkretistische Verschmelzung der Göttergestalten JHWH und Baal. Wenn wir die merkwürdige Frage Elias ernst nehmen, wie lange das Volk auf »zwei Krücken herumhüpfen« wolle (1. Kön 18,21), dann scheint es Ahab um die polytheistische Zuordnung der beiden Götter gegangen zu sein. JHWH sollte dabei wahrscheinlich durchaus die übergeordnete Position als Nationalgott Israels erhalten. Aber er sollte in Baal einen göttlichen Begleiter erhalten, der seine Funktionen verstärkt und ergänzt. Ein ähnlicher poly-

Abb. 7: Ostraka aus Samaria, 8. Jh. v. Chr.

theistischer Ausbau der JHWH-Religion wurde unter dem omridischen Einfluss auch beim Bündnispartner Juda vorgenommen (2. Kön 11,18a).

Baal (eigentlich ein Titel: *ba'al* »Herr«) bezeichnet eine westliche Aus-formung des semitischen Wettergottes, der auch den Namen Hadad oder Adad trägt.[14] In den mythologischen Texten aus Ugarit an der syrischen Mittelmeerküste, die aus der Zeit um 1350 v. Chr. stam-men, erscheint Baal als königlicher Wetter- und Sturmgott, der Tau, Regen und Schnee austeilt und damit die Fruchtbarkeit des Erdbo-dens bewirkt. Seine Herrschaft garantiert die jährliche Wiederkehr der Vegetation: wenn der Gott in der Unterwelt verschwindet, so stirbt die Vegetation in der Trockenzeit ab, wenn er zu Beginn der Regenzeit im Herbst wieder erscheint, erwacht die Vegetation zu neuem Leben. Daneben ist Baal Chaoskämpfer gegen das aufrühre-rische Meer und erringt im Sieg über Jam und seine monströsen Hel-fer immer wieder neu seine Königsherrschaft (Abb. 8). Als solcher ist er auch Schutzgott der Seefahrer. Schließlich kämpft Baal auch mit dem Totengott Mot, ist Führer der verstorbenen Ahnen und Herr über die Unterwelt, der die Verstorbenen »beleben« kann.

Baals Funktionsbereich ist also keineswegs auf den Bereich der Fruchtbarkeit einzuschränken. Er ist kein Fruchtbarkeitsgott, wie oft behauptet wird; mit der menschlichen Fruchtbarkeit hat er kaum etwas zu tun. Sein Wirkungsraum ist auch keineswegs auf die »Na-tur« beschränkt, sondern greift, insbesondere in den Texten aus dem 1. Jt. v. Chr., auch auf die Geschichte aus. Allerdings behält er wahr-scheinlich auch noch in dieser Zeit seinen Schwerpunkt als Spender des Regens, der Fruchtbarkeit des Bodens und Garant des Vegetati-onszyklus'.

Auch der biblische Gott JHWH trägt ursprünglich typische Züge eines Wettergottes; er erscheint im Gewittersturm (2. Mose 19,9.16; vgl. 1. Kön 19,11 f.), lässt die Wolken von Wasser triefen (Ri 5,4) und schenkt den Tau des Himmels und Fettigkeit der Erde (1. Mose 27,28). Wie Baal kann auch er »Wolkenreiter/fahrer« genannt werden (Ps 68,5; vgl. Hab 3,8). Allerdings gewinnt JHWH dann durch die Erfahrungen Israels in seiner Frühzeit (Befreiung aus Ägypten, Abwehrkriege der Stämme, Staatenbildung) deutliche Züge eines

---

14 Vgl. zum Folgenden DDD, 253–256.

Geschichtsgottes, der die Geschicke Israels und seiner Nachbarn lenkt. Damit wird sein Wirken in der »Natur« nicht negiert, wie die großen JHWH-Feste des Jahres beweisen, die auch in Israel als Ackerbaufeste (Mazzot = Gerstenernte, Wochenfest = Weizenernte, Herbstfest = Obsternte und Weinlese) gefeiert wurden. Aber JHWHs Wirken als Wettergott wird doch zunehmend von seinem Wirken als Geschichtsgott umgriffen und damit mehr in den Hintergrund gedrängt (vgl. die Historisierung der Feste: Passa/Mazzot = Gedenkfest des Exodus, vgl. 2. Mose 23,15; 34,18).

Ein theologisches Ziel des polytheistischen Ausbaus der JHWH-Religion, der aus diplomatischen Gründen begonnen hatte, mag es gewesen sein, einen gewissen Mangel, der darin bestand, dass der eigene Nationalgott den Schwerpunkt seines Wirkens im Bereich der Geschichte bewiesen hatte, dadurch auszugleichen, dass man ihm mit Baal einen Gott an die Seite stellte, dessen traditioneller Schwerpunkt im Bereich der »Natur« lag.

Es gehört zu den erstaunlichen Besonderheiten der Religionsgeschichte Israels, dass sich gegen diese »normalen« wirtschaftlichen Modernisierungen und theologischen Ausdifferenzierungen, wie sie hundertfach in den alten Kulturen des Vorderen Orients vorgekommen sind, in der israelitischen Gesellschaft Protest erhob. Dieser Protest wurde, soweit wir erkennen können, zum einen von Vertretern der traditionellen Kleinbauernschicht getragen, zum anderen von prophetischen Oppositionsgruppen, die teilweise in engem Kontakt zu den Benachteiligten der wirtschaftlichen Entwicklung standen. Trotz aller blendenden wirtschaftlichen Erfolge der Omriden gab es Landwirte wie Nabot, die sich gegen die wirtschaftliche Expansion des Königshauses auflehnten; trotz allem kulturellen Aufschwung gab es Propheten wie Elia und Elisa, welche die neue Religionspolitik der Omriden nicht hinnehmen wollten.

Abb. 8: Stele des Wettergottes, den Chaosdrachen überwindend,
Aleppo, Anfang des 9. Jhs. v. Chr.

Die Auseinandersetzung lief in zwei Phasen ab: In der ersten Phase standen sich vor allem Elia und Ahab (870–851 v. Chr.) bzw. sein Sohn Ahasja (851–850) gegenüber, in der zweiten Phase griff Elisa zum Sturz des Ahab-Sohnes Joram (850–845) ein.

Der Konflikt, den Elia mit Ahab und Ahasja im zweiten Viertel des 9. Jh.s ausfocht, hatte, soweit wir erkennen können, eine sozial- und eine religionspolitische Spitze. Als das Königshaus den renitenten Kleinbauern Nabot, der den königlichen Expansionsbestrebungen in Jesreel entgegenstand, durch einen klug ausgeheckten Mordplan, der auch die örtlichen Verantwortlichen in das Verbrechen einband, aus dem Wege räumen ließ, war es nach Ausweis von 1. Kön 21,17–19 Elia, der den König zur Rede stellte und ihm im Namen JHWHs das Gericht ansagte. Der Fall erregte offenbar soviel Aufsehen, dass wahrscheinlich noch ein weiterer oppositioneller Prophet, den wir sonst nicht kennen, ein ähnliches Gerichtswort gegen Ahab verkündet hat (2. Kön 9,26).

Noch weitreichender war allerdings der Protest gegen die neue Religionspolitik des Königshauses, den Elia während einer längeren Dürreperiode öffentlichkeitswirksam vortrug. Durch Einsatz seiner »magischen« Fähigkeiten als Regenmacher suchte Elia den Nachweis zu führen, dass die Komplettierung JHWHs mit dem Wettergott Baal keineswegs besser, wie vom König und seinen Theologen behauptet, den für die Fruchtbarkeit des Landes nötigen Regen sicherstellen konnte. Im Gegenteil, dieser staatlich verordnete Synkretismus trage sogar die Schuld daran, dass ein erzürnter JHWH dem Land den Regen verweigere. Allein der israelitische Nationalgott JHWH, in dessen Dienst er handele, sei in der Lage, Regen zu verweigern und Regen zu geben; Baal habe dagegen keinerlei göttliche Macht (1. Kön 17–18).

Der jüdische Historiker Josephus meint, dass eine einjährige Dürrezeit, von der Menander von Ephesos während der Herrschaft des tyrischen Königs 'Ithobalos berichtet, mit der Dürre unter Ahab gleichzusetzen sei (Antiquitates 8,324). Wenn man dieser Kombination Glauben schenkt, hätte man hier einen außerbiblischen Beleg für den Hintergrund der Auseinandersetzung von 1. Kön 17–18. Doch bleibt der Zusammenhang unsicher (kritisch S. TIMM, Dynastie Omris, 1982, 225 f.; positiv wieder W. THIEL, Könige, 2000, 41). In der biblischen Tradition wird von einer 3½-jährigen Dürrezeit ausgegangen (Lk 4,25; Jak 5,17). Interessant ist, dass auch Menander von einer religiös bedingten Beendigung der Dürrezeit berichtet, die allerdings durch den König bewirkt wurde: »Nachdem er ('Ithobalos) eine Bittzeremonie vollzogen hatte, sollen genügend Blitze gefallen sein.«

Einen begrenzteren Protest hat Elia gegen die Konsultation des Baal von Ekron durch den König Ahasja geltend gemacht (2. Kön 1,2–17). Damit scheint der Prophet Elia die erste historisch greifbare Person gewesen zu sein, die offensiv für eine alleinige Verehrung JHWHs in Israel eintrat und eine bis dahin mögliche und auch übliche Verehrung anderer Götter neben ihm ausschloss.

Es hat den Anschein, dass der Konflikt in der ersten Phase, solange die Omriden unter Ahab auf dem Höhepunkt ihrer Macht standen, noch relativ begrenzt war. Elia stand Ahab nicht generell feindlich gegenüber; nach dem alten Überlieferungsstück 1. Kön 18,41–45 konnte ihr Verhältnis zueinander sogar zeitweise regelrecht freundschaftlich sein. Dies änderte sich jedoch in der zweiten Phase, als die bis dahin so erfolgreiche Außenpolitik der Omriden unter Ahabs Sohn Joram empfindliche Schwächen zeigte: Die Provinz Moab ging um 850 v. Chr. verloren (2. Kön 1,1),[15] der Krieg, den

---

15 Vgl. auch die Stele des moabitischen Königs Mescha (TUAT I/4, 646–650), die den Vorgang von der anderen Seite her darstellt.

Joram gegen den Usurpator Hasa'el von Damaskus im Ostjordanland vom Zaun gebrochen hatte, hatte sich festgefahren (8,28; 9,14b).[16] Unter diesen Umständen erreichte der prophetische Protest gegen das omridische Königshaus erstmals gesellschaftliche Breitenwirkung, obgleich Joram die offizielle Förderung der Baalverehrung ein Stück weit einschränkte (3,2). Konservative Gruppen wie die Rekabiter, die glühende JHWH-Verehrer gewesen zu sein scheinen (10,15–17.23), und Teile des Offizierskorps, die mit der militärischen Lage unzufrieden waren und – sofern die Rekonstruktion einer neu gefundenen Inschrift zutrifft – von Haza'el Rückendeckung für eine Beseitigung der Omriden erhielten,[17] schlossen sich der Protestbewegung an. Als Joram im Kampf gegen die Aramäer verletzt wurde und die Truppe verlassen musste, um sich in seiner Residenz in Jesreel gesund pflegen zu lassen (8,28 f.; 9,14b f.), brach der Aufstand gegen das omridische Königshaus los.

Über den Aufstand sind wir aus 2. Kön 9,1–10,27 detailliert und relativ zuverlässig unterrichtet.[18] Danach ist es der Prophet Elisa gewesen, der den Aufstand auslöste: Das Machtvakuum ausnutzend, das sich durch die Verletzung Jorams aufgetan hatte, schickte er einen seiner Jünger mit dem Auftrag in das ostjordanische

---

16 So ist wahrscheinlich der Krieg im Lichte der Tell Dan Inschrift, Z. 1–4 (vgl. TUAT Ergänzungsheft 178), zu deuten. Danach hatte Joram mit dem Angriff sogar einen Vertrag, den Ahab mit Barhadad von Damaskus geschlossen hatte, gebrochen.

17 Nach dem rekonstruierten Text der Inschrift von Tell Dan (Z. 7–9) brüstet sich Hazael, die Ermordung Jorams von Israel und Ahasjas von Juda vollzogen zu haben (TUAT Ergänzungsheft 178 f.), die nach 2. Kön 9,24.27 durch Jehu geschah.

18 Nach der eingehenden Untersuchung von S. OTTO, Jehu, 2001, 104–111, stammt die Jehu-Erzählung am ehesten aus der Regierungszeit Jerobeams II. (787–747), ist also weniger als 100 Jahre von den Ereignissen getrennt.

Heerlager, den Offizier Jehu zum Gegenkönig zu salben (9,1–13). Mit dieser religiösen Legitimation im Rücken setzte Jehu den Staatsstreich in Gang, ermordete Joram (9,16–24) und die verhasste Königinmutter Isebel (9,30–35) und rottete schonungslos die gesamte omridische Königsfamilie in Samaria aus (10,1–9). Schließlich ließ er die Priester und Kultteilnehmer im Baaltempel von Samaria hinterhältig hinmorden und machte die gesamte Tempelanlage dem Erdboden gleich (10,18–27). So wurde 25 Jahre nach Regierungsantritt Ahabs der staatliche Baalskult, den dieser aus diplomatischen Gründen eingerichtet hatte, gewaltsam wieder beseitigt.

Kein Zweifel, in Verbindung mit den Mitteln politischer Macht entwickelte der prophetische Kampf um die alleinige Verehrung JHWHs, den Elia in Gang gesetzt hatte, ein gefährliches Gewaltpotential. Die blutige Revolution Jehus trug neben allem machtpolitischen Ränkespiel durchaus die Züge eines intoleranten religiösen Fanatismus. Zwar feierten die konservativen JHWH-Anhänger ihren großen Sieg über den ihnen von den Omriden aufoktroyierten phönizischen Baalskult, wie die um Zustimmung heischende Erzählung von der Jehu-Revolution 2. Kön 9,1–10,17 noch erkennen lässt, doch wurde von einigen die Problematik eines Einsatzes solch' brutaler Mittel zur Durchsetzung ihrer religiösen Ziele durchaus gespürt. So verurteilte etwa der Prophet Hosea, der im 8. Jh. erneut und noch konsequenter für die alleinige JHWH-Verehrung eintrat, das »Blutbad von Jesreel« aufs schärfste und kündigte dafür der Jehu-Dynastie die göttliche Vergeltung an (Hos 1,4). Und noch die Elia-Erzählung in 1. Kön 19 reflektiert darüber, ob hier nicht vielleicht doch eine Grenze überschritten wurde.

Doch auch außenpolitisch hatte der Sieg der JHWH-treuen Kreise einen hohen Preis. Er zerstörte das Gewebe der diplomatischen Beziehungen, das die Omriden gesponnen hatten, und trieb das Nordreich erneut in die außenpolitische Isolation. Wenn das Nordreich unter Jehu und seinen Söhnen ohne Verbündete schutzlos den Angriffen der Aramäer ausgeliefert war und unter ihren Schlägen fast zusammengebrochen wäre (2. Kön 10,32 f.; 13,7), so ist das eine unmittelbare Konsequenz aus der schroffen religiösen Abgrenzung, der er zum Siege verhalf. Dass Jehu, der »Eiferer für JHWH« (vgl. 10,16), schon wenige Jahre nach seiner Revolution gezwungen war, sich unter den Gott Assur zu beugen, um den assyrischen König Salmanassar III. als Verbündeten gegen die Aramäer zu gewinnen, wie es der Schwarze Obelisk drastisch vor Augen führt (Abb. 9; zweites Register von oben), wirft ein grelles Schlaglicht auf die religiösen Zwänge einer polytheistischen Welt, die eine Trennung von Politik und Religion noch nicht kennt. Unter den Bedingungen der Staatlichkeit war für Israel eine strikte Alleinverehrung JHWHs (Monolatrie) nur schwer durchhaltbar, wollte es nicht in völlige Isolation verfallen.

1.3 Die »klassische« Gerichtsprophetie und ihr Scheitern

In der Geschichte der Prophetie in Israel stellt Elia, so wichtig er werden sollte, nur ein Vorspiel dar. Er gehört noch der »vorklassischen« Periode an, obgleich er vom Typ des institutionell ungebundenen Einzelpropheten schon die »klassischen« Gerichtspropheten präludiert.

Die »klassische« Gerichtsprophetie beginnt erst ca. 100 Jahre nach Elia im 8. Jh. am Vorabend der Expansion des neuassyrischen Reiches nach Westen, der im Jahr 722 v. Chr. das Nordreich Israel zum Opfer fiel. Ihr erster Vertreter ist Amos, der um 760 im Nordreich auftrat, gefolgt von Hosea, der ebenfalls im Nordreich zwischen 750 und 725 verkündete. Etwas später folgten

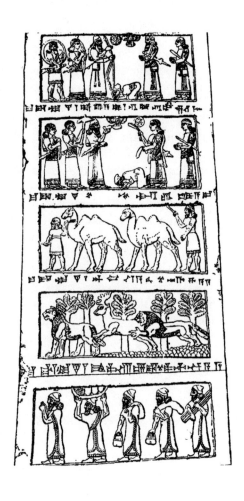

Abb. 9: Schwarzer Obelisk mit dem Tribut Jehus an
Salmanasser III., Britisches Museum, London

im Südreich Juda die Propheten Jesaja (ca. 740–701) und Micha (um 701). Wieder etwa 100 Jahre später begann am Ende des 7. Jh.s die zweite Welle der Gerichtsprophetie, die mit der Expansion des neubabylonischen Reiches nach Syrien-Palästina verbunden ist. Sie führte schließlich zum Untergang des Südreiches Juda im Jahr 587 v. Chr. und damit zum Ende der Staatlichkeit Israels. Dieser zweiten Phase gehören die Propheten Habakuk (um 605), Zephanja (um 604), Jeremia (627–586) und Ezechiel (597– ca. 570) an. Dabei begleitete Jeremia Juda auf dem ganzen Weg in den Untergang, von den aufkeimenden Hoffnungen, die der Kollaps des assyrischen Weltreiches (nach 630) auslöste, über den Aufstieg des neubabylonischen Weltreiches (ab 605) bis in die Zeit nach der völligen Zerstörung Jerusalems. Dagegen begann Ezechiel, der bei der ersten Deportation von Judäern 597 nach Babylonien gekommen war, erst ab 594 seine Gerichtsverkündigung unter den Exilierten und gehört für den zweiten Teil seines Wirkens schon zur Periode der exilischen Heilsprophetie. Für das Verständnis der Wirkungsgeschichte Elias muss man sich klar machen, wie lang und wie furchtbar die von den »klassischen« Gerichtspropheten begleitete Katastrophengeschichte Israels gewesen ist, die auf ihn folgen sollte.

Mit dieser totalen Katastrophe hängen vier wichtige Differenzen zusammen, die Elia von den späteren »klassischen« Gerichtspropheten unterscheiden. Erstens: Elia kündigte vornehmlich Einzelpersonen, nämlich den omridischen Königen Ahab und Ahasja, das Gericht Gottes an (1. Kön 21,19; 2. Kön 1,6); das Volk war von der Dürrenot zwar mit betroffen, aber die Auseinandersetzung ging doch um den vom Königshaus initiierten und geförderten Baalskult. Dies wurde bei den »klassischen« Propheten anders: Die Propheten seit Amos klagten die gesamte Führungselite für unerträgliche Missstände in der Gesellschaft an, die Verelendung der kleinbäuerlichen Schicht, den Missbrauch der Rechtsprechung für die eigenen Interessen, die ruinöse Bündnispolitik mit den Großmächten, die Aufblähung des Kultbetriebes und den unter fremdkulturellem Einfluss blühenden Synkretismus. Darum kündigten sie auch überwiegend ganz Israel, d. h. Staat und Gesellschaft insgesamt, Gottes Gericht an. Dies bedeutet: Der beschränkte Adressatenkreis Elias wurde in der »klassischen« Gerichtsprophetie extrem ausgeweitet.

Zweitens: Das göttliche Gericht, das Elia angekündigt hatte, blieb sachlich begrenzt; die Dürreperiode sollte Israel nicht vernichten, sondern nur zur Räson bringen. Die »klassischen« Gerichtspropheten verkündeten jedoch in unerbittlicher Schärfe den völligen Untergang Israels; Amos sogar über den staatlichen Zusammenbruch hinaus das »Ende des Volkes Israel« (Am 8,2). D. h., das begrenzte Strafgericht Elias wurde bei den »klassischen« Gerichtspropheten zu einem mehr oder minder totalen Vernichtungsgericht.

Drittens: Das göttliche Gericht, das Elia angekündigt hatte, war zeitlich eng begrenzt. Die Dürre konnte von Gott nach drei Jahren sofort abgebrochen werden, als sie ihre Funktion erfüllt hatte. Die Gerichtsperspektive, welche die »klassischen« Propheten ankündigen, wurde dagegen zeitlich entschränkt. Auch wenn einige von ihnen stärker über eine mögliche Zuwendung Gottes nach dem Gericht nachdachten (Hos, Jes, Jer), blieb doch offen, wann diese erfolgen könnte.[19]

Viertens: Elia war kein reiner Gerichtsprophet; er setzte sich mit allen ihm von Gott verliehenen Fähigkeiten ebenso für die Aufhebung des von ihm in Gang

---

19 Erst die Schüler Jeremias etwa suchten während des babylonischen Exils die Gerichtszeit auf 70 Jahre zu begrenzen, vgl. Jer 25,11–13; 29,10 f.

gesetzten Gerichtes ein. Die vorexilischen Gerichtspropheten waren – abgesehen von Ezechiel, der schon in die Exilszeit hineingehört – an der Wende zum Heil nach der langen Periode des Gerichts nicht mehr beteiligt.

Die sich in diesen Differenzen abzeichnende unglaubliche Radikalisierung und Totalisierung der Gerichtsverkündigung, zu der es übrigens allein in der israelitischen Prophetie gekommen ist, hatte nun direkte Konsequenzen für die gesellschaftliche Akzeptanz der Propheten. Elia war trotz seines Protestes gegen die omridische Wirtschafts- und Religionspolitik immer noch populär gewesen; immerhin war er ein erfolgreicher Regenmacher. Es wurde deswegen von ihm viel erzählt, insbesondere in den Kreisen, die ebenfalls in Opposition zu den Omriden standen. Noch mehr wurde von Elisa erzählt, der noch stärker als Elia Wohltäter war und dazu eine Prophetengruppe hinter sich hatte, die seinen Ruhm verbreiten wollte. Die »klassischen« Gerichtspropheten dagegen waren nicht mehr so populär, dass von ihnen erzählt worden wäre.[20] Im Gegenteil, sie stießen mit ihrer totalen Gerichtsverkündigung, die ja nicht weniger als die Zerstörung des eigenen Staats- und Kultwesens beinhaltete, auf massive Ablehnung und wurden gesellschaftlich ausgegrenzt: Amos wurde aus Bethel ausgewiesen (Am 7,10–17), Hosea für verrückt erklärt (Hos 9,7), Jesaja als Hoch-

---

20 Die einzige Ausnahme stellt Jeremia dar, der im politischen Parteienstreit der letzten Jahrzehnte Judas als Sprachrohr des Reformflügels eine breitere Popularität erhielt (vgl. R. ALBERTZ, Religionsgeschichte 1996, 360 ff.); von ihm sind eine ganze Anzahl von Erzählungen überliefert (Jer 26–29; 36–43). Dagegen wird von Jesaja in 2. Kön 18–20 erst etwa 120 Jahre nach seinem Tod kurz vor der Eroberung Jerusalems erzählt (vgl. C. HARDMEIER, Prophetie im Streit, 1990, 247 ff.). Es handelt sich um eine sekundäre Instrumentalisierung Jesajas durch die nationalreligiöse Partei; der dort geschilderte Prophet hat darum auch mit dem wirklichen Jesaja wenig zu tun.

verräter verdächtigt (Jes 8,12) und Jeremia von den königlichen Häschern verfolgt (Jer 36,26) und von der Tempelpolizei gefoltert (20,1–6). Diese radikalen Gerichtspropheten fanden, wenn überhaupt, nur im kleinen Kreis ihrer Schüler Gehör, den sie um sich scharen konnten. Wenn sie verhindern wollten, dass ihre abgelehnte Botschaft nicht vergessen wurde, mussten sie selber dafür sorgen, dass sie in ihrem Schülerkreis aufgeschrieben und tradiert wurde (vgl. Jes 8,16–18; 30,8–14; Jer 36). Darum besitzen wir von diesen radikalen Gerichtspropheten eigene Bücher und nennen sie deswegen auch »Schriftpropheten«; die von den Elia-Erzählungen abweichende Überlieferungsform ist Ausdruck ihres Misserfolgs.

Die radikalen Gerichtspropheten sind somit weitgehend gescheitert. Auch wenn es ihnen und ihren Anhängern zuweilen gelang, die öffentliche Meinung zu beeinflussen und Reformen der Gesellschaft anzustoßen, die die beklagten sozialen, politischen und kultischen Missstände zu beseitigen suchten, wie die Hosea-Schüler nach dem Untergang des Nordreiches in Juda (vgl. die Hiskianische und Josianische Reform am Ende des 8. und im 7. Jh.), so ist es ihnen aufs Ganze gesehen nicht gelungen, die nationale Katastrophe aufzuhalten und den Untergang der beiden Teilstaaten zu verhindern. Im Gegenteil, sie sahen sich mit dem Vorwurf konfrontiert, mit ihrer schonungslosen Kritik und ihrer ständigen Unheilsprophetie den Untergang von Staat und Volk herbeizureden (vgl. Jer 17,16). An Jeremia lässt sich dabei besonders gut erkennen, dass die Gerichtspropheten in einem doppelten Legitimationskonflikt standen: Sie mussten einerseits nachweisen, dass sie keine Feinde ihres Volkes waren, sondern eigentlich sein Bestes wollten (18,20), aber von Gott gegen ihren Willen zur Gerichtsverkündigung gezwungen worden waren (1,4–10); und andererseits mussten sie angesichts des höhnischen Vorwurfs, dass ihre Worte doch nicht einträfen, vor Gott darauf beharren, dass er seine Gerichtsworte endlich bewahrheiten möge (17,18), damit sie am Ende nicht als Lügner dastünden.

Als sich die Unheilsprophetie der »klassischen« Gerichtspropheten mit dem Untergang des Nord- und Südreiches – wenn auch teilweise erst nach erheblicher zeitlicher Verzögerung – schließlich erfüllte, offenbarte sich damit das ganze Dilemma, das der Gerichtsprophetie immer schon innewohnte: Die »klassischen« Gerichtspropheten, die zu Lebzeiten fast nur auf schroffe Ablehnung gestoßen waren, wurden von Gott bestätigt; ihre radikale Botschaft hatte sich als wahr erwiesen. Aber gleichzeitig manifestierte sich darin menschlicherseits ihr Scheitern; es war ihnen nicht gelungen, ihr Volk zur Umkehr zu bewegen und damit ihre Gerichtsbotschaft überflüssig zu machen.

1.4 Die Anerkennung der Gerichtsprophetie in der Exilszeit

Erst nachdem sich mit der Zerstörung Jerusalems im Jahr 587 v. Chr., dem Ende eines halbwegs selbständigen Staates Juda und der Deportation von ca. einem Viertel der judäischen Bevölkerung in den Jahren 597, 587 und 572, die Unheilsankündigungen der »klassischen« Gerichtspropheten weitgehend erfüllt hatten, wurde deren zuvor abgelehnte und verhöhnte Botschaft von den Überlebenden der Katastrophe erstmals breiter als wahres Gotteswort akzeptiert. Allerdings geschah diese Anerkennung der Gerichtsprophetie während der Exilszeit keineswegs automatisch, sondern musste erst durch mühsame Überzeugungsarbeit langsam durchgekämpft werden. Die Aggressionen, die viele von den früheren Eliten gegen ihre prophetischen Kritiker hegten, waren nach wie vor gross. Selbst die deuteronomistischen Historiker, die durchaus einen Teil der prophetischen Kritik akzeptierten und in den Jahren nach 562 v. Chr. die Geschichte ihres Volkes als eine Schuldgeschichte konzipierten, die den Abfall von JHWH als Hauptgrund für die nationale Katastrophe namhaft macht, konnten sich nicht dazu durchringen, der radikalen Gerichtsprophetie ein Denkmal zu setzen. Sie nahmen neben einigen unbekannteren Propheten zwar Elia, Elisa und einen heilsprophetisch umgedeuteten Jesaja in ihr Geschichtswerk auf, aber übergingen die klassischen Gerichtspropheten von Amos bis Jeremia mit Schweigen.

Es waren vor allem die Anhänger der früheren Gerichtspropheten, die sich dafür einsetzten, dass deren Botschaft in der Exilszeit Gehör fand und als theologische Deutung der erlittenen Katastrophe angenommen wurde. Dazu nutzten sie einerseits die Gelegenheit der häufigen exilischen Klagegottesdienste, in denen die prophetische Gerichtsbotschaft verlesen und als Gotteswort angeeignet werden konnte. Einige der frühen Vorformen oder Teile der schriftprophetischen Bücher gehen nachweislich auf solche für den Gottesdienst verfassten Kompositionen zurück (z. B. Am 1,2–9,4; Jer 8,4–10,25* u. a.). Andererseits entwickelten insbesondere die deuteronomistisch geprägten Anhänger Jeremias eine regelrechte Predigttätigkeit, um in den Toren und auf den Plätzen die Botschaft ihres Meisters öffentlich vorzutragen und neu auszulegen (vgl. Jer 7,1–15; 17,19–27; 22,1–5; 42,10–17). Auf diese doppelte Weise wurde das prophetische Gerichtswort für die exilische Generation zu einer Quelle der Schuldeinsicht, der Geschichtsdeutung und der Neuorientierung.

Erst einmal als Gotteswort akzeptiert, versuchte man die Gemeinsamkeiten und die gemeinsame Zielrichtung der Botschaften verschiedener Gerichtspropheten zu ergründen. So wurden in der späten Exilszeit erstmals frühe Formen der Bücher Hosea, Amos, Micha und Zephanja zu einer Sammlung zusammengefasst, deren Ziel es war, aufzuzeigen, dass die gesamte Gerichtsprophetie im Nord- und Südreich nicht auf bloße Zerstörung, sondern auf ein Reinigungsgericht JHWHs zielte, das Israel, befreit von allem, was es von seinem Gott getrennt hatte, einen Neuanfang ermöglichen soll (Hos 3,1–5*; Am 9,7–10; Mi 5,9–13; Zeph 1,4–6; 3,9–11).[21] Durch diese und andere heilsprophetischen Bearbeitungen der gerichtsprophetischen Bücher wurde die totalisierte Unheilsbotschaft eingegrenzt und erhielt eine positive pädagogische Funktion.

Schließlich verkündete der späte Ezechiel (Ez 36–37), aber noch deutlicher die anonyme exilische Prophetengruppe, die wir Deuterojesaja nennen (Jes 40,1 ff.), im Auftrag JHWHs ein Ende der Gerichtszeit und eine neue Heilszeit für Israel. Während Ezechiel noch zeitlich unbestimmt eine zukünftige Wiederbelebung des toten Volkes schaute (Ez 37,1–14), verband die Deuterojesaja-Gruppe die Heilswende mit einem konkreten historischen Datum: der Eroberung des neubabylonischen Reiches durch den Perserkönig Kyros (539 v. Chr.; vgl. Jes 47). Dieser würde nach seinem Sieg die exilierten Juden aus aller Welt heimkehren lassen und das zerstörte Juda und Jerusalem wieder aufbauen (44,26.28; 45,4.13). Zwar ging die Heilsprophetie der Gruppe wahrscheinlich nicht gleich unter Kyros, sondern erst 12 Jahre später unter Darius in Erfüllung[22] und sprengte in ihren überbordenden Erwartungen bei weitem die Möglichkeiten des geschichtlich Realisierbaren,[23] dennoch hat sie entscheidend dazu beige-

---

21 Vgl. im Einzelnen dazu R. ALBERTZ, Exilszeit, 2001, 164–185.
22 Vgl. a. a. O., 296–301.
23 Vgl. nur die Erwartung einer triumphalen Heimkehr JHWHs zum Zion (Jes 40,3–5.9–11) und der dortigen Errichtung seiner Königsherrschaft (52,7–10).

tragen, dass in der Tat die Chance der Rückwanderung eines Teils der Exilierten und des Wiederaufbaus des Tempels im Jahr 521/20 ergriffen wurde.

So bildet die späte Exilszeit den Höhepunkt in der Akzeptanz der Prophetie. Ob als Gerichts- oder Heilsverkündigung, nie wieder hat die Prophetie in Israel eine gesellschaftlich breitere Akzeptanz erhalten als in der Krise der Exilszeit.

1.5 Neuer Streit um die Prophetie in nachexilischer Zeit

In der nachexilischen Zeit geriet die Prophetie teilweise wieder in Misskredit, insbesondere bei der Führungselite der persischen Provinz Juda (Jehud). Zwei Gründe lassen sich dafür benennen: Da war erstens die allgemeine Enttäuschung darüber, dass sich die herrlichen Heilsankündigungen der Deuterojesaja-Gruppe, Ezechiels und anderer exilischer Propheten nur zum geringsten Teil erfüllt hatten. Wohl kam es 520 v. Chr. unter der Führung des Davididen Serubbabel und des Hohenpriesters Josua zur Rückwanderung einer größeren Gruppe von Exilierten aus Babylonien, wohl gelang es, den Tempelbau nicht zuletzt durch tatkräftige Unterstützung der Propheten Haggai und Sacharja in Gang zu setzen (Esr 5–6), doch die wirtschaftliche Lage in Juda war und blieb schwierig (Hag 1), zu einer umfassenden Sozialreform fehlte die Kraft (Jes 58), die Aussöhnung mit den Glaubensbrüdern in Samaria misslang (Esr 4,1–5) und die Wiederherstellung eines halbwegs autonomen Vasallenstaats unter einem davidischen König schlug fehl. Juda wurde zu einer marginalen Provinz innerhalb des riesigen persischen Weltreichs. Dabei erwiesen die Perser bei politischem Wohlverhalten in religiösen und kultischen Dingen ein gewisses Wohlwollen (Esr 6,1–5), zeigten sich aber beim Eintreiben der Steuern als unerbittliche Oberherrn (Neh 5,4; 9,36 f.).

Der zweite Grund für ein neues Misstrauen gegenüber der Prophetie lag konkret in dem Fiasko, das die beiden Heilspropheten Haggai und Sacharja erlitten. Beide Propheten hatten mit dem Wiederaufbau des Tempels hochfliegende Erwartungen verbunden, den Anbruch einer neuen Segenszeit (Hag 2,15–19; Sach 8,9.12), die Wiedererrichtung des davidischen Königtums (Hag 2,23; Sach 4,1–6.10–14*) und einen großen politischen Umbruch in der Völkerwelt (Hag 2,6–9.21 f.; Sach 2,1–4; 6,1–8), der natürlich auch die persische Herrschaft hinwegfegen würde. Damit geriet die frühnachexilische Heilsprophetie, so wichtig sie für die Motivation des Tempelbaus war, in ein gefährliches politisches Fahrwasser. Die Perser intervenierten wahrscheinlich aus diesem Grund (vgl. Esr 5,3 ff.) und verlangten wohl, dass sich die judäische Führung von solcherart Umsturzphantasien klar distanzierte. Was aus Haggai und Sacharja wurde, wissen wir nicht; vielleicht wurden sie mundtot gemacht oder umgebracht; jedenfalls werden sie bei der Einweihung des Tempels im Jahr 515 nicht mehr erwähnt (6,15 ff.).

Diese enttäuschenden und z.T. gefährlichen Erfahrungen mit der exilischen und frühnachexilischen Heilsprophetie hatten zur Folge, dass sich in der Provinz Juda eine neue Führungselite aus Laien und Priestern herausbildete, welche allen prophetischen Restaurationshoffnungen abschwor und in demonstrativer Loyalität zu den Persern ein substaatliches Gemeinwesen aufbaute, das von den führenden Laien- und Priesterfamilien und einer Volksversammlung regiert wurde und jegliche politische Einflussnahme der Davididen und prophetischer Gruppen ausschloss.[24]

---

24 Näheres vgl. R. ALBERTZ, Religionsgeschichte, 468–477.

Dem entsprach, dass man nun auch in der religiösen und rechtlichen Urkunde, der Tora, die diese neue Führungselite im 5. Jh. v. Chr. als verbindliche Grundlage für alle Juden im persischen Reich ausarbeiten ließ, königliche und prophetische Traditionen weitgehend eliminierte. Durch Beschränkung der Gründungsgeschichte Israels auf die Erzväter- und Mosezeit (5 Bücher Mose = Pentateuch) wurden alle prophetischen Überlieferungen, seien sie nun im Deuteronomistischen Geschichtswerk oder in prophetischen Büchern aufgezeichnet, bewusst ausgeschlossen. Davon waren somit auch die Elia- und Elisa-Traditionen betroffen. Stattdessen wurde Mose nicht nur als Maß präsentiert, an dem sich alle wahre Prophetie zu messen habe (5. Mose 18,15–22), sondern auch als eine Art »Überprophet« aufgebaut (34,10–12), dessen unmittelbarer Gesprächskontakt mit Gott auf dem Sinai alle prophetischen Offenbarungen in den Schatten stellte (4. Mose 12,6–8). So wurde mit theologischen Mitteln versucht, das mosaische Gesetz den prophetischen Weisungen klar überzuordnen und die göttliche Offenbarung möglichst auf den Sinai und die Frühzeit Israels zu beschränken. Dass im Widerspruch dazu in 1. Kön 19 auch die Prophetie Elias und Elisas, und zwar gerade ihre nicht ganz unproblematischen direkten Eingriffe in die Politik ebenfalls vom Sinai bzw. Horeb aus, begründet wird, ist im Zusammenhang mit dieser theologischen Debatte zu sehen.

Dennoch blieb es dabei: Die Propheten wurden bei dem ersten Schritt der Kanonisierung, den Esra wahrscheinlich am Ende des 5. Jh.s mit der Einführung der Tora (= 5 Bücher Mose) durchsetzte, bewusst ausgeschlossen und abgewertet.

Die Distanzierung der Führungselite von der Prophetie führte dazu, dass die prophetischen Schriften und Überlieferungen während der persischen Epoche wieder von kleineren Außenseitergruppen tradiert, gepflegt und ausgelegt wurden, die eher in Opposition zur herrschenden Politik der loyalen Zusammenarbeit mit den Persern standen. Diese Zirkel sympathisierten eher mit den Opfern der harten persischen Wirtschaftspolitik und erneuerten die Sozialkritik der vorexilischen Gerichtspropheten, die sie nun gegen ihre wohlhabenden Kollaborateure wandten. Die scharfe Gerichtsankündigungen gegen die »Frevler«, d. h. die unsolidarischen Reichen, bei gleichzeitiger glühender Heilshoffnung für die »Gerechten«, d. h. die verarmten Kleinbauern und ihre solidarischen Unterstützer, ist kennzeichnend für diese marginalisierte nachexilische Prophetie in einer sozial stark zerklüfteten Gesellschaft (Jes 57–59; 65–66; Mal 2,17–3,21 u. a.).

Das alle Geschichte sprengende Hoffnungspotential der Deuterojesaja-Prophetie, das unerfüllt geblieben war, führte nun in Verbindung mit der Marginalisierung der verbliebenen prophetischen Anhänger zu einer immer stärkeren Loslösung der prophetischen Erwartungen vom konkreten Geschichtsverlauf. Die verschiedenen Gerichts- und Heilsprophetien wurden vielmehr zunehmend auf die Erwartung eines fernen Tages zusammengeschoben, an dem JHWH endlich und umfassend eingreifen werde (deswegen »Tag JHWHs«), um die Frevler zu beseitigen, die Gerechten zu befreien, Israel und Jerusalem von der Bedrohung durch fremde Mächte zu retten und schließlich seine Königsherrschaft aufzurichten (Jes 29,17–24; Mal 3,17–21; Sach 14 u. ö.). Weil sich damit die prophetische Ankündigung immer stärker auf einen fernen Punkt in der Zukunft bezog, nennt man diese Entwicklung mit dem etwas unscharfen Begriff »Eschatologisierung der Prophetie«, auch wenn von einem richtenden und rettenden Eingreifen Gottes, das der bisherigen Geschichte ein Ende macht und ein Jenseits heraufführen wird, erst in der auf die »eschatologische Prophetie« folgenden Apokalyptik die Rede ist (Dan; Mk 13; Off).

Etwa 150 Jahre dauerte die Ausgrenzung und Abwertung der Prophetie an. Erst im Widerstand gegen den kulturellen Druck des Hellenismus, in dessen Bann Juda nach dem Sieg Alexanders über die Perser ab 332 v. Chr. geriet, gewann die Prophetie, und zwar in ihrer späten eschatologischen und apokalyptischen Ausprägung, seit der zweiten Hälfte des 3. Jh.s erneut eine breite öffentliche Bedeutung. Die Aufstände der konservativ-frommen Bevölkerungsteile gegen eine hellenisierte städtische Oberschicht, die wechselweise mit den Ptolemäern und Seleukiden kollaborierte und die strenge Tora-Bindung des Judentums auflösen wollte, werden großteils unter dem Banner eschatologischer und apokalyptischer Erwartungen ausgetragen (schon am Ende des 3. Jh.s und dann im Makkabäerkrieg ab 167 v. Chr.). Erst unter diesem Druck ist der konservative Flügel der Führungselite bereit, nun auch die prophetischen Schriften und Überlieferungen den offiziellen, für alle Juden verbindlichen, religiösen Schriften zuzurechnen. Dieser zweite Schritt der Kanonisierung, der die Geschichtsbücher als »Vordere Propheten« und die Prophetenbücher als »Hintere Propheten« in die jüdische Bibel einbezog, muss, wie wir aus dem Vorwort zum Buch JesSir wissen, in der Zeit vor 180 v. Chr. erfolgt sein.

Bei diesem Schritt wurde am Ende des Prophetenkanons nochmals auf den Propheten Elia Bezug genommen und dabei zugleich ein Kompromiss zwischen Mose und den nun wieder aufgewerteten Propheten hergestellt (Mal 3,22–24): Die Tora des Mose bleibt die Grundlage des jüdischen Lebens, ihrer ist ständig zu gedenken; aber Elia ist unverzichtbar, um Israel auf Gottes bevorstehendes Kommen vorzubereiten, damit möglichst viele dem Endgericht entgehen können.

So wird in der nachexilischen Zeit an der Gestalt Elias ganz wesentlich der langanhaltende Streit um die bleibende Bedeutung, aber doch notwendige Begrenzung der nicht ganz ungefährlichen Prophetie ausgefochten.

2. DIE ERZÄHLUNGEN ÜBER ELIA

Anders als die Erzählungen von Elisa, die abgesehen von ihren Rändern in 1. Kön 19,19–21 und 2. Kön 13,14–21 in einer kompakten Erzählfolge innerhalb von 2. Kön 2–10 zusammengestellt worden sind, finden sich die Elia-Erzählungen in 1. Kön 17–19; 21 und 2. Kön 1–2 stärker vereinzelt und über mehrere Kapitel verstreut. Auch die Art der Erzählungen ist sehr unterschiedlich: Am Anfang steht eine größere Erzählkomposition (1. Kön 17–19), die in mehreren Einzelepisoden Elias große Auseinandersetzung mit dem König Ahab, der Königin Isebel und dem Volk Israel im Zusammenhang einer längeren Dürrezeit schildert. Man nennt sie deswegen auch »Dürrekomposition«. Es folgt dann nach einer Unterbrechung durch eine Kriegserzählung (1. Kön 20), in der anonyme Propheten auftreten, eine deutliche Einzelerzählung in 1. Kön 21: Die Erzählung von Nabot und seinem Weinberg, in der Elia den Justizmord des Königshauses an Nabot aufdeckt. Schließlich folgt – weit abgeschlagen durch die lange Kriegserzählung 1. Kön 22, in der der Prophet Micha ben Jimla vierhundert Heilspropheten die Stirn bietet – wieder eine Einzelerzählung in 2. Kön 1: Die Erzählung von der Gottesbefragung Ahasjas an Baal-Zebub, in der Elia den Boten des Königs in den Weg tritt und Ahasja den Tod ankündigt. Die letzte Erzählung von Elias Himmelfahrt in 2. Kön 2,1–18 gehört dagegen, wie die unmittelbare Fortsetzung in 2,19 ff.; 4,1 ff. deutlich macht, schon zum Zyklus der Elisa-Erzählungen: Bei der feurigen Entrückung Elias wurde Elisa mit dessen machtvollem Geist begabt. Ein ähnlicher Übergang von Elia auf Elisa wurde schon in 1. Kön 19 vollzogen: Nach Rückkehr

von seiner Gottesbegegnung am Horeb beruft Elia den
Landwirt Elisa zum Propheten (19,19–21). Elia- und Elisa-Erzählungen sind somit literarisch eng miteinander
verknüpft, obgleich sie teilweise erzählerisch, thema-
tisch und theologisch ein deutlich anderes Gepräge haben. Um diesen paradoxen Befund zu erklären und die
Eigenart der Elia-Erzählungen besser zu verstehen, ist
vor ihrer Auslegung eine literargeschichtliche Untersuchung notwendig.

2.1 Die literargeschichtliche Einordnung
der Elia-Erzählungen

Als MARTIN NOTH 1943 das die Bücher 5. Mose 1–2.
Kön 25 umfassende Deuteronomistische Geschichtswerk entdeckte, das aus der mittleren Exilszeit stamme
(aus den Jahren nach 562 v. Chr.), ging er noch davon
aus, dass der deuteronomistische Historiker (Dtr.) den
»Zyklus der Elia- und Elisageschichten« weitgehend
unverändert in sein Werk aufgenommen habe.[1] Dieser
These einer generell vordeuteronomistischen Herkunft
der Elia-Elisa-Erzählungen ist die ältere Forschung
mehrheitlich gefolgt, wobei man an eine Herkunft aus
dem 9. bis 8. Jh. v. Chr. dachte.[2] Sie wird bis heute von
WINFRIED THIEL vertreten.[3] Allerdings wurde in jün-
gerer Zeit eine solche pauschale Frühdatierung mehr
und mehr hinterfragt. Das hat mehrere Gründe:

Da ist erstens die Beobachtung, dass der strenge Aufbau des Deuteronomistischen Geschichtswerks, das
von den Königen nach David und Salomo sonst nur
relativ knapp, gerahmt durch Notizen von deren Regierungsantritt, Regierungsdauer, Frömmigkeit, Tod

---

1 Vgl. Studien, 1967, 79.
2 So etwa G. FOHRER, Elia, 1968; O. H. STECK, Überlieferung, 1968;
   G. HENTSCHEL, Elijaerzählungen, 1977; H. SEEBASS, Art. Elia, 1982.
3 Redaktionsarbeit, 1991, 163–171; Könige, 2000, 23 f.

und Begräbnis, berichtet, im Bereich von 1. Kön 16 bis 2. Kön 13 fast gesprengt wird.

Da ist zweitens die Beobachtung, dass nur ganz wenige der Elia- und Elisa-Erzählungen durch entsprechende Bearbeitungen fest in das Deuteronomistische Geschichtswerk integriert sind, nämlich die Nabot-Erzählung 1. Kön 21 durch eine typisch deuteronomistische Ausweitung der Gerichtsverkündigung Elias in V.20b ff., die Baalbefragungs-Erzählung 2. Kön 1,2–17 durch die feste Einfügung in den Königsrahmen Ahasjas (1. Kön 22,52–54+2. Kön 1,18) und die Erzählung von der durch Elisa initiierten Jehu-Revolution 2. Kön 9,1–10,17 durch eine literarische Umrahmung (8,28 f.+10,18 ff.) und mehrfache geschichtstheologische Kommentare (9,7–10.36 f.; 10,10 f.17).

Da ist drittens die Beobachtung, dass der große Sieg, den Elia über Baal und seine Verehrer in 1. Kön 18 auf dem Karmel errungen haben soll, nicht recht zur Sicht des Deuteronomistischen Geschichtswerks passt, wonach der von Ahab initiierte Baalskult (1. Kön 16,31f.) erst von Jehu aus Israel ausgerottet wurde (2. Kön 10,28–31). Der Widerspruch, der sich hier auftut, wird erst durch die völlige Niederlage, die Elia dann in 1. Kön 19 erleidet, einigermaßen ausgeglichen.

Da ist viertens die Beobachtung, dass sich insbesondere in den Elia-Erzählungen mancherlei Elemente finden, die eher in eine spätere Zeit als das 9. und 8. Jh. v. Chr. verweisen: So begegnet die sog. »Wortergehensformel« (»Da erging das Wort JHWHs zu ...«), welche die Dürrekomposition strukturiert (1. Kön 17,2.8; 18,1.[31]; vgl. 21,17), gehäuft erst bei den Propheten des 7. und 6. Jh.s.[4] Verbunden ist damit eine ausgeprägte Wort-Gottes-Theologie (17,5.16.24; 2. Kön 1,17), wie sie ähnlich in den vom Verfasser des Deuteronomistischen

---

4   Vgl. die Bücher Jeremia, Ezechiel und Sacharja.

Geschichtswerks selbst verfassten Texten (1. Kön 14,18; 15,29; 16,12.34; 2. Kön 9,26; 10,17 u. ö.) – aber nicht nur dort – begegnet. Das monotheistisch klingende Bekenntnis von 1. Kön 18,37 erinnert am ehesten an den exilischen Propheten Deuterojesaja (Jes 44,6; 45,5 f.18; 46,9 u. ö.). Und die Rückbezüge auf die 5 Bücher Mose (Pentateuch) in 18,31 und 19,11–13 (vgl. 1. Mose 35,10 [Priesterschrift] und 2. Mose 33,21–23) weisen auf die beginnende Kanonisierung der Tora in der frühnachexilischen Zeit hin. So neigen immer mehr Ausleger dazu, kleinere oder größere Teile der Elia-Überlieferung in die exilische oder nachexilische Zeit zu datieren und für eine größere Anzahl von Elia- und Elisa-Erzählungen eine erst nachdeuteronomistische Einfügung in das Deuteronomitische Geschichtswerk zu erwägen.[5] Eine solche späte Ansetzung eines Teils der Elia-Erzählungen ermöglicht es, wie die Auslegungen zu 1. Kön 17–19 von ERHARD BLUM und SUSANNE OTTO verdeutlichen, weit besser als deren Frühdatierung (vgl. W. THIEL) die Einheitlichkeit der Texte zu wahren. Die hier vorgelegte Auslegung wird darum an vielen Punkten der literargeschichtlichen Analyse von S. OTTO folgen.

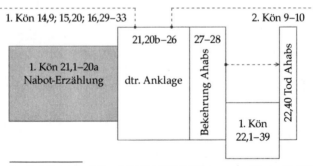

---

5   Vgl. R. SMEND, Wort, 1975, 525–543; E. WÜRTHWEIN, Könige II, 1984, 215–232; S. L. MCKENZIE, Trouble 1991, 81 ff.; E. BLUM, Prophet, 1997, 290–292; M. BECK, Elia, 1999; S. OTTO, Jehu, 2001; für die Elisa-Überlieferung schon H. C. SCHMITT, Elisa, 1972 und H.-J. STIPP, Elischa, 1987.

Die Nabot-Erzählung **1. Kön 21**, war, wie die starke geschichtstheologische Ausweitung der Prophetie Elias an Ahab und Isebel in V. 20b–26 zeigt, Teil des Deuteronomistischen Geschichtswerks. Der Deuteronomist wollte damit aus dem Verbrechen Ahabs und Isebels an Nabot den Sturz der omridischen Dynastie (V. 21–22a) und den grausamen Tod Isebels (V. 23) in der Jehu-Revolution begründen (vgl. 2. Kön 9,7–10a.36). Schon in der Jehu-Erzählung selber hatte man die Grausamkeiten Jehus – nachträglich – mit Ahabs Verbrechen an Nabot gerechtfertigt (9,21*.25–26); dabei war auch dort schon auf ein Prophetenwort Bezug genommen worden, das allerdings nicht auf Elia zurückgeführt wurde. Der deuteronomistische Historiker folgte dieser Spur und baute die Verbindung geschichtstheologisch aus, indem er eine ihm bekannte Nabot-Erzählung in sein Werk aufnahm, in deren Zentrum Elia stand. Allerdings passte der soziale Konflikt um das väterliche Eigentum des Nabot nicht so recht zur Gesamtkonzeption des Deuteronomistischen Geschichtswerks, nach der die Verehrung fremder Götter und der Abfall von JHWH den Untergang Israels heraufbeschworen hatte.[6] Von den schweren religionspolitischen Sünden Ahabs im Verein mit seiner phönizischen Frau war darum auch in der einleitenden Würdigung dieses Königs die Rede gewesen (1. Kön 16,29–33). Deswegen versuchte der deuteronomistische Historiker das soziale Verbrechen, das ihm in der aufgenommenen Nabot-Erzählung vorgegeben war, durch Kommentierung auf seine theologische Linie zu bringen: Er verallgemeinerte die

---

6 Allerdings kann man aus dieser Differenz wohl kaum mit E. BLUM, Nabotüberlieferungen, 2000, 119 ff., folgern, die Nabot-Erzählung habe nicht zum Deuteronomistischen Geschichtswerk gehört; seine Hypothese, sie sei erst nachexilisch aus 1. Kön 21,20b ff. herausgesponnen worden, scheitert an V. 23 und der Tatsache, dass 21,20b ff. keineswegs glatt an 16,33 anschließt.

Anklage Elias gegen Ahab ins Grundsätzliche: Ahab habe sich dazu hergegeben, das Böse in den Augen JHWHs zu tun (21,20b), habe Gott schwer gekränkt und Israel zum Bösen verführt (V.22b), alles Vorwürfe, die im Deuteronomistischen Geschichtswerk sonst wegen religiös-kultischer Vergehen erhoben werden (vgl. 1. Kön 14,9; 15,30; 2. Kön 21,11; 23,26 u. ö.) und von denen der Deuteronomist die ersten beiden auch gegen Ahab im Zusammenhang seiner Baalverehrung gerichtet hatte (1. Kön 16,30.33). Schon damit wurde der Justizmord an Nabot den krassen religiös-kultischen Sünden Ahabs ein- und untergeordnet. Diese Umdeutung wurde dann noch einmal außerhalb der Eliarede – möglicherweise durch einen weiteren deuteronomistischen Bearbeiter – in V.25 f. ausdrücklich festgehalten: Die große Bosheit Ahabs, zu der ihn Isebel verführte, lag im Götzendienst!

Nun hatte der deuteronomistische Historiker aber noch mit einem weiteren Problem zu kämpfen: Das Gerichtswort Elias gegen Ahab, das diesem einen gewaltsamen Tod ankündigte (1. Kön 21,19), war so nicht eingetroffen. Ahab war, wie er selber konstatieren musste (22,40), eines natürlichen Todes gestorben (851 v. Chr.).[7] Das Wort Elias an Ahab erfüllte sich erst an Ahabs Sohn Joram in der Jehu-Revolution im Jahr 745 (2. Kön 9–10). Darum konstruierte der deuteronomistische Historiker am Ende der Nabot-Geschichte eine Bekehrung Ahabs (1. Kön 21,27; vgl. von Josia 2. Kön 22,19), die Gott dazu bewogen habe, die Realisierung des angekündigten Unheils um eine Generation – was real aber nur 6 Jahre ausmacht! – zu verschieben (1. Kön 21, 28 f.).

---

7 Die Erzählung von Micha ben Jimla (1. Kön 22), die das in V.37 und dann noch einmal in V.38 etwas anders zu sehen sucht, ist erst nachträglich in das Deuteronomistische Geschichtswerk eingeschoben worden.

Die vom deuteronomistischen Historiker aufgenommene Nabot-Erzählung 1. Kön 21,1–20a ist wahrscheinlich literarisch einheitlich.[8] Zwar ist immer wieder einmal behauptet worden, die ursprüngliche Erzählung vom Justizmord an Nabot ende schon mit V. 16, und die Szene mit dem Prophetenwort Elias (V. 17–19) sei nachträglich angefügt worden, weil Elia unvermittelt eingeführt werde und eine formelhafte prophetische Sprache begegne (»Wortergehensformel« V. 17; zwei Botenformeln »So spricht JHWH« V. 19). Doch schließt die Eliaszene situativ und terminologisch glatt an (vgl. das Wortfeld in V. 18.19a); und ohne Aufdeckung des Mordes würde die Erzählung auf derart zynische Weise enden, wie sie für eine Erzählung des Alten Testaments ganz ungewöhnlich wäre. Die Spannung löst sich erst damit, dass der König vom Propheten auf frischer Tat ertappt wird (V. 20a). Allerdings setzt die Gerichtsankündigung Elias, dass die Hunde an dem Ort das Blut Ahabs lecken werden, an dem sie das Blut Nabots geleckt haben (V. 19b), eine deutlich andere Situation als die Erzählung voraus, da dort bei der Steinigung Nabots von Hunden nicht die Rede war (V. 13). Da dieses Gerichtswort nicht eingetreten ist, ist es sehr wahrscheinlich authentisch und stammt damit noch aus einer Zeit, bevor Ahab eines natürlichen Todes starb (851 v. Chr.).[9] Es ist darum wahrscheinlich älter als die Erzählung. So lässt sich die Ungereimtheit am einfachsten überlieferungsgeschichtlich erklären: In eine Erzählung vom Justizmord an Na-

---

8 Vgl. zur Diskussion M. OEMING, Naboth, 1986, 363–382.
9 Aus der Tatsache, dass in 2. Kön 9,26 ein anonymes Prophetenwort zum Fall Nabot zitiert wird, kann man nicht schließen, Elia habe mit diesem Fall nichts zu tun gehabt. Denn warum sollte man Elia nachträglich, als er schon verehrt wurde, ein nicht eingetroffenes Wort in den Mund legen? Da ist es einfacher, damit zu rechnen, dass auch noch andere Propheten neben Elia sich bei diesem skandalösen Fall zu Wort gemeldet haben.

bot wurde ein altes Prophetenwort Elias aufgenommen, das zuvor eigenständig umlief. Damit ließe sich auch erklären, warum es noch einmal ausdrücklich in V. 19 durch eine zweite Botenformel eingeführt wird; es wird sozusagen ausdrücklich zitiert.

Die so mit einem prophetischen Schlussteil geformte Nabot-Erzählung stammt wegen der gehäuften prophetischen Formeln wahrscheinlich schon aus der ersten Periode der klassischen Prophetie während der assyrischen Bedrohung in der 2. Hälfte des 8. Jh.s. Dafür spricht auch die eigentümliche Bezeichnung Ahabs als »König von Samaria« in 21,1; diese Abweichung vom üblichen Titel »König von Israel« (so 21,18) setzt wahrscheinlich die Reduktion des Nordreichs auf das Kernland um Samaria voraus, welche die Assyrer 732 v. Chr. vornahmen. Da die Erzählung keinerlei judäische Perspektive erkennen lässt, ist sie wahrscheinlich noch vor der Eroberung Samarias 722 entstanden. So stammt die Nabot-Erzählung 1. Kön 21,1–20a mit einiger Wahrscheinlichkeit aus dem letzten Jahrzehnt des Nordreichs.[10]

Auch die Erzählung von der Baalbefragung Ahasjas in **2. Kön 1,2–17*** war sehr wahrscheinlich schon Teil des Deuteronomistischen Geschichtswerks, da sie gut in den

---

10 Die sprachlichen Argumente, die A. Rofé, Vineyard, 1988, für eine nachexilische Datierung der Erzählung anführt, sind nicht zwingend. So kommt etwa das hebräische Wort *chorim* »Edle, Notable« (1. Kön 21,8.11) auch schon in Jer 39,6 vor.

Königsrahmen für Ahasja (1. Kön 22,52–54+2. Kön 1,18) eingefügt ist; allerdings ist die Notiz vom Übergang der Herrschaft auf Joram in 1,17aβb, die mit ihrer Datierung vom Königsrahmen für Joram in 2. Kön 3,1–3 abweicht, offenbar eine nachträgliche historiographische Bearbeitung. Mit der Ahasja-Erzählung fand der Deuteronomist eine Episode, die genau in sein geschichtstheologisches Konzept passte: Die Hinwendung zur Fremdgottheit Baal-Zebub rief den frühen Tod des Königs Ahasja hervor. In den gleichen Unheilszusammenhang gehörte für den deuteronomistischen Historiker auch der Verlust der Provinz Moab (1,1).

Allerdings hat die Erzählung nach Einfügung in das Deuteronomistische Geschichtswerk noch zwei weitere Bearbeitungen erfahren: Der lange Abschnitt von dem Versuch des Königs, Elias, der hier betont »Gottesmann« genannt wird (1,10.11.12.13), mit militärischer Gewalt habhaft zu werden (1,9–14.15b–16), läuft erzählerisch ins Leere: Elia wiederholt vor dem König nur wörtlich das Gerichtswort (V. 16), das er zuvor in V. 6 schon seinen Boten gesagt hatte. Außerdem erfolgt darauf keinerlei Reaktion des Königs, etwa die Androhung von Folter und Qualen, welche die Weigerung Elias, vor dem König zu erscheinen, hätte motivieren können. Mit V. 16 ist die Erzählung wieder bei V. 6–8 angelangt, ohne dass ein erzählerischer Fortschritt erreicht wäre; es liegt in V. 16 also eine Wiederaufnahme vor. Die Ergänzung hat die Funktion, die wehrhafte Wunderhaftigkeit Elias gegen eine noch so überlegene militärisch-staatliche Gewalt auszumalen. S. Otto bringt sie mit Ergänzungen im Bereich der Elisa-Erzählungen 2. Kön 4,13–15; 7,2.17abα; 8,1–6 in Verbindung. Mit ihr sollen Elia und Elisa noch weiter parallelisiert werden.[11]

---

11 Vgl. S. Otto, Jehu, 2001, 147; 265 f.

Wahrscheinlich eine weitere Ergänzung liegt in den kleinen Engelszenen 1,3–4.15a vor. Der Einschub wird daran deutlich, dass in dem Sätzchen von V. 5: »Darauf kehrten die Boten *zu ihm* zurück« das Bezugswort, nämlich der König, in weite Ferne gerückt ist (V. 2). Weil damit der Text ziemlich unverständlich wird, wurde »zum König« in der Lutherübersetzung von V. 5 ergänzt. Inhaltlich wird durch V. 3 f. das Gerichtswort von V. 6 vorweggenommen und der Szene V. 6–8, in welcher der König die Identität Elias erst erraten muss, das Überraschungsmoment genommen. Auch V. 15, wo der gleiche Engel Elia motiviert, dem Boten zum König zu folgen, steht nur locker im Kontext. Ziel dieser zweiten Ergänzung ist es wohl, in Anlehnung an die Engelszene von 1. Kön 19,4–8 zu verdeutlichen, dass Gott selber die scheinbar zufällige Begegnung der Boten des Königs mit Elia eingefädelt hat und seinen Propheten in Gefahren bewahrt.

Während beide Ergänzungen wahrscheinlich erst in die nachexilische Zeit gehören, stammt die ursprüngliche Erzählung 2. Kön 1,2.5–8.17aα, die mehr eine knappe Anekdote darstellt, am ehesten aus der 2. Hälfte des 8. Jh.s. Denn ähnlich wie in der Nabot-Erzählung wird die Konfrontation von Prophet und König bewusst gestaltet; auch hier finden sich schon prophetische Formeln (Botenformel V. 6) und eine Reflexion über das Prophetenwort als JHWH-Wort (V. 17). Das alles lässt schon eine gewisse Entwicklung der Prophetie erkennen. Andererseits setzt die Einführung Ahasjas ohne jeden Titel voraus, dass die Hörer wussten, dass der König des Nordreichs und nicht der gleichnamige des Südreichs (2. Kön 8,25 ff.) gemeint war. So ist die ursprüngliche Anekdote für Angehörige des Nordreiches noch vor dessen Zerstörung verfasst worden.

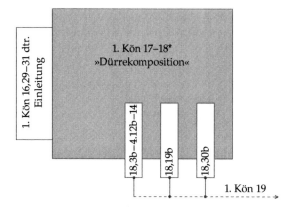

Von entscheidender Bedeutung für das Verständnis der gesamten Elia-Überlieferung im Alten Testament ist nun aber die richtige literargeschichtliche Einordnung der großen Erzählkomposition von **1. Kön 17–19**. Es war schon davon die Rede, dass ihr Höhepunkt, der große Sieg Elias über die Baalverehrung und die Baalspriester (18,20–40), der Sicht des Deuteronomistischen Geschichtswerks widerspricht, dass die Ausrottung des von den Omriden geförderten Baalskultes erst durch Jehu im Zusammenhang seiner Revolution vollzogen worden ist (2. Kön 10,18–27). Auch im näheren Kontext ist die Dürrekomposition kaum in das Deuteronomistische Geschichtswerk einbezogen: Obgleich sie mit dem Götterwettstreit auf dem Karmel ein Thema anschlägt, das den deuteronomistischen Historiker brennend interessiert haben müsste, findet sich in 1. Kön 18–19 kein einziger deuteronomistische Kommentar, der den Bezug zum Geschichtswerk herstellen würde (vgl. im Unterschied dazu 2. Kön 10,28–31).

Der einzige Beleg, den man überhaupt für eine deuteronomistische Bearbeitung der Dürrekomposition in Anspruch nehmen könnte, ist der Halbvers 1. Kön 18,18b »weil du die Gebote JHWHs verlassen hast und den Baalen nachgefolgt bist«. Hier klingt zwar unüberhörbar deuteronomistischer Sprachgebrauch an, aber dennoch fügt sich der Satz nicht bruchlos in das Deuteronomistische Geschichtswerk ein: Das Verlassen der »Gebote JHWHs« anstelle JHWHs selber (so typisch Ri 2,12 f.; 10,6; 1. Sam 12,10; 1. Kön 9,9; 2. Kön 21,22) kommt nur noch einmal im Deuteronomistischen Geschichtswerk vor (2. Kön 17,16), und die pauschale Rede von »Baalen« im Plural weicht völlig von der deuteronomistischen Schilderung der Omridenzeit ab, nach der es während dieser Epoche durchweg um die Konkurrenz eines bestimmten Gottes Baal, nämlich des phönizischen, zu JHWH ging (vgl. den Singular in 1. Kön 16,31; 22,54; 2. Kön 10,18). So spricht 1. Kön 18,18b zwar eine deuteronomistisch beeinflusste Sprache, fällt aber dennoch aus der Konzeption des Deuteronomistischen Geschichtswerks heraus. Außerdem ist der Versteil als Begründung für den Vorwurf Elias, nicht er, sondern Ahab habe Israel ins Verderben gestürzt, im Kontext unentbehrlich. Er ließe sich nur um den Preis der Zerstörung des Erzählzusammenhangs als eine nachträgliche deuteronomistische Bearbeitung herauslösen (so W. THIEL) und gehört darum am ehesten zur Dürrekomposition fest hinzu. Setzt diese aber damit das Deuteronomistische Geschichtswerk nicht schon voraus?

Nun ist schon immer der merkwürdige Beginn der Dürrekomposition aufgefallen:

> 1. Kön 17,1   Da sprach Elia, der Tischbiter aus Tischbe in Gilead, zu Ahab: »So wahr JHWH, der Gott Israels, lebt, in dessen Dienst ich stehe, es wird in diesen Jahren kein Tau noch Regen fallen, außer auf mein Wort hin.«

Es fehlt der Erzählkomposition jede Exposition, welche die Personen einführen und den zeitlichen und räumlichen Rahmen für das folgende Geschehen setzen würde. Mehr noch, es fehlt jede Motivation für das folgenreiche Gerichtswort Elias. Stattdessen fängt die Elia-Erzählung völlig ungewöhnlich mit einer nackten Redeeinleitung an. In ihr wird nur Elia mit Nennung seines Herkunftsortes dem Leser etwas genauer vorgestellt; dagegen wird Ahab allein mit seinem Namen genannt, ohne zu erwähnen, dass es sich um den König von Israel handelt. Dies setzt voraus, dass Ahab schon zuvor eingeführt worden ist.

Im näheren Kontext findet sich in der Tat eine solche Einführung des Königs Ahab, nämlich in den der Dürrekomposition vorausgehenden Versen 1. Kön 16,29–33.[12] Allerdings handelt es sich hierbei um den Beginn des deuteronomistischen Berichts über den König Ahab, in dem von dessen Regierungsantritt, der Dauer seiner Regierung (V. 29) und seinen kultpolitischen Maßnahmen (V. 31–33a) die Rede ist, für die er vom deuteronomistischen Historiker extrem negativ beurteilt wird (V. 30.33b). Die Dürrekomposition scheint diesen deuteronomistischen Bericht über Ahab vorauszusetzen.

Eine weitere Merkwürdigkeit findet sich in 1. Kön 17,3: Der göttliche Befehl an Elia: »Geh von dort und wende dich nach Osten und verbirg dich am Bach Krit jenseits des Jordan!« verweist auf einen Ausgangsort der Wanderungen Elias zurück, der aber innerhalb der Dürrekomposition in Vers 1–3 nicht genannt wird. Man kann nur einen Ort im Westjordanland vermuten. Erneut begegnet eine passende Ortsbezeichnung im deuteronomistischen Bericht davor: Ahab regierte nicht nur in Samaria (16,29), sondern baute dort auch den Tempel für den phönizischen Baal (V. 32). Setzt man diesen Zusammenhang voraus, dann wird der Beginn

---

12 Die Notiz in 1. Kön 16,34 über den Wiederaufbau Jerichos durch Hi'el, die sich auf Jos 6,26 zurückbezieht, ist wahrscheinlich eine nachträgliche Verklammerung innerhalb des Deuteronomistischen Geschichtswerks.

der Dürrekomposition viel klarer: In Samaria, am Ort des Baalskultes, soll Elia sein Gerichtswort an Ahab gerichtet haben (17,1), aus der Hauptstadt des Nordreiches soll der Prophet auf göttliches Geheiß fortgehen und sich östlich des Jordan verbergen – nämlich weil der König, wie der Leser erst viel später erfährt (18,5 ff.), seiner habhaft werden will.

Schließlich wird auch sofort die Motivation für das harsche Gerichtswort Elias klar, wenn man den deuteronomistischen Ahab-Bericht mit der Einleitung der Dürrekomposition zusammenliest: Es ist die öffentliche Förderung der Baalverehrung, weswegen Elia dem König im Auftrag JHWHs den Regen für sein Land verweigert (1. Kön 16,31; 17,1). Auf dieselbe Motivation kommt dann auch die Dürrekomposition selber in 18,18b nochmals zurück.

Die überlieferungsgeschichtliche Folgerung aus diesem Befund ist klar, aber folgenreich: Die Dürrekomposition setzt den deuteronomistischen Bericht über Ahab in 1. Kön 16,29–33 eindeutig inhaltlich und literarisch voraus. Sie ist auf ihn abgestimmt und auf ihn hin geschrieben worden. Häufig wird angenommen, dass diese Abstimmung durch den deuteronomistischen Historiker vorgenommen worden sei. Doch müsste man dann annehmen, dass dieser eine ursprünglich vorhandene Exposition der Dürre-Erzählung zugunsten seines Berichtes habe wegfallen lassen (so W. THIEL). Eine solche Annahme ist möglich, aber immer misslich, da man einen Text, der nicht dasteht, weder beweisen noch widerlegen kann. Zudem lässt sich nirgends festmachen, dass der Deuteronomist die Dürrekomposition tiefgreifender gestaltet hat. Einfacher ist darum die Folgerung, dass die Dürrekomposition erst nach Fertigstellung des Deuteronomistischen Geschichtswerks für den vorliegenden Zusammenhang verfasst worden ist. Dann brauchte sie keine eigene Exposition, und die problematische Annahme eines Textausfalls wird überflüssig. Dann kann man auch erklären, warum in der Dürrekomposition jegliche Spuren einer deuteronomistischen Bearbeitung oder Einbindung fehlen, warum mit ihr fest verbunden in 18,18b ein Versteil begegnet, der zwar die deuteronomistische Sprache schon kennt, aber dennoch von der Konzeption des Deuteronomistischen Geschichtswerks abweicht, und warum sie insgesamt eine konkurrierende Doppelung zur Erzählung von der Jehu-Revolution darstellt. Die Annahme einer nachdeuteronomistischen Entstehung von 1. Kön 17–19 bietet für alle, auf den ersten Blick verwirrenden Beobachtungen eine hinreichende Erklärung.

Die relativ späte Datierung der Erzählkomposition schafft die Möglichkeit, die weitgehende literarische Einheitlichkeit ihres Textes wahrzunehmen und auf viele schwierige literarkritische Eingriffe – z. B. die Ausscheidung von 1. Kön 18,18b – zu verzichten. Wohl gibt es zwischen den Einzelepisoden der Dürrekomposition eine Vielzahl kleinerer Unstimmigkeiten, doch lassen sich die meisten damit erklären, dass ihr Verfasser ältere, vorformulierte Prophetenüberlieferungen verwandt und in einen neuen Rahmen gestellt hat. Es geht somit um eine überlieferungsgeschichtliche, anstelle einer literarkritischen Lösung. Teilweise lassen sich die verwendeten Überlieferungen in den Elisa-Erzählungen sogar noch nachweisen.

Die Merkwürdigkeit, dass Elia das in 1. Kön 17,1 angekündigte Wort, das den Regen wiederbringen soll, nirgends richtig ausspricht (zur Not 18,41), hängt wahrscheinlich damit zusammen, dass sowohl in 17,1 als auch 18,41–46 zwei ältere Eliatraditionen, eine von Elias Schwurzauber und eine von Elia als Regenmacher, verwendet worden sind, die ursprünglich nicht aufeinander bezogen waren. Der Umstand, dass die wunderbare Versorgung des Propheten durch Raben

(17,4.6) nur teilweise, und die ebenfalls wunderbare Versorgung durch eine arme Witwe (17,15) eigentlich gar nichts mit der Dürrenot zu tun haben, lässt sich damit erklären, dass der Verfasser der Dürrekomposition hier den Stoff von Wundererzählungen aufnahm, die sein Gesamtthema gar nicht voraussetzten und die er erst nachträglich darauf beziehen musste (17,7.14b). Die Raben-Episode lässt sich mit der in 1. Kön 19,5–8 verarbeiteten Tradition von der wunderbaren Speisung Elias durch einen Engel vergleichen. Die Episode von Elias wunderbarer Speisung bei der armen Witwe von Zarpat hat eine recht enge Parallele in 2. Kön 4,1–7, wo Elisa eine arme Witwe und ihren Sohn durch ein vergleichbares Ölwunder rettet.

Noch weniger auf die Dürrenot bezogen scheint die Episode von der Totenerweckung des Kindes in 1. Kön 17,17–24 zu sein. Die arme Witwe ist hier zudem plötzlich die Besitzerin eines Hauses, das sogar über ein Obergemach verfügt (V. 17.19). Dies bringt nicht nur W. Thiel, sondern auch S. Otto dazu, diese Szene als späteren Einschub anzusehen.[13] Doch auch hier greift die überlieferungsgeschichtliche Erklärung: Die reiche Witwe erklärt sich aus der Aufnahme des Stoffes einer Wundererzählung, die mit ähnlichen Motiven ursprünglich von Elisa erzählt wurde (2. Kön 4,8–37); hier war die Frau des Kindes wohlhabend und konnte sich ein Obergemach für die Unterbringung des Propheten leisten (V. 10). Auf dieses Motiv konnte der Autor der Dürrekomposition nicht verzichten, weil er für das Heilungswunder ein separates Zimmer benötigte. Dennoch versuchte er, auch diesen für ihn etwas sperrigen Stoff in seine

---

13 Vgl. W. Thiel, Könige, 2000, 23; 63–80; S. Otto, Jehu, 2001, 167; 179–183. Die doppelte Datierung ist kaum ein hinreichendes Kriterium für eine so weitreichende literarkritische Operation.

Komposition einzubinden, indem er schon in 1. Kön 17,15 mit der Formulierung: »und sie hatten zu essen, er und sie *und ihr Haus* einige Zeit« auf den größeren Haushalt der Witwe vorauswies.[14] Zugleich verwies er mit der Formulierung »Hast du *sogar* der Witwe, bei der ich als Gast wohne, Böses angetan ...?« (V. 20) implizit auf die größere Not der Dürre. Und auch das Bekenntnis der Witwe am Schluss (V. 24) weist über die Szene von der Totenerweckung auf die Gesamtkomposition hinaus: Wenn die Frau erkennt, dass das Wort JHWHs wahrhaft in Elias Munde ist, spielt das weniger auf die Heilung an, sondern auf Elias furchtbares Wort, das die Dürre hervorrief (17,1), und an dessen göttlicher Herkunft man begründete Zweifel haben konnte. Somit haben wir in 1. Kön 17,1 – 24 einen literarisch einheitlichen Text vor uns.

Auch der zweite Teil der Komposition, 1. Kön 18,1 – 46, ist entgegen landläufiger Meinung ein literarisch weitgehend einheitlicher Text.[15] Der Befehl JHWHs an Elia, sich Ahab zu zeigen, weil er die Dürre beenden will (18,1), wird in V. 2a.16 umgesetzt. Nach einem Schlagabtausch mit Ahab (V. 17 – 18) folgt V. 19 – 38 der Götterwettstreit auf dem Karmel, bei dem sich JHWH als der wahre Gott erweist. Dies führt zur Umkehr des Volkes (V. 39 f.), worauf Elia den Regen wiederbringt (V. 41 – 45). Dass auf dem Karmel die Wunderhaftigkeit des Gottesurteils noch einmal damit gesteigert wird, dass reichlich Wasser über das Opfer Elias fließt und es

---

14 Die Lutherbibel folgt mit der Textänderung »und ihr Sohn« der griechischen Übersetzung, die die hebräische Wendung »und ihr Haus« durch »und ihre Kinder« ersetzte. Doch bietet der hebräische Text die schwierigere und darum die ursprünglichere Lesart.

15 Leider löst W. Thiel, Könige, 2002, 95–113, der für 1. Kön 17 noch eine überlieferungsgeschichtliche Erklärung der Inkohärenzen bevorzugte, Kap. 18 literarkritisch in eine Vielzahl von Ergänzungen auf; zur Dürrekomposition rechnet er nur noch 18,1*.2a.17*.41–46.

eigentlich am Brennen hindern müsste (34 f. 38b), zeigt nur wieder, dass der Verfasser der Dürrekomposition auch beim Götterwettstreit auf dem Karmel einen älteren Erzählstoff verwendete (V. 21–40), der mit der Dürre nichts zu tun hatte. Literarische Ergänzungen sind in diesem Bereich nur die Notiz V. 30b über die Heilung des eingerissenen JHWH-Altars, die eine Doppelung zu dem Altarbau in V. 31 f. darstellt und wahrscheinlich mit 19,10 zusammenhängt,[16] und der umständliche Rückbezug auf die Umbenennung Jakobs in Israel (1. Mose 35,10) in V. 31b, der die syntaktische Abfolge des Altarbaus (»Darauf nahm Elia zwölf Steine … und baute aus den Steinen einen Altar«) fast sprengt.

Weil der göttliche Befehl an Elia, sich Ahab zu zeigen, in 1. Kön 18,2a und 16 f. ausgeführt wird, wurde die dazwischen liegende Szene, in der Elia dem Palastvorsteher Obadja begegnet, häufig ausgeschieden.[17] Doch geschah das kaum zu Recht. Obgleich die sog. Obadja-Episode in V. 2b mit einer eigenen Exposition beginnt, welche die Schwere der Dürrenot konstatiert, ist die Szene doch unverzichtbar für die Gesamtkomposition, weil ohne sie die schlimmen Auswirkungen der Dürre auf das Land und die Hauptstadt Samaria (erst hier in 18,2b genannt!), die in Kap. 17 völlig ausgeblendet waren, nirgends zum Tragen kämen. Es wird an dieser Stelle nachholend erzählt. Zudem machen ähnliche oder sogar identische Formulierungen in den Versen 18,9 und 17,18; 18,10 und 17,12; 18,15 und 17,1 wahrscheinlich,

---

16 Dass diese Notiz und nicht 1. Kön 18,31a.32, wie W. Thiel, Könige, 2002, 105 f., meint, den Einschub darstellt, sieht man daran, dass V. 32 den Altar noch indeterminiert (»einen Altar«) einführt, während V. 30b schon von einem bestimmten Altar gesprochen hatte (»der Altar«). Die griechische Bibel stellt darum V. 30b hinter 32a.

17 So wieder W. Thiel, Könige, 2002, 99 f., allerdings in der Abgrenzung 1. Kön 18,2b-3a.5-16.

dass hier derselbe Autor wie in Kap. 17 am Werk ist. Nur in 18,3b – 4 wird die Einleitung zum Gespräch zwischen Ahab und Obadja so harsch durch eine Schilderung der Frömmigkeit des letzteren unterbrochen, dass hier sehr wahrscheinlich ein sekundärer Einschub vorliegt. Zu diesem gehört auch die parallele Schilderung V. 12b – 14 (vgl. die Wiederaufnahme von 12a in 14b). Die Aussage, dass Isebel die JHWH-Propheten alle umbringen wollte, aber Obadja 100 in einer Höhle retten konnte (18,4.13), die übrigens in Spannung zur Selbstaussage Elias in 18,22 steht, er sei als einziger von den JHWH-Propheten übrig geblieben, hängt offenbar mit der Prophetenverfolgung zusammen, die Elia in Kap. 19 durch Isebel erleiden muss. Bis auf die Verse 3b – 4.12b – 14.19b.30b.31b ist somit auch Kapitel 18 literarisch einheitlich.

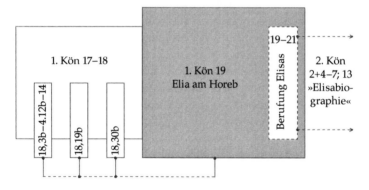

Damit ist schließlich die Zugehörigkeit von **1. Kön 19** zur Dürrekomposition zu überprüfen. Gegen eine ursprüngliche Zugehörigkeit zu Kap. 17–18 spricht, dass der Erzählbogen vom Bewirken bis zur Aufhebung der Dürre eindeutig mit dem Ende von Kap. 18 zu seinem Abschluss kommt. In die gleiche Richtung weist der schroffe Gegensatz zwischen dem glänzenden Sieg Elias in Kap. 18 und seinem totalen Scheitern in Kap. 19. Der Prophet, der gerade noch das ganze Volk zu JHWH zurückgeführt hatte (18,39 f.), muss einsehen, dass die Israeliten den Bund mit JHWH aufgekündigt, die JHWH-Altäre niedergerissen und die JHWH-Propheten getötet haben und er somit als einziger JHWH-Verehrer übrig geblieben ist (19,10.14). Wie es zu einem solchen totalen Umschwung kommen konnte, wird in 1. Kön 19, das in V. 1–2 nur die Verfolgung Elias durch Isebel begründet, erzählerisch kaum vermittelt. Zudem führt das Kapitel mit der Wanderung Elias zum Gottesberg ein völlig neues Thema ein, das in Kap. 17–18 nirgends vorbereitet worden war.

Allerdings schließt 1. Kön 19 formal und inhaltlich eng an die beiden vorangegangenen Kapitel an. Es besitzt keine eigene Exposition. Vielmehr weist sein erster Vers: »Darauf teilte Ahab Isebel alles mit, was Elia getan hatte, auch all' das, wie er alle Propheten mit dem Schwert umgebracht hatte«, ohne Ort und Zeit zu nennen, einfach auf die Ereignisse auf dem Karmel 18,20 ff., speziell auf 18,40 zurück. 1. Kön 19 war somit nie selbständig, sondern immer auf Kap. 17 f. bezogen.

Aufgrund dieser Beobachtungen wird man 1. Kön 19,1–21 am ehesten als eine nachträgliche Ergänzung der Dürrekomposition ansehen müssen, die ursprünglich nur Kapitel 17 und 18 umfasste.[18] Dafür spricht auch, dass eine Reihe von Passagen in Kap. 18, die motivlich mit Kap. 19 zu tun haben, innerhalb der Dürrekomposition deutlich sekundäre Einschübe darstellen: Die JHWH-Propheten wurden schon zuvor von Isebel verfolgt (18,3b–4.12b–14), die JHWH-Altäre waren schon zuvor zerstört worden; darum musste für den Götterwettstreit zumindest einer von Elia wieder geheilt werden (18,30b). Was in der ursprünglichen Dürrekomposition noch rhetorische Übertreibung gewesen war, dass Elia

---

18 So mit W. Thiel, Könige, 2000, 22 und S. Otto, Jehu, 2001, 158–162, im Unterschied zu E. Blum, Prophet, 1997, 286–290.

gegenüber den 450 Baalspropheten als einziger JHWH-Prophet übriggeblieben sei (18,22), wurde vom Verfasser von Kap. 19 wörtlich genommen und zu einem totalen Abfallszenarium ausgebaut (19,10.14).

In sich ist 1. Kön 19,1–21 wieder literarisch einheitlich. Die wörtliche Wiederholung von V. 10 in V. 14 hat zwar immer wieder an der literarischen Integrität zweifeln lassen, doch verdanken wir K. Seybold die Einsicht, dass diese Verdoppelung beabsichtigt ist: Die Begegnung Elias mit Gott ist vom Verfasser der Horeb-Erzählung in Analogie zum Audienzzeremoniell gestaltet worden:[19] Zuerst trägt Elia »dem JHWH-Wort« – quasi im Vorzimmer – sein Anliegen vor und erhält Anweisungen für die unmittelbare Gottesbegegnung (V. 9–12); sodann trägt er es noch einmal JHWH persönlich vor (V. 13–14) und bekommt von diesem einen neuen Auftrag (V. 15–18). Allerdings hat auch der Verfasser der Horeb-Erzählung am Ende eine ältere Erzähltradition aufgenommen, nämlich die Episode von der Berufung Elisas durch Elia (V. 19–21), die sich durch einen dem sonstigen Kapitel völlig fremden Detailreichtum der Schilderung auszeichnet. Die Episode wird aber durch einen kurzen Wanderungsbericht (V. 19a) und das Motiv vom Mantel Elias (V. 13.19) literarisch fest in die Erzählung von Elia am Horeb eingebunden. Der göttliche Auftrag, Elisa zu salben (V. 16), wird zwar nicht wörtlich ausgeführt, aber der Sache nach dadurch, dass Elia seinen Mantel auf Elisa wirft (V. 19), vollzogen. An dieser Motivverschiebung zeigt sich noch einmal die ehemalige Selbständigkeit der Episode von der Berufung Elisas (V. 19–21).

Mit Aufnahme der Berufung Elisas in die Erzählung von Elia am Horeb übernimmt 1. Kön 19 die kompositorische Funktion, zur Elisa-Überlieferung überzu-

---

19 K. Seybold, Elia am Gottesberg, 1973, 8.

leiten. S. Otto hat wahrscheinlich gemacht, dass erst der Verfasser von 1. Kön 19, der die schon nachdeuteronomistische Dürrekomposition ergänzte, auch den großen Block der Elisa-Erzählungen (2. Kön 2+4–7; 13) in das Deuteronomistische Geschichtswerk eingefügt hat.[20] Dadurch erklärt sich, warum das Deuteronomistische Geschichtswerk an dieser Stelle so weit auseinandergerissen wurde, dass der Zusammenhang der deuteronomistischen Berichte fast verlorengeht (deuteronomistisch: 1. Kön 16,29–34; 21,1–29; 22,39–54; 2. Kön 1,1–18; 3,1–3; 8,16–29; 9,1–10,36).

Nach dieser literargeschichtlichen Klärung von 1. Kön 17–19 bleibt noch dessen Datierung vorzunehmen. Die Dürrekomposition 1. Kön 17–18* ist nach der Entstehungszeit des Deuteronomistischen Geschichtswerks anzusetzen, d. h. in die Zeit nach 562–550 v. Chr. Wahrscheinlich gehört sie noch an das Ende der Exilszeit oder in den Beginn der nachexilischen Zeit. Denn ihr Optimismus, ganz Israel durch das göttliche Gericht infolge prophetischen Wirkens zur Umkehr zu JHWH bewegen zu können, wie ihn besonders die aufgenommene Karmel-Erzählung, die wohl selber erst aus der Exilszeit stammt, ausstrahlt, passt am besten in die Zeit des beginnenden Neuanfangs in der Zeit zwischen 539 und 520 v. Chr. Die Exilszeit war ja die Epoche einer breiten Akzeptanz der Prophetie,[21] auch der Gerichtsprophetie, deren pädagogisches, ja, letztlich auf Israels heilvolle Erneuerung zielendes Wirken nach Eintreffen des Gerichts von vielen anerkannt worden war.

Das ergänzende Kapitel 19, das Elia erneut scheitern und am Horeb von JHWH persönlich neue Instruktionen holen lässt, gehört dagegen schon in die fortgeschrittene nachexilische Zeit (5. Jh. v. Chr.). Es reagiert

---

20 Vgl. S. Otto, Jehu, 2001, 193 ff.
21 S. o. 55–58.

wahrscheinlich auf ein neues Misstrauen, das der Prophetie nach dem weitgehenden Scheitern Haggais und Sacharjas, die direkt in die Politik des Wiederaufbaus eingegriffen hatten, entgegenschlug. Durch Elias Gottesbegegnung auf dem Horeb wird das nicht ganz unproblematische prophetische Wirken Elisas, der an der Thronerhebung Hazaels, des Erzfeindes Israels, beteiligt gewesen war (2. Kön 8,7–15) und die blutige Jehu-Revolution ausgelöst hatte (9,1 ff.), legitimiert und verteidigt (1. Kön 19,16–18). Der Rückbezug auf die Offenbarung am Sinai/Horeb lässt sich am besten als ein prophetischer Protest gegen eine Vereinnahmung sämtlicher göttlicher Offenbarung durch den Gesetzgeber Mose verstehen, wie sie im Pentateuch (5 Bücher Mose) vollzogen wurde.[22]

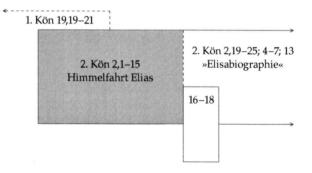

Die Erzählung von der Himmelfahrt Elias (**2. Kön 2,1–18**) gehört bereits zum Kreis der Elisa-Erzählungen. Das wird nicht nur daran deutlich, dass Elisa, der Elia auf seinen letzten Gang begleitet, nach der Entrückung Elias am Ende der Erzählung als die Hauptperson dasteht: Er ist nicht nur der berufene Nachfolger Elias von 1. Kön 19,19–21, sondern auch mit seinem wirkmächtigen Geist ausgestattet (2. Kön 2,15); nein, es zeigt sich

22 S. o. 60.

auch daran, dass die Stationen des Weges, die Elia und Elisa gemeinsam abschreiten (Gilgal, Bethel, Jericho, Jordan in V. 1.2.4.6), nach dessen Entrückung von Elisa allein wieder zurückgegangen werden (Jordan 2,14; Jericho 2,15; Bethel 2,23; Gilgal 4,38). Das spricht neben vielen anderen Beobachtungen – etwa des rahmenden Ruhmestitels für Elia und Elisa in 2,12 und 13,14 (»Mein Vater, mein Vater, Wagen Israels und sein Gespann«) – für eine relativ fest durchstrukturierte Erzählkomposition. S. Otto rechnet ähnlich wie B. Lehnart mit einer regelrechten »Elisa-Biographie«:[23] In ihr folgte die Erzählung von der Himmelfahrt Elias in 2. Kön 2,1–15 unmittelbar auf die Episode von der Berufung Elisas 1. Kön 19,19–21, und ging nahtlos in die Wunder- und Heilungsgeschichten Elisas über (2. Kön 2,19–6,23; 13,14–21). Nur der ursprüngliche Beginn der Elisa-Biographie ist offenbar durch die Einarbeitung in die Horeb-Erzählung verlorengegangen. Ihre weite Auftrennung zwischen 1. Kön 19 und 2. Kön 2 ist dadurch zu erklären, dass die Erzählung von der Himmelfahrt erst nach dem letzten Auftreten Elias, das in 2. Kön 1 schon längst im Deuteronomistischen Geschichtswerk fest verankert war, eingefügt werden konnte.

Obgleich wahrscheinlich erst vom Verfasser von 1. Kön 19 in das Deuteronomistische Geschichtswerk im 5. Jh. v. Chr. eingefügt, stammt die Elisa-Biographie, die kaum vom Bild der klassischen Propheten beeinflusst ist, wahrscheinlich noch aus dem frühen 8. Jh. Damit ist auch die Erzählung von der Himmelfahrt Elias (2. Kön 2,1–15), obschon zu einem anderen Erzählkreis gehörend, wahrscheinlich älter als alle übrigen Elia-Erzählungen. Allein die Verse 2,16–18, welche die Himmelfahrt Elias gegenüber irdischen Geistent-

---

23 Vgl. S. Otto, Jehu, 2001, 220–263; in etwas anderer Abgrenzung und Datierung B. Lehnart, Prophet und König, 2003, 359–475.

rückungen abgrenzen wollen, sind eine spätere Zufügung, die wahrscheinlich schon die Zusammenfügung der Elia- und Elisa-Überlieferung im Deuteronomistischen Geschichtswerk voraussetzt (vgl. 1. Kön 18,12).

Damit gehören die Elia-Erzählungen recht verschiedenen literarischen Zusammenhängen und Zeiten an: In das frühe 8. Jh. gehört die Erzählung von der Himmelfahrt Elias 2. Kön 2,1–15, die als Teil einer Elisa-Erzählkomposition überliefert ist; diese wurde allerdings erst im 5. Jh., wahrscheinlich vom Verfasser von 1. Kön 19 in das Deuteronomistische Geschichtswerk eingeschoben.

Aus dem späteren 8. Jh., aber noch aus der Zeit vor dem Untergang des Nordreiches 722 v. Chr., stammen zwei Einzelerzählungen: die Nabot-Erzählung 1. Kön 21,1–20a und die Ahasja-Anekdote 2. Kön 1,2.5–8.17aα; beide wurden schon vom deuteronomistischen Historiker in sein Geschichtswerk, das er in den Jahren nach 562 v. Chr. verfasste, aufgenommen. Dabei hat er die Nabot-Erzählung an ihrem Ende stark erweitert (1. Kön 21,20b–29), um sie auf seine religionspolitische Thematik umzudeuten und geschichtstheologisch mit der Jehu-Erzählung 2. Kön 9 f. zu verbinden. Die Ahasja-Anekdote wurde in nachexilischer Zeit durch zwei Bearbeitungen (2. Kön 1,9–14.15b–16 und V. 3–4 und 15a) erweitert.

Wohl erst aus der spätexilischen Zeit (539–520 v. Chr.) stammt die Dürrekomposition 1. Kön 17–18*, welche die ältere Elia- aber auch Elisa-Überlieferungen zu einem dramatischen Kampf des Propheten gegen die Baalverehrung Ahabs ausgestaltet. Sie setzt das Deuteronomistische Geschichtswerk schon voraus und wurde für die Stelle verfasst, an der sie eingefügt wurde.

Wahrscheinlich erst in der nachexilischen Zeit (5. Jh.) wurde die Dürrekomposition um die Horeb-Erzählung (1. Kön 19) ergänzt und über die Einfügung der Verse

18,3b–4.12b–14.19b.30b mit ihr verklammert. Zugleich wurde damit ein literarischer und theologisch reflektierter Übergang von Elia zu Elisa geschaffen und dabei die gesamte Elisa-Biographie in das Deuteronomistische Geschichtswerk eingefügt. Damit erstreckt sich die Literaturgeschichte der Elia-Erzählungen in den Königsbüchern über einen Zeitraum von gut 300 Jahren.

2.2 1. Kön 21: Elia deckt schreiendes Unrecht auf

Selbst wenn man noch so mächtig ist, kann man nicht steuern, was später von einem erzählt wird. Dass in der Bibel von Ahab, einem der erfolgreichsten Könige, den es in Israel gab, nur eine finstere Mordgeschichte ausführlicher kolportiert wird, macht deutlich, wie respektlos das Volk Israel mit seinen Mächtigen umgegangen ist. Das hat zwei Gründe, von denen die Nabot-Erzählung ausdrücklich handelt: die Freiheitsliebe der israelitischen Kleinbauern und der Widerstandswille der israelitischen Propheten. Da diese Erzählung noch relativ zeitnah, etwa 120 Jahre nach Ahabs Tod, von einem grundlegenden sozialen Konflikt berichtet, in dem sich der Prophet Elia in der Mitte des 9. Jh.s v. Chr. exponierte, soll die Auslegung der Elia-Erzählungen mit diesem Text beginnen.

Der Aufbau der Nabot-Erzählung ist ausgesprochen kunstvoll: Nach einer redaktionellen Überleitung in 1. Kön 21,1aα beginnt die Erzählung in V. 1aβb mit einer Exposition, die Nabot und seinen Weinberg, das Streitobjekt, um das es zwischen ihm und dem König zum Konflikt kommt, einführt. Die vorbereitende Handlung setzt in V. 2–4 damit ein, dass der Versuch des Königs, den Weinberg Nabots auf rechtmäßige Weise zu erwerben, am Widerstand Nabots scheitert. Dieses Scheitern ist die Basis für die Haupthandlung, die aus zwei Teilen besteht: dem Justizmord, den Isebel perfekt inszeniert (V. 5–16), und seiner Aufdeckung durch den Propheten (V. 17–20a). Der erste Teil ist szenisch reich ausgestaltet:

1. Szene	V. 5–7	Die Auseinandersetzung Isebels mit Ahab, aus der heraus sie die Initiative übernimmt
2. Szene	V. 8–10	Der kaschierte Mordbefehl der Königin, den sie brieflich im Namen des Königs an die Ältesten und Notablen von Jesreel sendet
3. Szene	V. 11–14	Die Ausführung des königlichen Mordbefehls durch die sakrale Rechtsgemeinde
4. Szene	V. 15–16	Die Erfolgsmeldung Isebels an Ahab und dessen förmliche Inbesitznahme des Weinbergs

D. h. dieser erste Hauptteil schildert detailliert, wie das Königshaus durch Einsatz unrechtmäßiger Mittel infolge der Einflussmöglichkeiten, die es besitzt, dennoch zu dem gewünschten Eigentum kommt. Der Versuch Ahabs, der in V. 4 misslungen war, scheint in V. 16 glatt und elegant gelungen.

Doch ist damit die Erzählung noch nicht zum Abschluss gekommen.[24] Der Erzähler läßt keinen Zweifel daran, dass für ihn das Gelingen des königlichen Vorhabens mit einem Unrecht verbunden war, das zum Himmel schreit. Und so lässt er einen zweiten Hauptteil folgen, in dem der Prophet das Vorgehen des Königshauses als blanken Mord aufdeckt und ihm im Namen Gottes Vergeltung ankündigt (V. 17–19). Der scheinbare Erfolg wird sich als Misserfolg entpuppen. Und so steht am Ende die erschrockene Frage des ertappten

---

24 S. o. 69 f.

Königs (V. 20a). Es sind somit zwei Geschehensbögen, welche die Spannung der Erzählung ausmachen:

1.	Der Bogen von einem Misslingen zu einem Gelingen der königlichen Landwünsche. Er beginnt in V. 2, kommt zu seinem Höhepunkt in V. 4 und in V. 16 zu seinem Ziel.
2.	Der Bogen von einer Verschuldung zu einer Bestrafung des Königshauses. Er beginnt in V. 8, erreicht seinen Höhepunkt in V. 14–16 und zielt auf das Prophetenwort V. 19 am Ende.

Die Raffinesse der Erzählung zeigt sich darin, dass der zweite Bogen, d. h. der Aspekt von Schuld und Strafe, erst ganz zum Schluss der Erzählung (V. 17–20a) ausdrücklich zum Tragen kommt, davor schwingt er nur implizit mit; dagegen steht der erste Bogen, in dem es um das Scheitern und schließliche Gelingen königlicher Wünsche geht, über Dreiviertel der Erzählung (V. 2–16) ganz im Vordergrund. Nabot dagegen kommt nur mit seiner Weigerung allein in V. 3 zu Wort, danach ist er nur noch das stumme Opfer staatlicher Machenschaften. Damit will der Erzähler erreichen, dass sich seine Hörer ein Stück weit mit dem enttäuschten Ahab und der cleveren Isebel identifizieren, um sie so die Überraschung des ertappten Königs miterleben zu lassen. Das schroffe aufdeckende Prophetenwort soll auch die Hörer der Erzählung ein Stück weit mittreffen.

Der Konflikt bricht in der Erzählung daran auf, dass Ahab für seine neue Residenz in Jesreel, das am südlichen Rande der gleichnamigen Ebene zwischen Galiläa und dem samarischen Bergland lag, einen nahe gelegenen Weinberg haben will, um ihn für den Bedarf der Hofhaltung zu nutzen:

1. Kön 21,2 Da sprach Ahab zu Nabot: »Gib mir deinen Weinberg, dass er mir als Gemüsegarten diene, denn er

liegt ganz in der Nähe meines Palastes. Ich will dir dafür entweder einen besseren Weinberg als Ersatz geben oder, wenn es dir lieber ist, zahle ich dir Geld als Kaufpreis dafür!«

Das Anliegen des Königs klingt begründet, und das Angebot ist durchaus fair. Ahab bietet Nabot einen Weinberg zum Tausch an, verspricht ihm sogar einen besseren oder will in barer Münze zahlen.

Um so verwunderlicher ist die barsche Reaktion Nabots auf das Ansinnen des Königs:

> 1. Kön 21,3 Doch Nabot sprach zu Ahab: »Fern sei es von mir bei JHWH, dass ich dir den Erbbesitz meiner Väter gebe!«

Das hebräische Wort *chalilah*, das ich mit »fern sei es« übersetzt habe, ist ein emotionsgeladener Kraftausdruck, es bedeutet wörtlich »zum Entweihten (damit)!« und entspricht etwa unserem Ausdruck »zum Teufel damit«. Es drückt den Ekel aus, mit dem man sich von etwas, was man für völlig unmöglich und indiskutabel hält, distanziert. Nabot ist nicht einmal bereit, über das Verhandlungsangebot des Königs überhaupt nachzudenken; er weist es brüsk und kompromisslos zurück. Bei Gott, er will damit nichts zu tun haben!

Fragen wir nach den Gründen für Nabots eigenartiges Verhalten, so werden wir auf den Ausdruck »Erbbesitz meiner Väter« verwiesen, mit dem Nabot seinen Weinberg qualifiziert und der in V.4 auch von Ahab aufgegriffen wird. Mit dem Begriff »Erbbesitz« (*nachalah*) wird im Alten Testament das Grundeigentum bezeichnet, auf dem die kleinbäuerlichen Familienbetriebe wirtschafteten. Es galt traditionell als unverkäuflich wie auch in anderen Orten des alten Vorderen Orients (z.B. Nuzi im Nordost-Irak), auch wenn die entsprechende gesetzliche Bestimmung in 3. Mose 25,23 wahrscheinlich erst in nachexilischer Zeit ausformuliert wurde. Da der

Erzähler Ahab sein Tausch- bzw. Kaufangebot so offen und fair vortragen lässt, scheint es zu seiner Zeit ein striktes Verbot noch nicht gegeben zu haben; eher handelt es sich um einen familienrechtlichen Brauch, auf den Ahab dadurch Rücksicht nimmt, dass er den Tausch vor dem Verkauf anbietet. Zweck dieses wahrscheinlich noch aus vorstaatlicher Zeit stammenden Brauches war es, die Akkumulation von Bodenbesitz in den Händen weniger zu verhindern und eine gewisse Gleichheit unter den kleinbäuerlichen Familienbetrieben zu sichern. Indem Nabot seinen Weinberg dem König gegenüber als »Erbbesitz seiner Väter« deklariert, fühlt er sich dieser alten Norm von der Unveräußerlichkeit des familiären Bodenbesitzes verpflichtet.

Allerdings ist damit noch nicht erklärt, warum Nabot das Angebot des Königs so aggressiv ablehnt, obgleich dieser mit dem Vorschlag des Grundstückstausches seinen Eigentumsvorstellungen durchaus entgegengekommen war. Um dies zu verstehen, muss man wissen, dass sich in Israel seit dem Übergang zur Staatlichkeit die wirtschaftlichen und bodenrechtlichen Strukturen stark gewandelt hatten. Die zentrale königliche Verwaltung, die seit David und Salomo entstanden war, hatte einen großen Landbedarf. Sie brauchte große Domänen, um den königlichen Hof und den Opferkult an den Staatstempeln zu unterhalten, sie brauchte immer neues Land, um damit eine wachsende Zahl von Beamten und Militärs, die im Dienst des Königs standen, zu bezahlen. So entstand neben den kleinbäuerlichen Betrieben zunehmend Großgrundbesitz.

Wir wissen aus vielen Texten, dass die vom Königtum betriebene und geförderte moderne Entwicklung zum Großgrundbesitz die traditionellen kleinbäuerlichen Familienbetriebe in Bedrängnis brachte. War es am Anfang noch neu erobertes und herrenloses Land (2. Kön 8,1–6), das die Krone an sich zog und an ihre

Beamten austeilte (1. Sam 8,14; 22,7; 2. Sam 9,10 ff.), so wurden Mitte des 8. Jh.s v. Chr. die Kleinbauern von der neuen Klasse der Großgrundbesitzer durch rücksichtslose Ausnutzung des harten antiken Kreditrechtes massenweise in Verarmung und Schulsklaverei gestürzt, ja sogar von ihren Äckern vertrieben. So geißeln die Propheten des 8. Jh.s einen regelrechten Verdrängungswettbewerb (Jes 5,8; Mi 2,1 f.). Aus dem späten 6. Jh. ist uns im Ezechielbuch eine Regelung überliefert, die für den Neuanfang nach dem Exil den Landbedarf des Königs dadurch einschränken will, dass seine Landschenkungen an Beamte immer wieder nach deren Tod an die Krone zurückfallen sollten. Das Vertreiben des Volkes von seinem Erbbesitz wird ausdrücklich verboten (Ez 46,16–18).

Im 9. Jh., in dem die Nabot-Erzählung spielt, stehen wir erst am Anfang dieser krisenhaften gesellschaftlichen Entwicklung; aber von ihrem weiteren Verlauf her wird erst der Kern, um den es bei der Auseinandersetzung zwischen Nabot und Ahab geht, voll sichtbar. Für Nabot geht es nicht nur um den einen Weinberg. Für ihn geht es ums Prinzip, ob das Königshaus mit seinem unersättlichen Landbedarf immer weiter in die kleinbäuerliche Gesellschaftsstruktur eingreifen und deren bodenrechtlichen Normen beiseite schieben darf. Nabot will mit seinem Weinberg ein Exempel statuieren gegen eine Wirtschaftsentwicklung, die er für verhängnisvoll hält. Er will als freier Bauer Israels seinem König die Grenzen aufzeigen, die er trotz aller wirtschaftlichen Zweckmäßigkeit nicht überschreiten darf. Deswegen seine totale Verweigerung und Kompromisslosigkeit, deswegen seine störrische Ablehnung!

Die drastische Ausmalung der Reaktion Ahabs auf die Ablehnung Nabots soll deutlich machen, dass der König den grundsätzlichen Charakter dieser Verweigerung durchaus erkennt:

> 1. Kön 21,4 Da ging Ahab wütend und verbittert in sein Haus
> wegen der Antwort, die der Jesreeliter Nabot ihm ge-
> geben hatte: »Ich gebe dir den Erbbesitz meiner Väter
> nicht!«, und er legte sich auf sein Bett, wandte sein
> Gesicht ab und aß keine Speise mehr.

Als König eines Staates, der sich unter Jerobeam I. aus einem Aufstand gegen die Unterdrückung durch Salomos Fronarbeit gebildet hatte (1. Kön 12), kannte Ahab die unbeugsame Freiheitsliebe seiner Untertanen und sah keine Möglichkeit, sich einfach über das familiäre Bodenrecht, das seinen wirtschaftlichen Interessen entgegenstand, hinwegzusetzen. Ein direktes Brechen des Widerstandes könnte unabsehbare Folgen haben bis hin zum offenen Aufstand. So ist er wütend und ratlos. Nein, in einem derart störrischen Volk machte es keinen Spaß mehr, König zu sein!

Nachdem der Konflikt für Ahab so unlösbar endete, kommt die Handlung erst durch das Eingreifen seiner Frau Isebel wieder in Gang. Es liegt dem Erzähler daran, – fast wie ein Hofberichterstatter – den Leser in die Psychologie des Königshauses einzuweihen. Ganz die liebende Gattin, erkundigt sich Isebel nach den Gründen für Ahabs Missmut (1. Kön 21,5). Darauf kann der schmollende König seinem aufgestauten Ärger Luft machen und darf reden (V. 6). Doch die Art, wie er Isebel den Fall erzählt, weist auf einen gewissen politischen Dissens mit seiner Frau hin. Er hat Furcht, vor seiner Frau zuzugeben, wie weit er Nabot schon entgegengekommen war: Von einem besseren Weinberg ist nicht mehr die Rede, der Verkauf wird als die erste Wahl präsentiert. Auch vermeidet es Ahab, seiner Frau die Schroffheit Nabots bei seiner Ablehnung zuzumuten; der Kraftausdruck *chalilah* fehlt in V. 6. Auch Nabots Verweis auf das väterliche Erbe lässt er beiseite. Er will seine ausländische Frau nicht mit innerisraelitischen Sentimentalitäten behelligen, weil er offenbar weiß, dass sie dafür kein Verständnis hat. Trotz dieser Abmilderungen reagiert Isebel scharf:

1. Kön 21,7a Da entgegnete ihm Isebel: »Bist du es noch, der die Königsherrschaft in Israel ausübt?«

Sie hat die Signalwirkung der Verweigerung Nabots wohl verstanden; seine Demonstration, die dem Königtum seine Grenzen aufzeigen wollte, stellt – so erkennt sie glasklar – die Herrschergewalt Ahabs in Frage. Und mit ihrer spöttischen Frage will sie ihrem Mann klarmachen, dass ein solcher Widerstand gegen die Staatsgewalt unter keinen Umständen hingenommen werden kann. Angesichts solcher Unbotmäßigkeit auf die israelitische Freiheitsliebe und die kleinbäuerlichen Ideale Rücksicht nehmen zu wollen, wäre in ihren Augen eine Selbstaufgabe der Monarchie. Und da sie um die sentimentalen Bindungen ihres Mannes weiß, ist sie entschlossen, die Sache selber in die Hand zu nehmen (V. 7b). Und Ahab, noch uneins mit sich selbst, lässt sie gewähren.

Auch als Phönizierin weiß Isebel die Empfindlichkeiten ihrer israelitischen Untertanen so gut einzuschätzen, dass sie nicht einfach Nabot durch königliche Häscher einfangen und aus dem Wege räumen lassen kann. Das könnte Unruhen unter der Bauernschaft der Region auslösen. Deswegen fasst sie den Plan, die örtlichen Autoritäten in ihr Vorhaben einzubinden:

1. Kön 21,8 Darauf schrieb sie Briefe im Namen Ahabs und siegelte sie mit seinem Siegel und schickte die Briefe an die Ältesten und Notablen, die mit Nabot in seiner Stadt wohnten.

9 In den Briefen hatte sie Folgendes geschrieben: Ruft eine Fastenfeier aus und lasst Nabot an der Spitze des Volkes sitzen!

10 Dann setzt zwei nichtsnutzige Männer ihm gegenüber, die sollen gegen ihn als Zeugen auftreten und sagen: »Du hast Gott und dem König geflucht!«[25] Dann
führt ihn hinaus und steinigt ihn zu Tode!

Klar ist das Ziel des Vorhabens: Die sakrale Rechtsge-
meinde Jesreels soll selber das Todesurteil an Nabot
vollstrecken. Es soll äußerlich alles nach Recht und Ordnung zugehen. Die Rechtsgrundlage bietet wahrscheinlich ein Verbot, wie es ähnlich in 2. Mose 22,27 im sogenannten Bundesbuch, der ältesten Rechtssammlung im
Alten Testament, überliefert ist:

2. Mose 22,27   Gott sollst du nicht fluchen und dem Fürsten in
deinem Volk sollst du nicht fluchen.

Zwar wird hier nicht ausdrücklich der »König« (*mäläk*),
sondern der »Fürst« (*nasi'*) neben Gott genannt, mit
dem vielleicht ursprünglich ein Stammesführer gemeint war, aber das Verbot konnte durchaus auch vom
König für sich in Anspruch genommen werden.[26] Wer
Gott und den König verflucht und sich damit schroff
von ihnen distanziert, der stellt damit alle religiösen
und staatlichen Grundlagen in Frage und hat keine
Existenzberechtigung mehr.

Nicht so klar ist der Plan Isebels, wie es zur Anklage
und Verurteilung kommen soll, da wir über die rechtlichen Verhältnisse in der Königszeit nicht so gut Be-
scheid wissen. Die Fastenfeier, die nach dem Wunsch

---

25 Aus Scheu vor Blasphemie verwenden die Schreiber hier und
in V. 13 statt des Verbes »fluchen« den Euphemismus »segnen«;
vgl. ebenso in Hi 1,10; 2,5.

26 Da das Wort *nasi'* häufig in späten Texten begegnet und dort –
wie besonders in Ez 40–48 – einen depotenzierten König bezeichnet, könnte in 2. Mose 22,27 auch der ursprüngliche Königstitel
gestanden haben und nachträglich ersetzt worden sein.

Isebels ausgerufen werden soll, setzt eine öffentliche Notlage, etwa eine Dürrenot oder Heuschreckenplage (vgl. Joel 1,14–20) voraus. So eine Notlage bedeutete nach antiker Vorstellung, dass eine Schuld auf dem Lande liegen müsse. Der Plan der Königin geht wohl dahin, Nabots Verhalten auf der Fastenfeier als das zu entlarven, was den göttlichen Zorn über das Land hervorgerufen habe. Wenn Nabot bei diesem Fastengottesdienst eine Ehrenstellung eingeräumt werden sollte, dann geschah das wahrscheinlich deswegen, um ihn, den Rebell gegen das Königshaus, glauben zu machen, dass der ganze Ort hinter ihm stünde und ihn bewundern würde. Damit sollte er dazu verleitet werden, sich in seine Kritik an der Monarchie noch weiter hineinzusteigern. Die hergelaufenen Männer, die ihm gegenübergesetzt werden, sollten ihn vielleicht zu Aussagen wie folgt anstacheln: »Da seht ihr es ja, dieses gottlose Königtum beschwört, wie die Dürrenot zeigt, den göttlichen Zorn herauf. Es missachtet, indem es uns von unserem Erbbesitz vertreiben will, unsere väterliche Religion. Mit ihm und dem Gott, auf den es sich beruft, wollen wir nichts mehr zu tun haben ...«. Damit würde Nabot aber so weit gehen, dass ihn seine Herausforderer als Querulanten abstempeln und als Staatsfeind anklagen konnten.

Der Plan wird ausgeführt, ganz so wie ihn die Königin ausgeheckt hat. Es ist wohl der erschütterndste Zug der Nabot-Erzählung, dass sie nur nüchtern festhält, dass sich die verantwortlichen Führer der Ortsgemeinde ohne erkennbaren Widerstand in den durchsichtigen Mordplan des Königshauses einbinden lassen und das schmutzige Spiel Schritt für Schritt mitspielen (1. Kön 21,11–14). Auffällig ist, dass sich der Erzähler dabei jeder offenen Kritik enthält. Seine verhaltene Distanzierung wird nur dadurch erkennbar, dass er gleich zweimal betont, dass es Menschen aus Nabots

Stadt waren, die »in seiner Stadt wohnten« (V. 11), die
so handelten, und das es Nichtsnutze waren, die Nabot
anklagten (V. 13). Sie waren seine Mitbürger, sie kannten ihn und seine Ansichten gut, dennoch ließen sie die
an den Haaren herbeigezogene Anklage von zwei hergelaufenen Männern gelten. Der Erzähler hält seinen
Hörern den Spiegel vor: Eine solche entsolidarisierte
und korrumpierbare Gesellschaft, das seid ihr!

Die Gründe, die die Ältesten und Notablen Jesreels
zu ihrem Verhalten bewogen, lässt der Erzähler absichtlich im Dunkeln, um jede nachträgliche Entschul-
digung auszuschließen. Wir können davon ausgehen,
dass sich für die aktuell Betroffenen die Situation un-
durchsichtiger darstellte, als die Erzählung glauben
machen will. Wahrscheinlich waren nur einige wenige
in den Plan der Königin eingeweiht, vielleicht waren
einige bestochen oder mit königlichen Privilegien ge-
ködert. Gerade die reicheren und angeseheneren Familien, die traditionell die Ältesten in der örtlichen
Selbstverwaltung stellten, profitierten vom Königtum,
standen vielleicht schon in königlichen Diensten und
nahmen dank seiner schon die Stellung von Groß-
grundbesitzern ein. Die soziale Differenzierung, die
sich in dem Begriff »Vornehme, Notablen« (*chorim*;
V. 8.11) zeigt, hatte die selbstverständliche Solidarität
der einstmals auf relative Gleichheit gegründeten Gesellschaft untergraben. Die einstmals demokratische
Rechtsfindung war zu einem Herrschaftsinstrument
der Oberschicht verkommen.

Es mag sein, dass Nabot anfangs mit seinem muti-
gen Auftreten gegen Ahab durchaus noch die Sympa-
thie seiner wohlhabenden Mitbürger geweckt hat. Ein
übermütiges Königtum, das ihre Interessen berührte,
das wollten auch sie nicht haben; nur gut, wenn ihm je-
mand einmal wieder seine Grenzen aufwies. Aber die
Rolle, die sich Nabot in der von der Königin listig vor-

bereiteten Szene anmaßte, sein scheinbarer Führungsanspruch beim Fastengottesdienst und seine schärfere Kritik, zu der er sich verstieg, werden gerade bei den führenden Familien Misstrauen und Ablehnung geweckt haben. Nein, soweit wollte man diesem »Michael Kolhaas« nicht folgen; sein Widerstand stellte die Grundlagen der staatlichen Ordnung in Frage, von der man profitierte. So ließen sie diesen störrischen Streiter für die aus ihrer Sicht längst unzeitgemäßen kleinbäuerlichen Ideale fallen und schieden ihn als gefährlichen Störenfried aus ihrer Gemeinschaft aus. Die meisten werden dabei noch nicht einmal ein Unrechtsbewusstsein gehabt haben. Formal ging wahrscheinlich alles mit rechten Dingen zu: Nach der Anklage von Blasphemie und Hochverrat übte die gottesdienstliche Gemeinde die sakrale Gerichtsbarkeit aus und fällte das Todesurteil.

Aufgrund des finsteren Spiels der Ortsgemeinde endet der Konflikt für das Königshaus scheinbar mit einem vollen Erfolg (1. Kön 21,15 f.). Der Erzähler gestaltet diese letzte Szene des ersten Hauptteils durch umständliche Wiederholungen bewusst würdevoll. Isebel kann stolz und gespreizt Vollzugsmeldung geben. Ihre Politik ist voll aufgegangen: Sie hat eine direkte Konfrontation vermieden, den Aufständischen beseitigt, die Ortsgemeinde in die Mitverantwortung eingebunden und das Grundstück in die königliche Verfügungsgewalt gebracht. Ironisch streicht sie noch einmal die ihrer Meinung nach bodenlose Dummheit Nabots heraus. Er, der sich weigerte, mit dem König ein Geschäft zu machen, hatte dafür mit seinem Leben bezahlt! Die Möglichkeit des Landtausches erwähnt sie gar nicht mehr; dieser war für sie sowieso eine völlig überflüssige Rücksichtnahme ihres Mannes gewesen, die mit ihrer Vorstellung von königlicher Herrschaft nicht übereinstimmte.

Ahab akzeptiert wortlos das Ergebnis der Politik seiner Frau. Er lobt sie nicht, aber er kritisiert sie auch nicht. Er, der anfangs noch zögerte, seine wirtschaftlichen Interessen gegen die kleinbäuerliche Bodenordnung gewaltsam durchzusetzen, hat nun keinerlei Hemmungen mehr, den Weinberg förmlich in Besitz zu nehmen. Dies geschah wohl durch Umschreiten des Grundstücks (1. Mose 13,17). Vorausgesetzt ist dabei, dass herrenloses Gut an den König fiel (2. Kön 8,1–6).

In der Stunde, in der alles gelaufen zu sein schien, in der die Macht über das Recht triumphierte, und keine menschliche Institution übrig geblieben war, die dem König hätte wehren können, beauftragte JHWH den Propheten Elia, dem König in den Weg zu treten und das schreiende Unrecht aufzudecken. Erst damit gelangt die Erzählung zu ihrem eigentlichen Höhepunkt:

1. Kön 21,17 Da erging das Wort JHWHs an Elia, den Tischbiter, folgendermaßen:

18 »Auf, steig herab, Ahab, dem König von Israel entgegen, der in Samaria (weilte). Siehe, er befindet sich im Weinberg Nabots, in den er hinabgestiegen ist, um ihn in Besitz zu nehmen.

19 und rede zu ihm folgendermaßen: ›So sprich JHWH: Hast du gemordet und auch (schon) in Besitz genommen?‹ Darum rede zu ihm folgendermaßen: ›So spricht JHWH: An dem Ort, an dem die Hunde das Blut Nabots geleckt haben, werden die Hunde auch dein eigenes Blut lecken.‹«

20a Da sprach Ahab zu Elia: »Hast du mich gefunden mein Feind?«

Elia erhält von Gott einen doppelten Auftrag: Er soll dem König Ahab entgegengehen und ihm die göttliche Gerichtsbotschaft ausrichten. Dieser sog. »Botenauftrag« (»Geh und sage!«), der bei den klassischen Gerichtspropheten häufig vorkommt,[27] verdeutlicht ein ganz wesentliches Element des prophetischen Wirkens in Israel: Das Prophetenwort muss den Adressaten, denen es gilt, möglichst direkt ausgerichtet werden; darum wird den Propheten zugemutet, den häufig nicht ganz ungefährlichen Weg zu ihren Gegenspielern zu gehen und sich auf eine riskante persönliche Konfrontation einzulassen.

Elia soll Ahab im Weinberg des Nabot entgegentreten, wo dieser – wohl vor Zeugen – das endlich erworbene Grundstück abschreitet. Wo und wann dieser Auftrag genau geschah, wird nicht mitgeteilt; es kommt dem Erzähler nur darauf an, dass der Prophet den König noch *in flagranti* ertappt. Das Gerichtswort, das Elia Ahab ausrichten soll, besteht wie gewöhnlich aus zwei Teilen, einer Anklage und einer Gerichtsankündigung. Beide sind durch die sog. »Botenformel« »so spricht JHWH« ausdrücklich als Gotteswort ausgewiesen.

Die Anklage, die Elia dem König entgegenschleudern soll, hat die Form einer sarkastisch aufdeckenden Frage: »Hast du gemordet und schon in Besitz genommen?« (V.19a). Der scheinbar legale Vorgang königlicher Besitzaneignung soll von Elia als das entlarvt werden, was er in Wirklichkeit ist: als Mord, oder besser als Raubmord. Das benutzte hebräische Wort *rasach* meint das heimtückische Töten aus niederen Motiven; es wird auch in den Zehn Geboten verwendet (2.Mose 20,13; 5.Mose 5,17). Isebel und Ahab haben mit ihrer Justizintrige, die sich äußerlich als legales Gerichtsverfahren ausgab, gegen eine grundlegende Norm des israelitischen Rechts verstoßen.

27 Vgl. Jes 7,3 f.; Jer 26,1 f.; Ez 3,4 u. ö.

Auffällig ist die schroffe Einseitigkeit der Anklage, die Elia im Namen Gottes erheben soll. Wo die königliche Staatsgewalt und lokale Gerichtsbarkeit zu mauscheln versuchen, benennt der Prophet die Sünde ohne Wenn und Aber. Der königliche Landerwerb, der rücksichtslos über die Lebensinteressen der kleinbäuerlichen Familien hinwegrollt, ist in den Augen Gottes Sünde, mögen sich noch so viele wirtschaftlichrationale Gründe dafür geltend machen lassen. Gott ergreift nach der Botschaft Elias einseitig für Nabot Partei, der ein Opfer der modernen wirtschaftlichen Entwicklung wurde. Nicht er hat sich in seinem Widerstand gegen den grenzenlosen königlichen Landbedarf von Gott losgesagt, sondern diejenigen, die ihn als Störenfried ausgegrenzt und beseitigt haben. Zwar tritt Elia im Namen Gottes nicht für die kleinbäuerliche Wirtschaftsordnung als solche ein, aber er markiert eine unmissverständliche Grenze, die auch von den Initiatoren und Nutznießern der neuen wirtschaftlichen Entwicklung zum Großgrundbesitz eingehalten werden muss: Diese ist das Lebens- und Eigentumsrecht der Schwächeren, die Opfer dieser Entwicklung sind.

Weil Ahab als der Hauptverantwortliche diese Grenze nicht geachtet hat, sondern zur Durchsetzung seiner Wirtschaftsinteressen sogar einen Mord billigend in Kauf genommen hat, soll der Prophet Elia Ahab das göttliche Urteil über ihn ankündigen: Ahab soll an demselben Ort ein ähnlich schändliches und gewaltsames Todesschicksal erleiden, wie Nabot es erlitten hat (V. 19b). Wo keine irdische Instanz mehr eingreifen kann, wird ein himmlisches Gericht das königliche Verbrechen ahnden. Typisch ist dabei das Prinzip einer genauen Entsprechung von Tat und Ergehen.[28]

---

28 Am 4,1–3; Hos 5,12–14; Mi 2,1–5; Jes 8,5–8 u. ö.

Allerdings findet sich im Elia-Wort an Ahab keine Entsprechung zwischen der Anklage und der Gerichtsankündigung, wie dies sonst in prophetischen Gerichtsworten häufig vorkommt. Dies hängt wahrscheinlich damit zusammen, dass die Anklage, die terminologisch eng auf die vorangegangene Erzählung bezogen ist (vgl. das Verb *jarasch* »in Besitz nehmen« in V. 15.16.18.19), wohl vom Erzähler formuliert ist, während er bei der Gerichtsankündigung, die mit dem Motiv der blutleckenden Hunde von der Erzählung abweicht, wahrscheinlich ein ehemals selbständig umlaufendes Eliawort zitiert.[29] So erklärt sich auch der nochmalige Verkündigungsauftrag und die erneute Botenformel zu dessen Einleitung in V. 19b.

Die Ausrichtung des Prophetenwortes durch Elia wird nicht ausdrücklich berichtet, was in der gerafften hebräischen Erzählweise auch nicht nötig ist. Berichtet wird nur noch die Reaktion Ahabs darauf: »Hast du mich ertappt, mein Feind?«. Der König, der meinte, durch die so klug eingefädelte Intrige seiner Frau alle Spuren des Verbrechens verwischt zu haben, muss erschreckt erkennen, dass er doch ertappt wurde. Er muss erkennen, dass es unter seinen Untertanen einen Mann gibt, der sich anders als die Notablen von Jesreel weder seiner Macht beugt, noch von seiner Gunst kompromittieren lässt, sondern der im Namen Gottes den Mut hat, ihm ins Angesicht die Wahrheit offen auszusprechen und damit das schreiende Unrecht, das er und seine Frau getan haben, vor aller Welt aufzudecken. Als ein solch' mutiger und unbeugsamer Mann wird uns der Prophet Elia in der Erzählung vorgestellt. Wenn ihn Ahab am Ende als seinen Feind tituliert, dann erkennt er ihn als seinen entscheidenden Gegenspieler an. Elia war nach Mei-

---

29 S. o. 69 f.

nung des Erzählers die einzige Autorität, die das nach absoluter Macht strebende Königshaus Ahabs noch zu fürchten hatte.

Ob die Erzählung einmal mit der offenen Frage in V. 20a endete, ist ungewiss, weil mit V. 20b die deuteronomistische Bearbeitung einsetzt, die – wie wir gesehen haben – das soziale Verbrechen des Ahab auf die Linie des Götzendienstes umbiegen und Elias Gerichtswort auf den Untergang der ganzen Dynastie erweitern soll. Des Weiteren setzt sich diese Bearbeitung mit dem theologischen Problem auseinander, dass das Prophetenwort Elias nicht, wie angekündigt, eingetroffen ist. Ahab starb eines natürlichen Todes (1. Kön 22,40); erst sein Sohn Joram wurde in der Jehu-Revolution getötet (2. Kön 9,23 f.). Die deuteronomistische Bearbeitung begründet diese Verschiebung des Unheils mit einer Bekehrung Ahabs (1. Kön 21,27-29). Weil der Jehu-Revolution nicht nur der regierende König, sondern auch die gesamte 70-köpfige Ahab-Familie zum Opfer fiel (2. Kön 10,1–11), wurde die Gerichtsankündigung Elias (1. Kön 21,19b) vom deuteronomistische Historiker auf den Untergang der gesamten Dynastie erweitert (V. 21 f.).

Das prophetische Gerichtswort Elias stellte somit erst einmal nur rhetorisch die durch den Justizmord an Nabot schwer beschädigte Gerechtigkeit wieder her. Das angedrohte göttliche Gericht blieb für den Propheten unverfügbar; er musste es Gott überlassen, wann und wo er es eintreffen lassen würde. Allerdings hat das mutige prophetische Gerichtswort Elias wahrscheinlich mit dazu beigetragen, dass sich gegen das mächtige omridische Königshaus in der Öffentlichkeit eine kritische Stimmung zusammenbrauen konnte, die sich später in der Jehu-Revolution entlud.

2.3 2. Kön 1: Elia stellt sich den Mächtigen in den Weg

Eine weitere Konfrontation Elias mit dem König von Israel wird in 2. Kön 1 berichtet. Der mächtige König Ahab, der das Nordreich zu großer militärischer Macht und kultureller Blüte geführt hatte, war im Jahr 851 v. Chr. gestorben (1. Kön 22,40). Sein Sohn Ahasja hatte die Regierung übernommen (22,52); und schon begann die politische Macht zu bröckeln: Der deuteronomistische Historiker berichtet, dass die Moabiter östlich des Toten Meeres den Tod Ahabs als Chance ergriffen, gegen die israelitische Oberherrschaft zu rebellieren (2. Kön 1,1), wovon wir auch aus der berühmten Stele des moabitischen Königs Mescha hören.[1]

Zur Begründung der nur zweijährigen Regierungszeit Ahasjas nahm der deuteronomistische Historiker in 2. Kön 1,2 ff. eine knappe prophetische Erzählung auf, die von einem Unfall des jungen Königs und seinem frühen Tod handelte. Sie wurde nachträglich in zwei Schüben erheblich erweitert (V. 9–14.15b–16 und V. 3–4.15a); ihr ursprünglicher Bestand, der ähnlich wie die Nabot-Erzählung wahrscheinlich aus der zweiten Hälfte des 8. Jh. s stammt, ist noch in den Versen 2.5–8.17aα greifbar.[2]

Die Exposition in 2. Kön 1,2a berichtet, dass Ahasja durch das Gitter im Obergemach seines Palastes in Samaria auf den Boden stürzte und sich dabei so schwer verletzte, dass er ernstlich krank wird. Gemeint ist mit »dem Gitter« wahrscheinlich eine Fensterbalustrade im oberen Stockwerk, die relativ niedrig war, so dass man beim Hinunterschauen leicht das Gleichgewicht verlieren konnte (vgl. 2. Kön 9,30–33). Es handelt sich somit um einen unglücklichen Unfall.

---

1   Vgl. TUAT I/6, 646–650; vgl. 2. Kön 3,5 ff.
2   Zur Begründung s. o. 70 f.

In der vorbereitenden Handlung 2. Kön 2,2b setzt der schwer verletzte König eine Gottesbefragung in Gang, um eine Krankheitsprognose zu erhalten. Haut- und Knochenverletzungen konnte man im alten Vorderen Orient häufig schon mit ärztlicher Kunst heilen, bei schweren inneren Verletzungen und Krankheiten dagegen benötigte man religiöse Experten, die den göttlichen Willen erfragen und positiv beeinflussen konnten. Im alten Babylonien etwa gab es neben dem *asû*, dem Chirurg und Wundarzt, den *barû*, den »Opferschaupriester«, der aufgrund von Vorzeichen (Omen), meist gewonnen aus Beschau einer Schafsleber, eine Krankeitsdiagnose und -prognose erstellte, während der *áschipu*, der »Beschwörungspriester« ein Krankenheilungsritual vornahm. Im alten Israel waren die letztgenannten mantischen und magischen Funktionen weniger scharf getrennt. Hier wandten sich die Familien bei einem schweren Krankheitsfall an einen Gottesmann oder Propheten, der außer der Diagnose und Prognose teilweise auch selber die Heilung vornehmen konnte (1. Mose 25,22; 1. Kön 14; 2. Kön 8,8 ff.; vgl. 2. Kön 4,8–37). Eine ähnliche Gottesbefragung durch einen Propheten konnte auch bei politischen Notlagen durchgeführt werden (1. Kön 22,5; 2. Kön 3,11; 22,13 ff.; Jer 21,2; 37,7 u. ö.). Es handelt sich bei solchen prophetischen Gottesbefragungen um »intuitive Mantik«, weil hier nicht ein Instrument – wie die Tierleber beim babylonischen *barû* –, sondern ein Mensch als Medium fungiert.

Ahasja hätte sich also gut an Elia wenden können, um durch ihn JHWH nach dem Ausgang seiner Krankheit zu befragen. Aber er entschied sich anders; er schickte Boten in die Philisterstadt Ekron, um dort eine Gottesbefragung beim dortigen Baal-Zebub vornehmen zu lassen (2. Kön 1,2b). Die Gründe für diese Entscheidung werden vom prophetischen Erzähler nicht genannt, um die Maßnahme des Königs beim Leser von vornherein als befremdlich erscheinen zu lassen. Doch so außergewöhnlich war sie wahrscheinlich gar nicht. Wir wissen aus der Bibel (z. B. Jer 2,27) und auch aus archäologischen Funden, dass während der vorexilischen Zeit in den israelitischen Familien teilweise andere Gottheiten und Mittlergestalten verehrt wurden als der Gott JHWH, den man mehr als für die nationalen Anliegen zuständig ansah. Populär war in den Familien z. B. die Göttin Aschera, bzw. die Himmelskönigin (Jer 7,18; 44,15–19), die den privaten Nöten näher zu stehen schien oder durch die man den Nationalgott JHWH meinte leichter erreichen zu können. Im konkreten Fall der Gottesbefragung im Krankheitsfall kam noch als treibendes Motiv das Bestreben hinzu, die international verlässlichsten Experten in Anspruch zu nehmen, so wie wir das auch noch in der Gegenwart bei sehr schwierigen Krankheiten und prominenten Patienten kennen. So hören wir etwa in 2. Kön 5 von dem umgekehrten Fall, dass ein syrischer Minister namens Na'eman, der an Aussatz leidet, durch seine israelitische Sklavin in Damaskus von den Heilungserfolgen Elisas hört, nach Israel reist und dort vom Propheten im Namen JHWHs tatsächlich gesund gemacht wird.[3] Darum wird man mit Fug und Recht annehmen dürfen, dass auch die Ritualexperten des Baal-Zebub von Ekron über die Grenzen des Philisterlandes hinaus für ihre häufig positiven und verlässlichen Orakel berühmt waren.

Möglicherweise erhoffte sich der König Ahasja von einer Gottesbefragung im Ausland einen faireren Gottesspruch, als er ihn im Inland erwarten durfte. Vielleicht fürchtete er auch, dass der religionspolitische

---

3 2. Kön 5,17–18 reflektiert sogar darüber, dass Na'eman privat zum JHWH-Anhänger wird, obgleich er noch den Staatskult für den syrischen Gott Hadad-Rimmon vollziehen muss.

Streit des Königshauses mit den radikalen JHWH-Propheten auf die persönliche Ebene durchschlagen könnte. Dass Ahasjas Wahl deshalb auf eine lokale Baal-Gottheit fiel, weil seine Mutter Isebel eine Verehrerin des phönizischen Baal war, kann man vermuten.

Die genaue Identität des Gottes Baal-Zebub, der nur 2. Kön 1,2.3.6.16 in der Bibel erwähnt wird, ist nicht völlig sicher. Der Name bedeutet »Baal der Fliegen« und klingt in unseren Ohren etwas despektierlich. In der Antike sind allerdings vergleichbare Götternamen belegt, so ein Zeus-Apomyios, d. h. ein Zeus, der vor den als Fliegen vorgestellten Dämonen schützt. In Babylon konnten der Heilgott Ningizzida und die Muttergöttin Nintu zusammen mit Fliegen dargestellt werden. So könnte man an eine Baalsstatue denken, die mit Fliegen geschmückt gewesen ist. Da aber in den Texten aus dem nordsyrischen Ugarit das Wort *zabul* mit der Bedeutung »Erhabener, Prinz« einen häufigen Titel des westsemitischen Wettergottes Baal darstellt, insbesondere da, wo er als Unterweltgottheit agiert, und da im Neuen Testament ein Beelzebul oder Beezebul an der Seite des Satan begegnet, der als Anführer der Dämonen fungiert (Mt 12,24; Mk 3,22; Lk 11,15), ist es wahrscheinlich, dass auch in 2. Kön 1 ursprünglich der Gott *Baal-Zabul* »Prinz Baal« hieß und die jetzige Namensform eine Verballhornung darstellt.[4] Dass dem Gott Baal u. a. auch die Macht zugeschrieben wurde, Krankheitsdämonen zu vertreiben, belegt eine Beschwörung aus Ugarit:

1–2 (Der Exorzist) vertreibt (mit Worten): Die Reden des Helden sollen dich bannen, die Worte Baals sollen dich bannen – und du wirst ausziehen vor der Stimme des Opfernden,

3–4 wie Rauch durch die Luke, wie eine Schlange vom Ruheplatz wie ein Steinbock zum (Berg-)Gipfel, wie ein Löwe zum Dickicht!

---

4 Vgl. DDD, 293–296.
5 TUAT II/3, 335.

5 Bedenke das Davongehen oder das Herannahen – bedenke (es gut)![5]

Ausgrabungen, die 1981–1996 auf dem *Tel Miqne* die alte Philisterstadt Ekron weitgehend freigelegt haben, bestätigten, dass die Philister, die Ende des 2. JT.s aus der Ägäis nach Palästina eingewandert waren, hier neben einer heimischen (wahrscheinlich mykenischen) Muttergöttin *PTGJH* (Pytogajah oder ähnlich) auch die semitischen Gottheiten Baal und Ascherat verehrten. In einem Nebenraum des Stadttempels wurde ein Vorratskrug gefunden, der die Aufschrift trägt: »Für Baal und Padi«, wobei letzterer am Ende des 8. Jh.s v. Chr. König von Ekron war.[6] Auch dieser Befund spricht dafür, dass in 2. Kön 1 der »normale« westsemitische Gott dieses Namens, wenn auch in einer lokalen Ausformung, gemeint ist.

Mit 2. Kön 1,5 setzt die Haupthandlung ein. Das überraschende und damit Spannung auslösende Moment liegt darin, dass die Boten, die nach Ekron ausgeschickt waren, vorzeitig zurückkehren. Verwundert fragt Ahasja nach dem Grund. Darauf berichten die Boten dem König in V. 6 von einer wundersamen Begegnung: Ein unbekannter Mann sei ihnen entgegengekommen und habe ihnen den Auftrag erteilt, zurückzukehren und ein Wort des Gottes JHWH an den König auszurichten, was sie, indem sie davon berichten, auch gleich tun. Das Verwunderliche ist, dass dieser geheimnisvolle Mann auf die königlichen Boten, obgleich sie ihn nicht kennen, einen derartigen Eindruck macht, dass sie ihren Auftrag vergessen und ihre Reise abbrechen. Es scheint eine charismatische Autorität von ihm auszugehen.

Das aufgetragene Gotteswort hat die klassische Form eines prophetischen Gerichtswortes: Es wird eingeleitet durch die Botenformel, es folgt eine An-

---

6   Vgl. S. GITIN, Israelite and Philistine Cult, 2003, 284–288.

klage, hier in Form einer rhetorischen Frage, und es wird abgeschlossen mit einer Gerichtsankündigung:

> 2. Kön 1,6 So spricht JHWH: »Gibt es denn keinen Gott in Israel, dass du sendest, um Baal–Zebub, den Gott von Ekron, zu befragen? Daher wirst du von dem Bett, auf das du gestiegen bist, nicht wieder hinabsteigen, sondern des Todes sterben«.

In der Anklage wird die wahrscheinlich wohlerwogene Entscheidung Ahasjas, in seiner persönlichen Notlage einen bewährten ausländischen Gott um Hilfe anzugehen, als eine völlig absurde Maßnahme dargestellt, die einen eklatanten Vertrauensbruch gegenüber JHWH darstellt. Bei seiner Geburt hatten seine Eltern dem König voller Dankbarkeit noch einen JHWH-haltigen Namen gegeben: *'Achazjah* bedeutet: »JHWH hat gestützt«, hat ergriffen und aufgeholfen. Wie konnten der junge Mann und seine Familie jetzt so tun, als gäbe es diesen Gott gar nicht mehr? JHWH ist im Falle der Königsfamilie, die ein Vorbild für alle sein sollte, nicht mehr bereit zu akzeptieren, dass man sich in privaten Nöten seine eigenen Nothelfer sucht. Er beharrt auf seiner Anerkennung in allen Lebensbereichen. Tief gekränkt lässt JHWH darum in schneidendem Ton den sicheren Tod des kranken Königs ankündigen: Von seinem erhabenen, dick aufgepolsterten Luxusbett, in dem er über seinen Höflingen thront, wird er nicht mehr herabsteigen.

Man muss die eigentümliche Gerichtsankündigung mit dem Wissen hören, dass Betten zu dieser Zeit einen ausgesprochenen Luxusartikel darstellten, den sich nur Könige und einige wohlhabende Leute leisten konnten (1. Sam 19,15; 2. Sam 4,7; 11,2; 13,5; 1. Kön 1,47; 2. Kön 4,10). Die große Mehrheit der Menschen schlief auf dem Boden, oft nur in ihren Mantel gehüllt (2. Mose 22,26 f.; Ri 4,18). Das

Bett bestand aus einem bespannten Rahmen auf vier Beinen, auf dem mehrere Lagen von Matratzen und Polster geschichtet waren. Das Gestell konnte mit elfenbeinernen Intarsien verziert sein (Am 3,15; 6,4). Insbesondere königliche Betten erreichten eine gewisse Höhe, so dass man sie mit einer kleinen Trittleiter regelrecht »besteigen« mußte.[7] So erklärt sich der eigenartige Sprachgebrauch.

Merkwürdig ist die Reaktion Ahasjas auf das Gotteswort in 2. Kön 1,7. Er ist nicht etwa zerknirscht oder deprimiert. Vielmehr richtet sich das ganze Interesse des kranken Königs darauf, die Identität des Mannes zu klären, der seinen Boten dieses Gotteswort aufgetragen hat. Solange der Mittler der göttlichen Botschaft nicht feststeht, besteht für ihn offenbar noch Hoffnung, dass man es so ernst nicht nehmen braucht. Es gab genügend Verrückte, die zwar behaupteten im Namen JHWHs zu reden, aber nicht glaubwürdig waren!

Auf die Frage des Königs versuchen die Boten, den merkwürdigen Mann, dem sie begegnet sind, so genau wie möglich zu beschreiben (2. Kön 1,8a): Er war mit einem zottigen Fellmantel umhüllt und trug einen ledernen Hüftschurz. Und erschreckt muss der König erkennen: Der Mann, der seinen Boten in den Weg getreten ist, war der Prophet Elia (V. 8b). Er hat ihm überraschend die Krankheitsprognose, um die er zu Baal-Zebub gesandt hatte, von JHWH her erteilt. Ahasja weiß, dass Elias Gotteswort Gewicht hat; seine Hoffnung erstirbt, und bald stirbt auch er an den Folgen seiner inneren Verletzungen (V. 17aα).

Ähnlich wie im Falle Nabots ertappte Elia auch hier den König von Israel bei einem Vergehen: Aber es handelt sich hier nicht um ein soziales Verbrechen, dessen Strafwürdigkeit auf der Hand lag, sondern um

---

7 Vgl. BRL, 229; NBL, 288 f.; insbesondere das Prunkbett Assurbanipals in der »Gartenlaube«, BHH I, 186.

ein religiöses Verhalten, dessen Untragbarkeit erst Elia aufdeckte: Die bis dahin weithin übliche und in einer polytheistischen Welt auch völlig selbstverständliche Konsultation und Verehrung anderer Götter neben JHWH, insbesondere im Bereich der Familienreligion, wurde von Elia erstmals als beleidigende Untreue JHWH gegenüber gebrandmarkt. Elia formulierte gegenüber Ahasja das bis dahin ungewöhnliche Prinzip der Monolatrie, der Verehrung eines einzigen Gottes: Für Israel war allein JHWH, der Gott Israels, zuständig, und zwar für alle Lebensbereiche; darum konnte vom König Israels kein anderer Gott als JHWH, und zwar auch in seinem privaten Lebensbereich, um Hilfe angegangen oder verehrt werden. Die Durchsetzung einer solchen neuen, exklusiven JHWH-Verehrung war Elia so wichtig, so erzählt 2. Kön 1 im Rückblick, dass er sich unerwartet der königlichen Delegation, die nach Ekron unterwegs war, in den Weg stellte, und eigenmächtig eine Krankheitsprognose für den König erteilte, um die er gar nicht gefragt worden war. Dafür nahm Elia sogar den Tod des Königs und die Schwächung des Nordreiches in Kauf! Wenn die Tradenten am Schluss der Erzählung ausdrücklich betonen, dass sich mit dem Tod Ahasjas das »Wort JHWHs« erfüllte, »das Elia geredet hatte«, dann war für sie der tragische Tod dieses jungen Königs geradezu der Beweis für die Richtigkeit der neuen Einsicht Elias, dass JHWH in ausschließlicher Bindung an ihn allein verehrt werden wollte und jegliches Hilfeersuchen an andere Götter unerbittlich bestrafte. Diese Einsicht wurde zu der Zeit, als die Ahasja-Erzählung ausformuliert wurde, noch grundsätzlicher vom Propheten Hosea im Nordreich verkündigt (Hos 2,4–15; 3,1–4; 13,4–8 u. ö.).

Die kurze Prophetenerzählung 2. Kön 1,2.5–8.17aα weist einige Leerstellen auf, die spätere Tradenten bewogen, den Erzählfaden fortzuspinnen. Als erstes war verwunderlich, dass Ahasja so gar nicht darauf reagiert, dass Elia es wagen konnte, seine Gottesbefragung zu unterlaufen und ihn mit einem derart schroffen Gerichtswort zu konfrontieren. Darum hat ein nachexilischer Bearbeiter, der wahrscheinlich auch noch in 2. Kön 4,13–15; 7,2.17abα; 8,1–6 tätig war, die Konfrontation Elias mit der Staatsmacht ausgemalt, indem er die Verse 9–14.15b–16 hinzufügte. Dreimal schickt Ahasja einen Offizier mit einer Truppe aus, um Elias habhaft zu werden; 50 Mann, das ist eine relativ große bewaffnete Macht gegenüber einem einzelnen unbewaffneten Menschen. Doch Elia widersteht der Staatsmacht; selbstbewußt residiert er auf einem Berg und denkt gar nicht daran (V. 9), sich von der staatlichen Übermacht nötigen zu lassen. Zweimal befiehlt ein Offizier im Namen des Königs barsch, Elia solle endlich zum König herabsteigen (V. 9.11). Die Militärs erkennen ihn dabei durchaus als Gottesmann an (*'isch ha-'elohim*, V. 9.11.13), d. h. als einen Menschen, der mit Gott in einer besonderen Beziehung steht; sie meinen, ihn aber dennoch mit Waffengewalt zwingen zu können. Doch Elia beweist seine besondere Gottesbeziehung eben dadurch, dass er über Kräfte verfügt, die aller Macht der Waffen überlegen sind: Er lässt durch Schwurhandlungen Feuer (V. 10), bzw. »Gottesfeuer« (V. 12) vom Himmel fallen, wodurch zwei hochgerüstete Truppeneinheiten vernichtet werden.

Erst als ein weiterer Offizier, der mit einer dritten Einheit losgeschickt worden ist, auf jegliche staatliche Drohgebärde verzichtet und Elia stattdessen demütig anfleht, sein und seiner Leute Leben zu schonen (2. Kön 1,13 f.), da geht Elia freiwillig mit (V. 15b), aber nur, um dem König persönlich dasselbe Gerichtswort ohne jede Abstriche ins Gesicht zu sagen. Auf diese Weise will der Ergänzer die Unbeugsamkeit und Furchtlosigkeit des Propheten Elia in seiner Auseinandersetzung mit der Staatsmacht hervorkehren. Er soll damit all' denen zur Ermutigung dienen, die meinen, in diesem ungleichen Kampf verzagen zu müssen: Sie sind mit ihrem bloßen Wort, das die Aggression der Machthaber erregt, nicht ganz machtlos, sondern haben Gottes Wundermacht auf ihrer Seite.

Als zweites war in der alten Prophetenerzählung verwunderlich, wie Elia die Boten des Königs hat abfangen können (2.Kön 1,6), ohne geheime Informationen über ihre Abreise, ihre Route und ihr Ziel gehabt zu haben. Außerdem war bei der ersten Bearbeitung in V.15b nicht ausdrücklich gesagt worden, warum sich Elia vom dritten Offizier hat umstimmen lassen. Darum führt ein zweiter Bearbeiter, wahrscheinlich in Anlehnung an 1.Kön 19,4–8, einen Engel ein, der das Verhalten des Propheten vom Himmel her steuert: In 2.Kön 1,3–4 beauftragt er Elia, sich den Boten des Königs mit einem Gerichtswort in den Weg zu stellen; in V.15a beauftragt und ermutigt er ihn, ohne Furcht dem König entgegenzutreten. Damit unterstreicht dieser Bearbeiter, dass der Prophet Elia, wiewohl er über große Autorität verfügte und ihm das Feuer vom Himmel zu Diensten stand, nicht aus eigenem Antrieb, sondern immer nur als gehorsamer Diener Gottes handelte. Es waren nicht sein Eifer und sein Geltungsdrang, die ihn in die schroffe Auseinandersetzung mit dem König führten, sondern Gott selber; es waren nicht seine Rührung und sein Mitleid, die ihn dem dritten Offizier folgen ließen, sondern er wurde von Gott dazu bewogen. Damit wird in der zweiten Bearbeitung die theologische Tiefendimension, die hinter dem schroffen und zum Teil rätselhaften Auftreten Elias steht, sichtbar gemacht.

So zeigt die Erzählung 2.Kön 1 mitsamt ihren Bearbeitungen, wie die Gestalt Elias, die in ihrem Charisma, ihrer Weitsicht und ihrer Beharrlichkeit schon die

Menschen im 9. und 8. Jh. v. Chr. faszinierte, dazu anregte, immer tiefer in die theologischen Beweggründe und Konsequenzen ihres Wirkens einzudringen.

2.4 1. Kön 17–18: Elia kämpft leidenschaftlich um sein Volk

Elias Eintreten gegen den Baalskult und für die alleinige JHWH-Verehrung, die in 2. Kön 1 nur den Teilaspekt der privaten Frömmigkeit Ahasjas betraf, wird in der sog. Dürrekomposition (1. Kön 17–18) zu einer dramatischen grundsätzlichen Auseinandersetzung ausgestaltet. Oben wurde gezeigt,[8] dass diese umfangreiche Erzählkomposition, zu der ursprünglich die Verse 17,1–24+18,1–3a.5–12a.15–19a.20–30a.31a.32–46 gehörten, anders als die beiden Elia-Erzählungen 1. Kön 21 und 2. Kön 1 erst nachträglich in das Deuteronomistische Geschichtswerk eingeschoben worden ist. Sie wurde erst in der späten Exilszeit (539–520 v. Chr.) für den Kontext, in dem sie jetzt steht, verfasst. Damit ist sie rund 200 Jahre jünger als die Nabot- und Ahasja-Erzählung, verwendet allerdings viele ältere Erzählstoffe.

Diese literaturgeschichtliche Einsicht hat zwei wichtige Konsequenzen: Erstens, die Auslegung von 1. Kön 17–18 muss den deuteronomistischen Bericht über Ahabs religionspolitische Maßnahmen (16,29–33) einbeziehen; zweitens, die Auslegung muss berücksichtigen, dass der Verfasser von 1. Kön 17–18 schon die Erfahrungen mit der Gerichtsprophetie und der Katastrophe des Exils im Rücken hat. Damit steht für ihn der Prophet Elia in einer viel weiteren Perspektive.[9]

---

8 S. o. 73–81.
9 Die »ganzheitlich historisch-kritische Lektüre«, die E. BLUM, Prophet, 1997 anregte, wird in der folgenden Auslegung – mit kleineren Abweichungen – konsequent durchgeführt.

Die Dürrekomposition bildet eine Großerzählung, die in eine ganze Anzahl von Episoden gegliedert ist:

16,29–33	Exposition	Ahab begründet und fördert den Baalskult in Israel.
17,1	konfliktauslösendes Prophetenwort	Elia verkündet Ahab eine unbegrenzte Dürrenot, die nur er beenden kann.
17,2–24	Nebenhandlung	Elia entzieht sich auf JHWHs Befehl hin dem König, wirkt aber im Verborgenen heilvoll.
	2–7 1. Episode	Elia wird wunderbar durch Raben versorgt.
	8–16 2. Episode	Elia wird durch eine Witwe versorgt und bewirkt deren wunderbare Versorgung.
	17–24 3. Episode	Elia erweckt den Sohn der Witwe vom Tode.
18,1–2a	konfliktlösendes Gotteswort	JHWH beauftragt Elia, sich dem König zu stellen, da er die Dürrenot beenden will. Elia gehorcht.
18,2b–40	Haupthandlung	Elias Auseinandersetzung mit dem König, den Baalspropheten und dem Volk endet siegreich.
	2b–16 1. Episode	Elia trifft den Haushofmeister des Königs. Die Not wird geschildert, die Begegnung mit Ahab vorbereitet.
	17–20 2. Episode	Elias Auseinandersetzung mit Ahab ermöglicht die Auseinandersetzung mit den Baalspropheten und dem Volk.
	21–40 3. Episode	Elia siegt über die Baalspropheten auf dem Karmel; JHWH wird als alleiniger Gott, Elia als legitimer Prophet erwiesen. Das Volk bekehrt sich zu JHWH; gemeinsam töten sie die Baalspropheten.
18,41–46	Schluss Konfliktschlichtung	Der Sieg Elias für JHWH macht die Beendigung der Dürrenot möglich. Elia bewirkt den erlösenden Regen und stellt sich hilfreich an die Seite des Königs.

Die Komposition zeigt einen klaren Aufbau: Nach der Exposition 1. Kön 16,29–33, die den Baalskult Ahabs schildert, bricht der Konflikt mit dem Prophetenwort 17,1 auf, in dem Elia dem König im Namen JHWHs eine unbegrenzte Dürrenot ankündigt. Das Gotteswort 18,1, in dem JHWH seine Bereitschaft zur Beendigung der Dürre mitteilt, eröffnet die Chance zur Konfliktlösung; und diese wird in 18,41–46 dadurch vollzogen, dass Elia den erlösenden Regen bewirkt und sich wieder an die Seite des Königs stellt. Im Anschluss an diese beiden die ganze Komposition strukturierenden Worte verlaufen zwei Handlungsbögen, die jeweils in drei Szenen gegliedert sind: Zuerst die Nebenhandlung (17,2–24), die schildert, wie Elia sich dem König entzieht, in der Dürre wunderbar versorgt wird (V. 2–7) und im Verborgenen auf wunderbare Weise heilvoll wirkt (8-16.17–24); sodann die Haupthandlung (18,2–40), in der Elia von der furchtbaren Not erfährt und sich dem König stellt (V. 2b–16), worauf er sich zuerst mit Ahab (V. 17–20) und schließlich mit den Baalspropheten und dem Volk auseinandersetzt (V. 21–40). Erst der Sieg Elias über die Baalspropheten und die Umkehr des Volks zu JHWH machen am Ende die Konfliktschlichtung und die Überwindung der Not möglich. Im Zentrum der Erzählkomposition steht das prophetische Gotteswort mit seinen teilweise schrecklichen, aber schließlich doch heilvollen Folgen.

In 1. Kön 16,29–33[10] hatte der deuteronomistische Historiker berichtet, wie Ahab aufgrund seiner Heirat mit der phönizischen Königstochter Isebel die Baalverehrung in Israel einführte und sie sogar durch den Bau eines Baalstempels in Samaria öffentlich förderte.

---

10 Der Vers 1. Kön 16,34, der auf Jos 6,26 Bezug nimmt, ist wahrscheinlich eine spätere Ergänzung; er fehlt in einem Teil der griechischen Textüberlieferung.

Diesen staatlichen Synkretismus, den schon der Deuteronomist als den schlimmsten Abfall von JHWH in der ganzen Nordreichgeschichte bewertet hatte, nahm der Erzähler von 1. Kön 17 – 18 in der späten Exilszeit zum Ausgangspunkt für seine Erzählkomposition, um an diesem skandalösen Fall die Notwendigkeit und Wichtigkeit der Gerichtsprophetie für Israel zu erweisen. Dazu trug er alles zusammen, was er über den Propheten Elia – über das in 1. Kön 21 und 2. Kön 1 Berichtete hinaus – in Erfahrung bringen konnte.

Auf seinen skandalösen Abfall von JHWH hin, konfrontiert der Erzähler Ahab mit dem schärfsten und folgenreichsten Gerichtswort Elias, das er aus der Tradition kannte:

1. Kön 17,1 Da sprach Elia, der Tischbiter aus Tischbe in Gilead, zu Ahab: »So wahr JHWH, der Gott Israels, lebt, in dessen Dienst ich stehe, es wird in diesen Jahren kein Tau noch Regen fallen, außer auf mein Wort hin.«

Das Besondere dieses Wortes liegt darin, dass Elia hier nicht bloß, wie in Gerichtsworten der späteren klassischen Prophetie üblich, ein Unheil, das JHWH bewirken wird, für die Zukunft ankündigt, sondern sogar damit, dass er es feierlich ausspricht, das Unheil unmittelbar auslöst. Die Wirksamkeit des Wortes wird zudem durch einen Gottesschwur zusätzlich abgesichert. Es handelt sich somit um eine Art von Schwurzauber, den Elia hier dem König entgegenschleudert. Materiell beinhaltet er eine unbegrenzte, besonders schwere Dürrenot: Nicht nur der Regen, sondern auch der Tau, der in Palästina den Pflanzen auch während der Trockenzeit jeden Morgen immer noch ein wenig Feuchtigkeit verschafft, soll auf unbestimmte Zeit ausbleiben. In einem Land, das ganz auf Regenfeldbau angewiesen ist, bedeutet dies eine furchtbare Katastrophe, weil nicht nur die Pflanzen verdorren, sondern auch viele Tiere und Menschen verdursten und verhungern. Und was ebenfalls ganz ungewöhnlich ist: Allein Elia kann diese Dürrenot beenden; die Wiederkehr des Regens ist an sein Prophetenwort, an seine Person gebunden. Wer sie beenden will, muss seiner habhaft werden und ihn zum Einlenken bewegen.

Elia lässt keinen Zweifel daran, dass er seine außergewöhnliche Vollmacht für JHWH ausübt, »in dessen Dienst er steht« (1. Kön 17,1; 18,15). JHWH hatte sich auf besondere Weise an diesen Propheten gebunden, ließ seine Sache von ihm vertreten und verlieh ihm dazu übernatürliche Kräfte. Wenn Elia in dieser ihm von JHWH verliehenen Vollmacht gerade den Regen ausbleiben ließ, dann verlegte er die Auseinandersetzung auf das Feld, auf dem sich der Kampf zwischen JHWH und Baal entscheiden musste. Baal war seit vielen Jahrhunderten der traditionelle Wettergott in Syrien-Palästina gewesen.[11] Auch JHWH hatte von Hause aus zum Typ des Wettergottes gehört (Ri 5,4–5), war aber erst mit Israel nach Palästina eingewandert und hatte dabei seine Macht vor allem in militärischen Erfolgen erwiesen (Ri 4–5; 6–8). Wenn Ahab meinte, durch Verehrung des phönizischen Baals dessen Wettergottqualitäten zusätzlich für Israel nutzbar machen zu können, so wollte ihm Elia demonstrieren, dass JHWH diesem Gott selbst auf seinem ureigensten Felde Paroli bieten konnte: Er raubte der Verehrung Baals nicht nur jede positive Wirkung, sondern beantwortete sie sogar mit einem katastrophalen Entzug der Fruchtbarkeit des Landes. Das Gerichtswort Elias eröffnete die Auseinandersetzung wie ein Paukenschlag.

Man würde nun eigentlich erwarten, dass nach einem solchen schwerwiegenden Prophetenwort die Folgen geschildert würden, die es auslöste: etwa die erschreckte Reaktion des Königs, die hektische Einleitung ritu-

---

11 S. o. 42 f.

eller Gegenmaßnahmen, die schleichende Ausbreitung der Trockenheit und die lauten Klagen der betroffenen Bevölkerung.[12] Doch nichts davon! Erst sehr viel später, in 1. Kön 18,6 f., erfährt der Leser etwas von der verzweifelten Notlage, in die das ganze Staatswesen durch die Dürre geraten ist. Dem Erzähler ist es erst einmal wichtig aufzuweisen, dass Gott Elia dem Zugriff des Königs entzieht, sich während der nationalen Katastrophe umsichtig um seinen Propheten kümmert und durch ihn sogar im Verborgenen Leben bewahrt und rettet. Erzählerisch handelt es sich um eine Nebenhandlung zu der großen Auseinandersetzung Elias mit Ahab und dem Volk um die Baalverehrung; sie wird vom Erzähler vorangestellt, um den untergründig heilvollen Aspekt der Gerichtsprophetie Elias hervorzuheben.

Die erste Szene der Nebenhandlung (1. Kön 17,2–7) beginnt damit, dass JHWH Elia den Befehl erteilt, aus der Hauptstadt fortzugehen, sich im Ostjordanland an einem Bach Krit zu verbergen und sich damit dem Zugriff des Königs zu entziehen (V. 2–3). Stillschweigend vorausgesetzt ist dabei, dass sich Ahab Elias bemächtigen will, um ihn zur Beendigung der Dürre zu zwingen. Erst in 18,10 wird nachholend erzählt, dass Ahab Elia überall, sogar im Ausland, intensiv hat suchen lassen. Indem sich der Prophet auf Gottes Geheiß seinem König und Volk entzieht, ist Israel hoffnungslos der Dürrenot ausgeliefert. Die genaue Lage des Baches Krit ist bislang unbekannt; vielleicht ist er in der Nähe der Heimat Elias zu suchen.

Mit dem göttlichen Befehl zur Flucht ist eine Anweisung zur Versorgung Elias verbunden, er soll aus dem Bach trinken, und die Raben sollen ihn ernähren

---

12 Diese Lücke wird bezeichnenderweise von Felix Mendelssohn-Bartholdy in seinem Oratorium mit erschütternden Klagen gefüllt, s. u. 203 f.

(1. Kön 17,4). Ganz ein gehorsamer Diener JHWHs, flüchtete Elia in die Einsamkeit (V. 5); aber auf wundersame Weise musste er nicht darben. Wenn es heißt, dass die Raben ihn morgens und abends mit Brot und Fleisch versorgten (V. 6), dann hatte er mehr zu essen als normale Israeliten, die sich Fleisch nur zu Festtagen leisten konnten. Darüber dass die Raben unreine Tiere sind (3. Mose 11,15; 5. Mose 14,14) und der Verzehr von Aas eigentlich unrein macht (3. Mose 17,15 f.), wird nicht reflektiert. Wenn Gott seine Wunder tut, gelten besondere Regeln. Wichtig ist dem Erzähler: Obwohl Gott seinen Propheten in eine menschenleere Einöde getrieben hat, sorgte er sich rührend um sein Überleben.

Doch schließlich holte den Propheten die von ihm in Gang gesetzte Dürrekatastrophe ein; der Bach Krit versiegte (1. Kön 17,7). Darum erhielt Elia am Anfang der zweiten Szene (V. 8–16) eine neue göttliche Botschaft. Er solle nach Sarepta bei Sidon gehen; dort werde ihn eine Witwe versorgen (V. 8–9). Das ist nun eine ganz andere Richtung, vom Ostjordanland nach Nordwesten in die Nähe der Mittelmeerküste. Der von seinem Volk distanzierte Prophet wird ins Ausland geschickt, noch dazu ins phönizische Ausland, woher Isebel stammt und wo Baal regiert. Der Erzähler hat es mit feiner Ironie so arrangiert, dass nicht nur Elia im Ausland überlebt, sondern auch JHWH seine Wunder ausgerechnet im Lande Baals durch ihn vollbringt.

Wieder gehorchte Elia willig dem göttlichen Befehl. Er fand auch in Sarepta die besagte Witwe (1. Kön 17,10). Doch sie war zu seiner Versorgung denkbar ungeeignet. Wohl konnte sie ihm ein wenig Wasser bringen, aber ihr winziger Vorrat an Mehl und Öl reichte kaum noch für sie und ihren Sohn zum Überleben (V. 11 f.). Dennoch beharrte Elia darauf, von dem Wenigen etwas abzubekommen, er mutete der armen Witwe sogar zu, ihm als Ersten einen Brotfladen zu backen (V. 13).

Dafür stellte er ihr im Namen JHWHs einen während der ganzen Dürrenot nicht versiegenden Vorrat an Mehl und Öl in Aussicht (V. 14). Im Vertrauen auf dieses Wunderwort ließ sich die Witwe auf die Zumutung ein. Und das Wunder geschah: Nicht nur der Prophet, sondern auch die Frau und ihre Familie hatten für längere Zeit genug zu essen (V. 15 f.).

War die wunderbare Versorgung in der ersten Szene (1. Kön 17,2–7) noch auf den Propheten beschränkt, so bezieht sie in der zweiten Szene (V. 8–16) die Sympathisanten des Propheten mit ein, Menschen, die bereit sind, ihm materiell zu helfen. Gottes Wohlwollen und Fürsorge strahlen über seinen Diener auf dessen menschliche Umgebung aus. Dass es sich dabei um eine Ausländerin handelt, spielt keine Rolle. Selbst eine Bekehrung zu JHWH ist dafür keine Voraussetzung.[13] So schroff Elia den Baalskult in Israel auf staatlicher Ebene bekämpft hat, so erstaunlich tolerant verhält er sich hier – deutlich anders als in 2. Kön 1 – auf der familiären Ebene gegenüber dem persönlichen Glauben der Phönizierin, die ihn bewirtet. Offensichtlich reichte ihm ihre mitmenschliche Zuneigung völlig aus. Wenn der Erzähler am Ende dieser wundersamen Szene noch einmal ausdrücklich konstatiert:

> 1. Kön 17,16 Der Mehlkrug wurde nicht leer, und die Ölflasche versiegte nicht nach dem Wort JHWHs, das er durch Elia geredet hatte,

will er festhalten, dass das prophetische Gotteswort Elias auch in heilvolle Richtung eine unmittelbare Wirksamkeit entwickelte. Konnte man im Fall seines Dürre-

---

13 Der Schwur im Munde der Phönizierin »So wahr JHWH, dein Gott lebt« (1. Kön 17,12) ist weder als eine Bekehrung, noch als eine Distanzierung gemeint, sondern nur ein Ausdruck der Höflichkeit gegenüber einem Israeliten.

zaubers (1. Kön 17,1) kritisch anfragen, ob ein solch vollmächtiges Prophetenwort nicht eine problematische Vereinnahmung Gottes – noch dazu zum Schaden der Menschen – darstelle, so wird im Falle der armen Witwe dessen rettende Lebensdienlichkeit aufgedeckt.

Der hier angesprochene Widerspruch zwischen lebensfeindlichem und lebensdienlichem Wirken Elias wird vom Erzähler in der abschließenden Szene des ersten Teils (1. Kön 17,17–24) dramatisch zugespitzt. Er erzählt, wie der Sohn der Witwe so schwer erkrankte, dass er starb (V. 17). Dieser Todesfall veranlasste die Mutter nach seiner Sicht nicht etwa zu flehentlichen Bitten an Elia, wie dies gegenüber Elisa erzählt worden war (2. Kön 4,27), sondern zu empörten Vorwürfen:

1. Kön 17,18 Da sprach sie zu Elia: »Was habe ich mit dir zu schaffen, Gottesmann, dass du zu mir gekommen bist, um meine Schuld in Erinnerung zu bringen und meinen Sohn zu töten?«

Die Frau führte den Tod ihres Sohnes direkt auf das Wirken Elias zurück. Er war nur zu ihr gekommen, um ihre vergessene Schuld bei Gott anzuzeigen und diesen zu einer so entsetzlichen Strafe zu provozieren. Die Gegenwart des Propheten Elia in ihrem Hause wirkte sich mörderisch aus. Er hatte ihre Gastfreundschaft schnöde missbraucht. Mit ihm wollte sie nichts mehr zu tun haben. Der Titel »Gottesmann«, den die Frau hier erstmals gebraucht, benennt dabei das gefährliche, Tod bringende Potential des vollmächtigen Propheten.

Mit der Anklage der Witwe, die über ihren Mann auch noch ihren Sohn verloren hat, nimmt der exilische Erzähler wahrscheinlich geheime Vorwürfe auf, die unter seinen Zeitgenossen gegenüber der Gerichtsprophetie grassierten, selbst wenn man ihre Botschaft akzeptierte. Hatten sie mit ihren schonungslosen Anklagen die verborgenen Sünden Israels nicht erst aufgedeckt, die JHWH zur Zerstörung bewogen? Hatten sie mit ihren unerbittlichen Gerichtsankündigungen, die JHWH geradezu zum Handeln zwangen, das furchtbare Unheil über Israel nicht erst heraufbeschworen? Musste man nicht schon gegen Elia, mit dem die radikale Gerichtsprophetie begann, den Vorwurf des Schadenszaubers erheben? Die Legitimität des Propheten Elia und mit ihm die der Gerichtsprophetie insgesamt stand auf dem Spiel.

Der Elia der Erzählung ist sich der massiven Infragestellung seiner Legitimität wohl bewusst. Ohne auf die harten Vorwürfe der Witwe einzugehen, ließ er sich von ihr das tote Kind geben und nahm es umgehend zu sich in sein Obergemach (1. Kön 17,19). Dort, in der Abgeschiedenheit seines Zimmers, brachte er neben der Not der Witwe auch seine ganz persönliche Anfechtung vor Gott:

> 1. Kön 17,20 Dann rief er zu JHWH und sprach: »JHWH, mein Gott, willst du sogar über die Witwe, bei der ich als Fremdling wohnen darf, Unheil bringen, indem du ihren Sohn tötest?«

Wenn JHWH wegen der ihn beleidigenden Verehrung Baals durch das Königshaus Israel ins Unheil gestürzt hatte, konnte Elia das noch akzeptieren. Aber dass er sogar diese Witwe, die ihn in der Fremde gastlich in ihr Haus aufgenommen hatte, mit dem Tod ihres Sohnes schlug, das wollte und konnte er nicht hinnehmen. Wollte denn JHWH wirklich keinen Unterschied machen zwischen Schuld und Unschuld? Wollte er wie ein Schadensdämon agieren, der dreinschlägt und wegrafft, wo immer er kann? Elia versuchte, Gott bei seiner Ehre zu packen. Er beharrte darauf, dass JHWH einen Unterschied machen müsse in seinem Handeln und sich dabei an moralische Kriterien binden sollte. Und er gab zu bedenken, dass Gott ihn, der sich voll und ganz in seinen Dienst gestellt hatte, sonst vor den Menschen in ein ganz schlechtes Licht bringen würde.

Nach dieser anklagenden Frage an JHWH vollzog Elia das Heilungsritual. Dreimal streckte er sich der Länge nach über dem Leichnam aus, um symbolisch seine Lebenskraft auf das tote Kind zu übertragen (Kontaktmagie). Währenddessen sprach er laut eine Fürbitte, in der er JHWH bat, die Lebenskraft des Kindes wieder in dessen Körper zurückkehren lassen (1. Kön 17,21). Diese Verbindung von ritualsymbolischer Handlung und Fürbitte zu Gott ist typisch für alles magische Handeln in der Bibel. R. Schmitt hat nachgewiesen, dass die Magie nicht nur im alten Israel, sondern auch bei anderen Völkern des antiken Vorderen Orients klar dem Wirken der Götter unterstellt war.[14]

Wenn der Erzähler ausdrücklich konstatiert, dass JHWH auf »die Stimme Elias« hörte (1. Kön 17,22), dann unterstreicht er damit zum einen, dass Gott die Fürbitte Elias erfüllte und somit das Gelingen des Heilungsrituals allein in seiner Verfügungsmacht stand. Zum anderen macht er deutlich, dass Gott die Anklage Elias gegen ihn akzeptierte, sein Handeln in dessen Sinne revidierte und mit der geglückten Totenerweckung zugleich seinem Propheten Recht gab.

Eindeutig von Gott bestätigt, stieg Elia von seinem Obergemach herab und übergab der Mutter ihr wieder lebendig gewordenes Kind (1. Kön 17,23). Darauf lässt der Erzähler die überglückliche Witwe ein Bekenntnis sprechen, das für seine gesamte Erzählkomposition eine große Bedeutung hat:

1. Kön 17,24 Da sprach die Frau zu Elia: »Nunmehr also weiß ich, dass du ein (wirklicher) Gottesmann bist, und das Wort JHWHs wahrhaftig in deinem Munde ist.«

---

14 R. Schmitt, Magie, 2004, 1–106 und 250–255.

Schon in 1. Kön 17,18 hatte die Witwe Elia »Gottesmann« genannt und damit seine Bedrohlichkeit bezeichnet, mit der sie nichts mehr zu tun haben wollte. Jetzt, nach der Heilung ihres Kindes erkannte sie, dass Elia ein wirklicher Gottesmann war, der seine Vollmacht heilvoll für Menschen in Not einsetzte. Elias besondere Gottesnähe war für sie dadurch bewiesen, dass er JHWH zum rettenden Eingreifen bewegen konnte. Der wahre Prophet erweist sich somit für den exilischen Erzähler grundsätzlich an seinem heilvollen Wirken. Wenn der Erzähler die Frau zusätzlich noch bekennen lässt, dass »das Wort JHWHs wahrhaftig« in Elias Munde sei, das bei der Heilung keine Rolle spielte, dann will er damit die göttliche Bestätigung, die der Prophet bei der Totenerweckung erfahren hatte, auch auf die Gerichtsverkündigung Elias zu Lasten Israels ausdehnen: Auch Elias furchtbarer Dürrespruch gegen Ahab (17,1), den man als Schadenszauber verdächtigen und dessen göttliche Herkunft man anzweifeln konnte, war ein wahres JHWH-Wort im Munde des Propheten, weil es – was schon das Heilungswirken Elias andeutete – nicht auf die Vernichtung, sondern auf eine letztendliche Heilung Israels hinauslief. Damit hatte der Erzähler schon im ersten Teil seiner Komposition die Grundlagen für eine Legitimation der Gerichtsprophetie gelegt.

Der zweite Teil der Komposition setzt in 1. Kön 18,1 damit ein, dass nach langer Zeit, näher spezifiziert im dritten Jahr nach Ausrufung der Dürre, ein JHWH-Wort an Elia ergeht, das ihm befiehlt, sein Versteck zu verlassen und sich Ahab zu zeigen. Anlass dieses Befehls ist der Beschluss JHWHs, wieder Regen auf den Erdboden zu geben. Indem JHWH diesen heilvollen Beschluss nicht sogleich realisierte, sondern zuerst nur dem Propheten mitteilte und seine Realisierung an dessen Wirken band, eröffnete er nur eine Chance zur Konfliktschlichtung; ob sie auch ergriffen werden würde, hing erst noch vom Ausgang der Begegnung Elias mit Ahab und dem Volk ab.[15] Wie schon in 17,5.10 gehorchte Elia dem nicht ganz ungefährlichen göttlichen Befehl widerspruchslos (18,2a).

Die erste Szene des zweiten Teils setzt in 1. Kön 18,2b mit einer Exposition neu ein, welche die schwere Hungersnot, die auf Samaria lastet, konstatiert. Erst jetzt, nachdem der göttliche Beschluss zur Beendigung der Dürre schon gefallen ist, erfährt der Leser von der Not, in die der Dürreschwur Elias (17,1) das Land gestürzt hat. Dabei ist besonders die Stadt und Region betroffen, in der Ahab den Baalskult etabliert hat. In einer vorbereitenden Handlung (18,3a.5–6) schildert der Erzähler, wie der König sich mit seinem Palastvorsteher Obadja verabredet, auf getrennten Wegen das Land nach Wasserläufen und Gras abzusuchen, damit sie jedenfalls einen Teil der königlichen Pferde- und Mauleselherden vor dem Abschlachten bewahren könnten. Die Pferde wurden für die Streitwagentruppe, die Maulesel für den Transport der staatlichen Abgaben und Handelsgüter benötigt. Die Dürre bedroht somit schon die Ressourcen für die Kriegsführung, das Steuerwesen und den Handel; das unter den Omriden hochentwickelte Staatswesen ist in Auflösung begriffen.

Die Haupthandlung setzt damit ein, dass Obadja plötzlich auf Elia trifft (1. Kön 18,7). Das plötzliche Auftauchen scheint für Elia charakteristisch gewesen zu sein (vgl. 2. Kön 1,6). Als der Palastvorsteher Elia erkannte, warf er sich ehrfurchtsvoll vor ihm nieder und redete ihn als seinen Herrn an. Es gab also am Königshof durchaus hochgestellte Persönlichkeiten,

---

15 Eine ähnliche Sicht der Heilswende, nach der ein Volk die von Gott eröffnete und von seinen Propheten verkündete Heilschance erst ergreifen muss, damit sich das Heil realisieren kann, findet sich auch in Jer 18,9–10, einem Text aus der mittleren Exilszeit (um 540), vgl. R. ALBERTZ, Die Exilszeit, 254 f.

welche, anders als die Königsfamilie, Hochachtung für die JHWH -Propheten empfanden.[16] Doch Elia ließ selbst auf solche Ehrerbietung hin keinerlei menschliche Regungen erkennen: kein Wort der Erklärung darüber, wo er gewesen war, warum er sich so lange verborgen hatte und warum er nun wieder erschien. Stattdessen bestätigte er nur kurz seine Identität und gab Obadja äußerst knapp den Auftrag, dem König sein Auftauchen zu melden (1. Kön 18,8). Obadja war über ein solches abweisendes Verhalten Elias verstört. Hatte denn dieser Prophet keine Ahnung, was er mit seinem Wort angerichtet hatte, wie sehr er vom König überall, sogar im Ausland, gesucht worden war? (V. 10). Und nun tauchte er plötzlich wieder auf und tat so, als sei nichts gewesen? (V. 11). So erhob der Palastvorsteher laute Klage gegen Elia, dieser wolle ihn beim König in Verruf bringen, sein Leben gefährden (V. 9), oder ihn gar zum Narren halten, indem er plötzlich, durch göttlichen Geist getragen, wieder verschwinden würde (V. 12a).

Mit diesen wortreichen Klagen Obadjas will der Erzähler wohl auf die Irritationen eingehen, welche die Propheten selbst bei den ihnen wohlgesonnenen Staatsdienern auslösten. Aber indem er zuvor geschildert hat, wie stark Elia durch Weisungen Gottes von außen gesteuert war (17,2–4.8–9; 18,1–2), will er zugleich Verständnis für das prophetische Verhalten schaffen, das auf der rein menschlichen Ebene befremdlich erscheint. Befremdlich, aber doch ein wenig menschlicher schildert er Elias Verhalten darum am Schluss der Szene (18,15): Wohl ließ sich der Prophet auch durch Obadjas Vorhaltungen nicht zu irgendwelchen Erklärungen oder gar Entschuldigungen bewegen, aber in einem fei-

---

16 Die ausdrückliche Charakterisierung Obadjas als JHWH-fürchtig in 1. Kön 18,3b–4.12b–14 gehört einer späteren Schicht an, entfaltet aber das schon in V. 7 implizit Gemeinte.

erlichen Schwur versicherte er dem königlichen Haushofmeister doch seine feste Absicht, sich noch am selben Tage dem König zu zeigen. So konnte Obadja dem König beruhigt Meldung erstatten (V. 16a). Wenn es in V. 16b heißt, dass nicht etwa Elia dem König, sondern der König Elia entgegenging, soll noch einmal unterstrichen werden, wie verzweifelt Ahab den Propheten gesucht hatte. Die Dürrenot hatte ihn gelehrt, dass er auf den JHWH-Propheten Elia angewiesen war.

Die zweite Szene (1. Kön 18,17–20[17]) schildert einen kurzen, aber scharfen Schlagabtausch zwischen Elia und Ahab und bereitet Elias große Auseinandersetzung mit dem Volk auf dem Karmel vor. Die Auseinandersetzung wird vom König mit den Worten eröffnet: »Bist du es, Verderber Israels?« (V. 17). D. h., Ahab belegte Elia mit dem Vorwurf, er habe sein eigenes Volk und seinen eigenen Staat wissentlich und absichtlich ins Verderben getrieben. Dieser Vorwurf war nicht völlig unbegründet. Vordergründig hatte Elia mit seinem Schwurzauber die verheerende Dürrenot ausgelöst (17,1). Er war darum unmittelbar für den öffentlichen Notstand verantwortlich. Doch Elia ließ diesen Vorwurf nicht auf sich sitzen, sondern machte den König und seine Familie für die Katastrophe verantwortlich:

> 1. Kön 17,18 Da sprach er: »Nicht ich habe Israel ins Verderben gestürzt, sondern du und das Haus deines Vaters, weil ihr die Gebote JHWHs verlassen habt und du den Baalen nachgefolgt bist.«

Eigentlicher Grund für das Verderben Israels, so ließ der Erzähler den Propheten im Anschluss an die deuteronomistische Polemik von 1. Kön 16,30–33 klarstellen, war

---

17 In dieser Szene ist nur der kurze Satzteil in 1. Kön 18,19b »und die 400 Propheten der Aschera, die am Tisch Isebels essen« eine sekundäre Verklammmerung mit Kap. 19.

der Baals- und Fremdgötterkult Ahabs und seiner Familie und damit die Übertretung klarer göttlicher Gebote, vor allem des Fremdgötter- und Bilderverbots, die allerdings wahrscheinlich erst nach der Zeit Ahabs ausformuliert worden sind.[18] Demgegenüber stellte sein Dürreschwur nur die verdiente Strafmaßnahme dar, die er im Auftrag JHWHs vollzogen hatte. Mit dieser Klarstellung wird vom Erzähler nicht nur Ahabs Vorwurf, sondern jeder Versuch, der Gerichtsprophetie die Schuld für die eingetroffene Katastrophe in die Schuhe zu schieben, als durchsichtiges Ablenkungsmanöver entlarvt.

Auffällig ist, dass Ahab nach dieser Auseinandersetzung nicht mehr zu Wort kommt. Gemeint ist wohl, dass der König, der die durch seine Frau und ihn initiierte Baalverehrung nicht leugnen kann, Elias Anklage stumm akzeptiert. Die lange Dürrenot hat ihm die Lehre erteilt, dass JHWHs Zorn auf seinem Lande liegt und er den JHWH-Propheten Elia braucht, um diesen Zorn zu beseitigen. So ist er vielleicht noch nicht bekehrt, aber doch bereit, neue Wege zu gehen.

Elia wartete jedenfalls nach der Sicht des Erzählers eine Reaktion Ahabs gar nicht ab, sondern ging sofort dazu über, die Vorbereitungen für die noch ausstehende Auseinandersetzung mit Baal und dem Volk zu treffen (1. Kön 18,19): Dazu beauftragte er Ahab, ihm ganz Israel und die Baalspropheten auf den Berg Karmel zu versammeln. Und der Wandel, der inzwischen mit Ahab vorgegangen ist, zeigt sich daran, dass er den Auftrag Elias ohne Widerrede ausführt (V. 20). Er arbeitete erstmals wieder mit einem JHWH-Propheten zusammen und setzte seine Macht zu dessen Gunsten ein.

---

18 Die uns überlieferten Fremdgötter- und Bilderverbote stammen erst aus dem Ende des 8. Jh.s (2. Mose 20,23; 22,19) oder aus dem 7. Jh. (5. Mose 5,7–8; 6,4). Der Prophet Hosea, der zwischen 750 und 725 v. Chr. auftrat, scheint noch keines zu kennen, vgl. R. Albertz, Religionsgeschichte, 1996, 97–102.

Die dritte Szene, der sog. »Götterwettstreit auf dem Karmel« (1. Kön 18,21–40)[19], bildet den Höhepunkt der Haupthandlung und zugleich der ganzen Dürrekomposition. Sie setzt damit ein, dass Elia das Volk einer verlogenen Gottesbeziehung bezichtigt: »Wie lange wollt ihr (noch) auf zwei Krücken herumhinken?« (V. 21). Das unentschiedene Lavieren zwischen JHWH und Baal würde es über kurz oder lang zu Fall bringen, so wie wenn man sich mit zwei Krücken unter den Achseln gleichzeitig abstützen wollte.[20] Elia forderte das Volk zu einer klaren Entscheidung auf, entweder JHWH oder Baal, je nachdem welcher von beiden sich als Gott erweisen würde, nachzufolgen. Doch das Volk reagierte nur stumm und verstockt; es stand Elia angesichts der Not, in die es der Prophet gestürzt hatte, misstrauisch bis feindlich gegenüber (V. 21b).

Um das Volk für JHWH zurückzugewinnen, inszenierte Elia nun einen regelrechten Wettstreit zwischen den Göttern Baal und JHWH und deren menschlichen Agenten. Zuerst benannte er die Wettkampfparteien, sich selber und die 450 Baalspropheten (V. 22), nicht ohne rhetorisch effektvoll auf seine Vereinzelung gegenüber der Masse seiner Gegner hingewiesen zu haben. Sodann benannte er die Wettkampfbedingungen (V. 23–24): Jede Partei sollte einen Stier als Brandopfer zubereiten, aber nicht anzünden. Dann sollte jede Partei ihren Gott anrufen. Der Gott, der das Opfer mit Feuer in Brand setzen würde, sollte als Gott gelten. Wie die Formulierung »dann sollt *ihr* den Namen eures Gottes anrufen« zeigt, sah Elia das Volk zu diesem Zeitpunkt der Auseinandersetzung noch auf Seiten der Baalspropheten. Dennoch reagierte das Volk diesmal zustimmend; es akzeptierte die Wettkampfbedingungen als fair.

---

19 Die Verse 1. Kön 18,30b.31b sind nachträgliche Einschübe.
20 S. o. 26.

Die Verse 1. Kön 18,25–29 schildern nun detailliert das totale Versagen der Baalspropheten: Obgleich ihnen Elia generös den Vortritt einräumte, waren sie vom Morgen bis zum Mittag nicht in der Lage, ihren Gott Baal mit Gebeten und Tänzen zu irgendeiner sichtbaren Reaktion zu bewegen (V. 25–26). Darum goss Elia um die Mittagszeit seinen Hohn und Spott über die Baalspropheten aus:

> 1. Kön 18,27 Als es Mittag wurde, verhöhnte sie Elia und sprach: »Rufet mit lauter Stimme, wenn er ein Gott ist. Sicher grübelt er, oder ist abseits gegangen, oder ist auf Reisen. Vielleicht schläft er und muss erst aufwachen.«

Die fast aufklärerisch anmutende Polemik, die einem Gott menschliche Bedürfnisse und Begrenzungen unterstellt, ist für den alten Orient ganz ungewöhnlich.[21] Das Verschwinden Baals in der Unterwelt und sein Wiedererscheinen zur Regenzeit, die das Absterben und Wiedererwachen der Vegetation repräsentierten,[22] wird hier in geradezu rationalistischer Weise lächerlich gemacht. Das erinnert in der Diktion am ehesten an die Götzenpolemiken bei Deuterojesaja (Jes 40,19–20; 41,6–7; 44,9–20 u. ö.) und setzt dessen Durchbruch zum monotheistischen Gottesglauben, der die Existenz anderer Götter außer JHWH leugnet, voraus (41,21–27; 43,8–13; 45,5–7 u. ö.).[23] Für den Erzähler, der während der Exilszeit die Entdeckung des Monotheismus miterlebt hat, ist Elia, mit dem der Kampf um die alleinige JHWH-Verehrung in Israel begann, schon zum Künder des vollen monotheistischen Gottesbekenntnisses geworden.

---

21 Vgl. die ähnliche Argumentationsfigur, mit der F. NIETZSCHE seinen »tollen Menschen« den Tod Gottes begründen läßt (s. Die fröhliche Wissenschaft, 3. Buch, Werke V/2, hrsg. v. G. COLLI/M. MONTINARI, Berlin 1973, 158–160).

22 S. o. 42.

23 Vgl. R. ALBERTZ, Religionsgeschichte, 1996, 436–439.

Der Spott Elias spornte die Baalspropheten bis in den späten Nachmittag zu neuen, verzweifelten Anstrengungen an. Sie riefen mit lauter Stimme, machten sich Einschnitte und verfielen blutüberströmt in Trance; doch jegliche göttliche Reaktion blieb aus (1. Kön 18,27–29). Der Misserfolg der Baalspriester gab Elia die Möglichkeit, das Volk auf seine Seite herüberzuziehen (V. 30a). Sein Kampf um das Volk war halb gewonnen.

Die Verse 1. Kön 18,31a.32–39 schildern im Kontrast zum Versagen der Baalspropheten den glänzenden Sieg Elias beim Götterwettstreit. Zuerst baute Elia einen Altar aus zwölf Steinen, welche die Einheit der Stämme Israels symbolisieren sollten (V. 31a.32). Dann bereitete er das Brandopfer zu und legte es auf den Altar. Darauf erschwerte er seine Wettkampfbedingungen noch, indem er 12 Wasserkrüge über das Opfer und das Holz leeren ließ, so dass der Altar völlig durchnässt inmitten einer Rinne voll Wasser stand (33–35). Schließlich erhob er zur Zeit des Abendopfers seine Stimme zum Gebet:

> 1. Kön 18,36 Als die Zeit der Darbringung des Speiseopfers gekommen war, trat der Prophet Elia heran und sprach: »JHWH, Gott Abrahams, Isaaks und Israels, heute werde kund, dass du (allein) Gott in Israel bist und ich dein Knecht bin, und dass ich aufgrund deiner Worte alle diese Dinge getan habe.
>
> 37 Antworte mir, JHWH, ich antworte mir, dass dieses Volk erkenne, dass du, JHWH, der (wahre) Gott bist und du selbst ihre Herzen zurückgewendet hast.«

Die Reaktion JHWHs, um die Elia hier bittet, ist von vornherein mehr als eine bloße Demonstration göttlicher Macht. Elia redet JHWH als Gott der drei Erzväter an und erinnert ihn daran, welch eine lange Geschichte er schon mit Israel gehabt hat. Darum zielte seine erflehte Reaktion auch unmittelbar auf eine neue Belehrung des Volkes. Das Volk soll erstens erkennen, dass JHWH, der sich schon so lange an dieses Volk Israel gebunden hat, der einzige »Gott in Israel« ist, den es verehren kann. Alles andere wäre eine Nichtachtung seiner Treue und damit Treulosigkeit. Zielt V. 36 auf die alleinige Verehrung JHWHs durch Israel (Monolatrie), so geht V. 37 – dem Götterwettstreit entsprechend – noch einen Schritt weiter: Das Volk soll ebenfalls erkennen, dass JHWH »der Gott« (*ha-'elohim*) ist (V. 37). Was ist damit gemeint? Eine entsprechende Formulierung »Artikel + Gottesbezeichnung« begegnet auch in den monotheistischen Bekenntnissen der Exilszeit (5. Mos 4,35.39; 1. Kön 8,60; Jes 42,5; 45,18), allerdings dort meist im Zusammenhang mit einer ausschließenden Formulierung wie »und keiner sonst« (5. Mose 4,39; 1. Kön 8,60; Jes 45,6.22 u. ö.) oder »außer mir/ihm ist kein Gott o. ä.« (5. Mose 4,35; 2. Sam 7,22; Jes 43,11; 44,6; 45,5.21 u. ö.). Eine solche explizite Leugnung anderer Götter fehlt in 1. Kön 18,37. Da aber die Nichtexistenz Baals im vorangegangenen Götterwettstreit erwiesen ist, kann »der Gott« in V. 37 nur »der wahre Gott« oder »der einzig existierende Gott« meinen. Das heißt, die Erkenntnis der alleinigen Verehrung JHWHs durch Israel soll auch die Erkenntnis einschließen, dass JHWH der einzig wahre Gott überhaupt ist (Monotheismus).[24]

---

24 So mit E. WÜRTHWEIN, Könige, 1984, 218 f., und gegen F. CRÜSEMANN, Elia, 1997, 46–48, der sich für eine monolatrische Interpretation darauf beruft, dass im Götterwettstreit nur die Unfähigkeit bzw. Nichtexistenz eines einzigen Gottes nachgewiesen wird. Allerdings steht – zumindest für den Autor der Komposition – dieser Nachweis, wie der Plural »Baale« in 1. Kön 18,18 beweist, von vornherein im weiteren Horizont der Fremdgötter überhaupt. Allerdings wurden die monotheistischen Ausschlussformulierungen vielleicht deswegen weggelassen, weil sie durch den auf Baal zugespitzten Götterwettstreit nicht voll gedeckt gewesen wären. Ginge es nur um Monolatrie, hätte das Volk am Ende bekennen müssen: »JHWH ist unser Gott!«

Das Volk soll zweitens erkennen, dass der Prophet Elia der legitime Diener dieses einzigen wahren Gottes ist und dass er auf dessen Befehl »alle diese Dinge getan hat« (1. Kön 18,36). D. h., mit dem Machterweis JHWHs soll zugleich Elia gerechtfertigt und legitimiert werden. Er hat keineswegs in eigener böser Absicht oder im Auftrag irgendeines schädlichen Dämons, wie man vielleicht aus seinem Schwurzauber schließen konnte, die Dürrenot heraufbeschworen, sondern allein auf Befehl JHWHs. Nicht nur die Göttlichkeit JHWHs, sondern auch die Legitimität seines Gerichtspropheten steht beim Götterwettstreit auf dem Karmel auf dem Spiel.

Schließlich soll das Volk drittens erkennen, dass JHWH durch Elia die ganze furchtbare Dürrekatastrophe allein mit der Absicht in Gang gesetzt hat, die Herzen Israels zu ihm zurückzuwenden (1. Kön 18,37). Die Gerichtsprophetie Elias und mit ihr auch die ganze Gerichtsprophetie der klassischen Propheten hatte eine pädagogische Absicht. Sie sollte Israel nicht etwa vernichten, sondern zur Umkehr zu seinem Gott leiten. Sie zielte im Kern auf einen heilvollen Neuanfang Israels. Auf diese Weise versucht der Erzähler seinen exilischen Hörern im Rückblick die positive Absicht der so zerstörerisch erlebten Gerichtsprophetie zu erschließen.

Der Erzähler berichtet darauf, dass sich JHWH von den Bitten Elias und so viel guten Argumenten überzeugen ließ. Er sandte sein Feuer vom Himmel, das nicht nur das Brandopfer verzehrte, sondern auch gleich den Altar mitsamt dem Wassergraben zerstörte (1. Kön 18,38). Damit war die alleinige Göttlichkeit JHWHs bestätigt und die Gerichtsprophetie Elias legitimiert. Darüber hinaus, so berichtet der Erzähler, bewirkte das göttliche Wunder wirklich die Umkehr des Volkes. Dieses warf sich auf den Boden nieder und erkannte begeistert JHWH als den wahren Gott an (V. 39): »JHWH ist es, der der (wahre) Gott ist, JHWH ist es, der der (wahre) Gott ist!« (*JHWH hu' ha-'elohim*). Auch diese Formulierung, die wörtlich so in eindeutig monotheistischen Bekenntnissen des Deuteronomistischen Geschichtswerks begegnet (5. Mose 4,35.39; 1. Kön 8,60), spricht dafür, dass es dem exilischen Erzähler nicht allein um die alleinige JHWH-Verehrung, sondern auch schon um die Anerkennung der alleinigen Göttlichkeit JHWHs geht.

Die bloß verbale Umkehr des Volkes reichte dem Erzähler nicht; diese musste seiner Meinung nach durch die Tat bewährt werden. Damit es zu einem radikalen religiösen Neuanfang Israels kommen konnte, forderte Elia das Volk auf, die Baalspropheten zu ergreifen und an der Flucht zu hindern. Und das Volk zeigte seine neue Gesinnung, dass es sich von seinen früheren geistlichen Führern distanzierte und – im Gegensatz zu V. 21 – nunmehr bereit war, mit Elia zusammenzuarbeiten. Die Volksmenge nahm die Baalspropheten fest, und Elia führte sie vom Karmelgebirge hinab zum Bach Kischon in der Jesreelebene und brachte sie dort allesamt um (1. Kön 18,40).[25]

Für uns, die wir die Gefahren des religiösen Fanatismus vor Augen haben, ist ein solch gewaltsamer Ausgang des Götterwettstreits alarmierend. Der Erzähler orientierte sich in 1. Kön 18,40 wahrscheinlich an der Jehu-Revolution, bei der ebenfalls die Baalsverehrer auf brutale Weise umgebracht worden waren (2. Kön 10,24 f.). Dort führte die enge Verquickung von politisch-militärischen Machtinteressen mit einer exklusiv verstandenen JHWH-Verehrung erstmals in der Geschichte Israels zu einem Ausbruch fanatischer Intoleranz.[26] Diese Übernahme ist zweifellos hochproblematisch, da in 1. Kön 18,40 die Abschlachtung Andersgläubiger nicht wie in 2. Kön 10 durch Militärs, sondern durch den Propheten selber vollzogen wird und

---

25 Dass 1. Kön 18,40 nicht ausgeschieden werden kann, sondern einen sachgemäßen Abschluss des Götterwettstreits darstellt, hat W. THIEL, Könige, 2002, 108, richtig erkannt.

26 S. o. 45–49.

damit scheinbar eine höchste religiöse Legitimation erhält.[27] An dieser Stelle kann man dem biblischen Erzähler nur klar widersprechen und darauf hinweisen, dass das monotheistische Bekenntnis von Israel in einer absoluten Ohnmachtssituation seiner Geschichte entdeckt worden ist und vor jedem politischen Missbrauch sorgfältig geschützt werden muss. In der Exilszeit, als der Erzähler diese Szene formulierte, war ein Massaker an Vertretern einer anderen Religion, wie es Elia vollzogen haben soll, außerhalb jeglicher Möglichkeit.

Sieht man aber einmal von der blutigen Form der Auseinandersetzung ab, dann ist dem biblischen Erzähler darin Recht zu geben, dass das monotheistische Bekenntnis, zu dem Israel aufgrund langer prophetischer Belehrung und großer Leiderfahrung schließlich durchgestoßen war, nicht einfach ein Lippenbekenntnis bleiben konnte, sondern auch gesellschaftliche Auswirkungen haben musste. Ein Neuanfang nach einer langen Periode des Synkretismus war für Israel nur möglich, wenn es sich nicht nur von den fremden Göttern lossagte, sondern auch von den Scharlatanen, die es auf religiöse Abwege gebracht hatten, befreite. Man hätte sie ja nicht umbringen müssen, eine Ausweisung hätte gereicht!

Nachdem Elia die Baalverehrung beseitigt und den König und das Volk zu JHWH zurückgeführt hatte, konnte er endlich die lange Dürrenot beenden und den heißersehnten Regen heraufführen. Dies wird vom exilischen Erzähler im Schlussabschnitt 1. Kön 18,41–46 geschildert, wobei er eine alte Tradition von Elia als Regenmacher verwendete, die von einem guten Verhältnis zum König wusste. Wenn Elia in V.41 den König etwas abrupt auffordert, ein Stück weit den Karmel hinaufzusteigen, um das Fasten während der Dürrenot zu beenden und schon ein Freudenmahl zur Begrüßung des Regens zu halten, dann setzt das im jetzigen Kontext voraus, dass auch Ahab am Bach Kischon

---

27 Vgl. die problematische Aufnahme des Motivs im Bild von Lukas Cranach, s. u. 193–198.

dabei war und die Abschlachtung des Kultpersonals für Baal, das er zuvor gefördert hatte, widerspruchslos hingenommen hat. Auch Ahab war durch den Götterwettstreit offenbar voll zum JHWH-Glauben bekehrt. So konnte Elia wieder eng mit ihm zusammenarbeiten und seine Verantwortung für das Volk erneut anerkennen. Die Vorwegnahme des Fastenbrechens belegt erneut, wie sehr sich Elia seiner Vollmacht, den Regen auch tatsächlich bewirken zu können, bewusst war.

Während der König tafelte, stieg Elia allein, nur von einem Diener begleitet, auf die Spitze des Karmelbergrückens (1. Kön 18,42). Hier in der Abgeschiedenheit vollzog er sein Regenritual, indem er sich auf die Erde kauerte und sein Gesicht zwischen die Knie schob.[28] Dabei geht es wohl zum einen um eine meditative Haltung äußerster Konzentration, zum anderen aber wahrscheinlich auch um einen symbolischen Akt imitativer Magie, da der zusammengekrümmte Körper Elias in etwa der Form der Wolke »wie eine Männerfaust« entspricht, die nach vollzogenem Ritual schließlich erscheint (V. 44a). Durch seine ritualsymbolische Handlung suchte Elia Wolken und Regen regelrecht herbeizuzwingen, wobei die Bereitschaft Gottes, es wieder regnen zu lassen (18,1), vorausgesetzt ist. Sechs Mal vollzog er das Ritual, doch ohne Erfolg; immer meldete der ausgesandte Diener keinerlei Veränderungen am Himmel (V. 43). Erst beim siebten Mal stieg eine kleine Wolke aus dem Mittelmeer herauf (V. 44a). Seiner Sache sicher, schickte Elia seinen Diener zu Ahab, um ihn zum schnellen Aufbruch zu mahnen, da ein Unwetter bevorstehe (V. 44b). Schon

---

28 Der Gestus ist nicht ganz eindeutig; in den Lexika wird für das Verb *gahar* die Bedeutung »niederbeugen« oder »niederstrecken« angegeben; diese Bedeutung passt aber höchstens in 2. Kön 4,35, wo sich Elisa auf das tote Kind niederbeugt oder niederstreckt. Dagegen ist eine Haltung, in der man seinen Kopf zwischen die Knie steckt, nur in der Hocke möglich.

als Ahab zu seiner Residenz in Jesreel unterwegs war, brach ein gewaltiges Unwetter mit Regen und Sturm los (V. 45). Während der Heimfahrt Ahabs tauchte plötzlich Elia auf; von göttlichen Kräften auf wunderbare Weise gestärkt, lief er vor dem Wagen des Königs her, bis sie in Jesreel anlangten (V. 46).[29]

Der triumphale Lauf Elias vor dem heimkehrenden König ist gleich von mehrfacher Symbolik: Er symbolisiert den glänzenden Sieg Elias über die Baalspropheten, den König und das Volk, die neugewonnene Zusammenarbeit zwischen dem König und dem JHWH-Propheten zum Wohle Israels und die beanspruchte Vorordnung der Prophetie vor das Königtum. Der Erzähler will sagen: Dank Elia hatte Israel eine schwere Krise seiner Geschichte überwunden, dank der Gerichtspropheten im Gefolge Elias werden auch wir unsere nationale Katastrophe, das Exil, überwinden, wenn wir auf jene hören, und so die Chance zum Heil, die JHWH uns im Gericht eröffnet hat, ergreifen.

2.5 1. Kön 19: Der Kampf Elias darf nicht scheitern

Die optimistische Perspektive aus der späten Exilszeit, dass es Elia durch sein gerichts- und heilsprophetisches Wirken tatsächlich gelungen sei, das abtrünnige Israel samt seinem König vollständig zu JHWH zurückzuführen (1. Kön 18,36 ff.), konnte und wollte ein Erzähler aus der nachexilischen Zeit so nicht stehen lassen.

---

29 Dass Ahab nach Jesreel und nicht nach Samaria zurück fährt, hat wohl den Zweck, die Frage nach dem weiteren Schicksal des Baalstempels in der Hauptstadt offen zu lassen. Gleichzeitig wird zur Nabot-Erzählung 1. Kön 21 übergeleitet, die in Jesreel spielt. In der griechischen Bibel steht sie vor 1. Kön 20; berücksichtigt man, dass 1. Kön 19 eine spätere Erweiterung der Dürrekomposition darstellt, dann folgte wahrscheinlich die Nabot-Erzählung ursprünglich einmal direkt auf 1. Kön 18.

Hatten sich im nachexilischen Juda nicht neue religiöse (Jes 57,1–13; 65,1–7) und soziale Missstände (Jes 58; Neh 5) eingenistet? Und begegnete man nicht erneut den Propheten, die dagegen ihre kritische Stimme erhoben, mit Ablehnung, Misstrauen und Gleichgültigkeit (Jes 66,5). Und zeigte nicht das Deuteronomistische Geschichtswerk selber, dass der Kampf Elias auch nach seinem Sieg auf dem Karmel weiterging (1. Kön 21; 2. Kön 1)? Wenn Elia wirklich einen so durchschlagenden Erfolg gegen den Baalskult verzeichnet hätte, wie die Dürrekomposition an ihrem Ende behauptet, warum war dann die Jehurevolution, die Elisa initiierte (2. Kön 9–10), überhaupt noch nötig?

So ergänzte der nachexilische Erzähler die Dürrekomposition (1. Kön 17–18) um ein weiteres Kapitel, um dem fortwährenden Ringen der Propheten Raum zu geben und die Legitimation für eine Prophetie, die sich nicht ins politische Abseits drängen lassen wollte, zu verstärken. Er erzählt in 1. Kön 19, wie Elia vor der Morddrohung der Königin Isebel (V. 2) in die südliche Wüste fliehen muss und dort resigniert sterben will (V. 3–4), wie er aber durch einen Engel soweit gestärkt wird, dass er zum Gottesberg Horeb wandern kann (V. 5–7) und dort auf die Klage seines Scheiterns hin JHWH direkt begegnet (V. 9–14) und von ihm persönlich den neuen Auftrag zu einem konsequenten gerichtsprophetischen Wirken erhält (V. 15-18), das über seinen Tod hinaus weitergehen wird. Das Kapitel endet darum mit der Berufung Elisas zum Nachfolger Elias (V. 19–21).

Die Verknüpfung mit der Dürrekomposition erreicht der Erzähler durch die Notiz, dass Ahab nach der Heimkehr seiner Frau Isebel von den Wundertaten, die Elia auf dem Karmel getan hat, berichtet und auch die Ermordung der Baalspropheten durch ihn nicht verschweigt (1. Kön 19,1). Nach seiner Sicht schwor darauf Isebel Elia Rache. Mochte sich Ahab durch Elia beeindrucken lassen, so war sie keineswegs bereit, diesen Rückschlag in ihrem Kampf um die Durchsetzung des Baalskultes hinzunehmen. Sie schickte darum eine Botschaft an Elia, sie werde ihn innerhalb eines Tages umbringen lassen (V. 2).

Mit der Einführung Isebels eröffnet sich der nachexilische Erzähler die Möglichkeit, den Triumph Elias in ein Scheitern umkippen zu lassen. Da aber in der Dürrekomposition von Isebel bisher gar nicht die Rede gewesen war, fügt er dort drei verklammernde Passagen ein, die davon berichten, dass Isebel schon zuvor JHWH-Propheten habe blutig verfolgen lassen (1. Kön 18,3b–4.12b–14), während sie die Baals- und Ascherapropheten an ihrer Tafel verpflegt habe (18,19b).[30] D. h. vor und während der Karmelereignisse führte die phönizische Prinzessin einen regelrechten Religionskrieg; das Abschlachten der Baalspropheten durch Elia (18,40) war nach dieser Sicht nur eine Reaktion darauf. Und dieser Krieg setzte sich nun darin fort, dass Isebel ihre Religionsverfolgung auch auf Elia ausdehnte (19,2).

Vor dieser mörderischen Religionspolitik der Königin konnte, so meint der nachexilische Erzähler, Elia nur ausweichen. Er entzog sich dem Mordanschlag durch Flucht in den äußersten Süden (1. Kön 19,3). In Beerscheba, an der Grenze des Kulturlandes, entließ er seinen Diener, der ihm noch beim Regenritual geholfen hatte (18,43). Ganz allein ging er weiter nach Süden in die Wüste Negeb, setze sich unter einen Ginsterbusch, um dort in der Einsamkeit, ohne Wasser und Brot den Tod zu erwarten.

---

30 Mit der Einbeziehung der Ascherapropheten nahm dieser Erzähler die deuteronomistische Notiz in 1. Kön 16,33 auf; diese Ausweitung soll die Klage Elias über den totalen Abfall Israels in 19,10.14 besser motivieren. Aus diesem Grunde ist in 1. Kön 19,1 nicht mehr von Baalspropheten, sondern von den Propheten ganz allgemein die Rede.

1. Kön 19,4   Dann wünschte er sich den Tod und sprach: »Es ist
genug; nun, JHWH, nimm mein Leben, denn ich bin
auch nicht besser als meine Väter.«

Nur ganz selten lassen sich die Menschen des Alten
Testaments von der Todessehnsucht übermannen; Jeremia und Hiob verfluchten den Tag ihrer Geburt (Jer
20,14–18; Hi 3); die gescheiterten Könige Saul und
Simri legten sogar Hand an sich (1. Sam 31,4; 1. Kön
16,18). Normalerweise hingen die alttestamentlichen
Menschen wie Kletten an ihrem Leben; Lebensfreude
und Gotteslob waren für sie identisch (Jes 38,19). Wenn
Elia, der lange so feurig und furchtlos für JHWH gekämpft hat, diesen um die Beendigung seines Lebens
bittet, dann wird das nur dadurch verständlich, dass
er sich während seiner Flucht des totalen Scheiterns
seiner Mission bewusst geworden ist (vgl. seine Klage
1. Kön 9,10.14). Er musste sich eingestehen: Angesichts
der Verfolgung der JHWH-Religion durch die Königin
war sein Sieg auf dem Karmel nur ein Strohfeuer. Selbst
mit seiner beeindruckenden, von Gott gewährten Vollmacht war er nicht erfolgreicher als frühere Propheten, die keine Berühmtheit erlangt hatten; fast wäre er
wie einer der vielen namenlosen JHWH-Propheten den
Massakern Isebels zum Opfer gefallen. Sein Leben hatte jeglichen Sinn verloren.

Doch Gott dachte gar nicht daran, der Todessehnsucht seines gescheiterten Propheten nachzugeben.
Bevor Elia, ausgezehrt wie er war, in der kalten Wüs-
tennacht in den Todesschlaf hinüberdämmern konnte, wurde er von einem Engel geweckt, der ihn durch
wunderbar bereitgestelltes Wasser und Brot zum Leben
verführte (1. Kön 19,5–6a). Doch noch war Elia viel zu
erschöpft, um aktiv zu werden; sofort schlief er wieder
ein (V. 6b). So wurde er von dem Engel JHWHs erneut
geweckt, zum Essen ermuntert und auf eine weite Rei-

se geschickt (V. 7). Diesmal ließ sich Elia aufmuntern, machte sich auf den Weg und gelangte, gestärkt durch die wunderbare Speise, in vierzig Tages- und Nachtmärschen zum Gottesberg Horeb. Woher Elia dieses Ziel wusste, ob er es schon bei seiner Flucht angesteuert hatte, oder ob ihn ein geheimer Drang unbewusst in die Nähe Gottes zog, läßt der Erzähler absichtlich offen, um das Wunder göttlicher Fürsorge, das Elia in seiner Verzweiflung und Orientierungslosigkeit erfahren hat, hervorzuheben.

So auf wunderbare Weise auf den Gottesberg geholt, wurde Elia aber nun keineswegs gleich zu Gott vorgelassen. Der Erzähler betont die Distanz, die trotz aller Fürsorge zwischen JHWH und seinem prophetischen Diener besteht, dadurch, dass er Elia am Horeb ein regelrechtes Hofzeremoniell durchlaufen lässt. Zuerst wird er wie bei einer königlichen Audienz quasi im Vorzimmer nach seinem Anliegen gefragt und erhält Anweisungen für die Begegnung (V. 9–12), erst dann trifft er direkt mit Gott zusammen, wird erneut nach seinem Anliegen gefragt und erhält von ihm einen neuen Auftrag (V. 13–18).[31] Die Verdoppelung einiger Erzählzüge (V. 9–10 parallel 13–14) ist also beabsichtigt, um damit die Majestät JHWHs und den würdevollen Charakter der Begegnung mit seinem Propheten zu betonen.

Am Gottesberg angekommen, legte sich Elia in einer Höhle schlafen und wurde vom »JHWH-Wort« einer Audition gewürdigt (1. Kön 19,9). Dessen Frage nach seinem Anliegen gab dem Propheten die Gelegenheit, seiner ganzen Frustration klagend Ausdruck zu verleihen:

1. Kön 19,10 Da sprach er: »Ich habe geeifert für JHWH, den Gott Zebaoth, denn die Israeliten haben deinen Bund verlassen, deine Altäre haben sie niedergerissen und

---

31 So richtig erkannt von K. SEYBOLD, Elia am Gottesberg, 1973, 8–9; inzwischen von vielen akzeptiert, vgl. etwa M. BECK, E. BLUM und S. OTTO.

deine Propheten haben sie mit dem Schwert getötet. So bin ich allein übrig geblieben, doch sie trachten, mir das Leben zu nehmen.«

Elia hatte für Gott »voll Eifer geeifert« (*qanno' qinne'ti*)[32], d. h., leidenschaftlich für die alleinige Anerkennung JHWHs unter den Israeliten gekämpft, hatte sich mit all' seiner Kraft gegen den schlimmen Abfall Israels angestemmt, doch ohne Erfolg. So abtrünnig Israel zuvor schon gewesen war, genauso verharrte es trotz seines Einsatzes in einer aggressiven JHWH-Feindschaft. Erstaunlich ist, wie stark der nachexilische Erzähler hier Israels Abfall von JHWH generalisiert und steigert. Die Israeliten hatten seiner Meinung nach nicht nur ihr Verhältnis zu JHWH aufgekündigt, »den Bund verlassen«, wie es in den exilischen Sündenbekenntnissen (5. Mose 29,24; Jer 22,9) geheißen hatte, sie hatten darüber hinaus auch die JHWH-Heiligtümer demoliert und die JHWH-Propheten umgebracht. Die Errichtung von Baalsaltären durch Ahab (1. Kön 16,32) wird vom Erzähler als Niederreißen von JHWH-Altären aufgefasst,[33] die Verfolgung der JHWH-Propheten durch Isebel (18,4.13) wird auf das ganze Volk übertragen. Nach seiner Sicht ist Elia faktisch als einziger JHWH-Verehrer von Bedeutung übrig geblieben, und auch den wollen sie nun noch umbringen.

---

32 Die sogenannte *figura etymologica*, die den Infinitiv absolutus derselben Wurzel vor die flektierte Verbalform stellt, dient im Hebräischen der Verstärkung und Intensivierung einer Handlung. Mit dem Nomen *qin'ah* hatte Jehu in 2. Kön 10,16 seinen Einsatz für JHWH bei der Zerstörung des Baalskultes von Samaria bezeichnet.

33 Wegen dieser generalisierten Anklage, welche die Beseitigung aller Kultstätten für JHWH beinhaltete, wurde in 1. Kön 18,30b vom Erzähler die Notiz eingefügt, dass Elia für die Opferprobe den niedergerissenen JHWH-Altar auf dem Karmel wieder »heilte«.

Selbst wenn man in Rechnung stellt, dass der Erzähler den Propheten in seiner Verzweiflung die Lage ein Stück weit überzeichnen lassen will – aus Gottes Sicht gab es, wie wir später hören werden, noch 7000 JHWH-Treue (V. 18) –, ging es ihm beim Baalskult der Ahabzeit offenbar um den Fortbestand der JHWH-Religion. Schon die exilischen Theologen hatten erkannt, dass das Gericht für die Israeliten unausweichlich wurde, als diese über ihre sozialen, politischen und religiösen Sünden hinaus auch noch gegen die Propheten, die diese Missstände im Namen JHWHs aufgedeckt hatten, gewaltsam vorgingen (Am 2,12; 7,10–8,2; Jer 11–20). Der Anschlag auf das Gotteswort war für sie ein unvergebbares Verbrechen, sozusagen eine »Sünde gegen den Heiligen Geist« (Mk 3,29). Der nachexilische Erzähler von 1. Kön 19 sieht in der Verfolgung und Ermordung der JHWH-Propheten unter Ahab und Isebel, die in dem Mordanschlag auf Elia kulminierten, nun sogar den Bestand der JHWH-Religion als ganzer gefährdet. Denn wenn die Propheten die letzten Mahner zum wahren JHWH-Glauben waren, wie konnte dieser weiter existieren, wenn man jene umbrachte?

Doch erst einmal erhielt Elia in der Berghöhle auf seine Klage keine Antwort. Sie wurde nur insofern als substantiell anerkannt, als ihm »das JHWH-Wort« Anweisungen erteilte, wie er JHWH persönlich auf dem Gottesberg begegnen könnte:

1. Kön 19,11   Da sprach es: »Geh hinaus und stelle dich auf den Berg vor JHWH! Und siehe, JHWH wird vorübergehen, und ein großer und starker Sturm, der die Berge zerreißt und die Felsen zerbricht wird vor JHWH sein, doch JHWH wird nicht im Sturm sein. Und nach dem Sturm ein Beben, doch JHWH wird nicht im Beben sein.

12   Und nach dem Beben ein Feuer, doch JHWH wird nicht im Feuer sein. Und nach dem Feuer die Stimme eines leisen Säuseln.«

Das Verständnis dieser beiden Verse macht bis heute Schwierigkeiten, da die Ankündigung im Hebräischen aus lauter Nominalsätzen besteht, deren Zeitstufe nicht klar festgelegt ist. So fasst man die Sätze nach der unstrittigen Ankündigung »Und siehe, JHWH, wird vorübergehen« häufig als den Bericht von der Gotteserscheinung auf und übersetzt sie in der Vergangenheit: »Und ein großer und starker Sturm … war vor JHWH, doch JHWH war nicht im Sturm …«, weil Elia im folgenden Vers schon auf diese reagiere:

> 1. Kön 19,13 Als Elia (das) hörte, verhüllte er sein Gesicht in seinem Mantel und ging hinaus und stellte sich an den Eingang zur Höhle. Und siehe eine Stimme (kam) zu ihm und sprach: »Was willst du hier Elia?«

Doch wird der Übergang von der Rede zur Schilderung in V. 11 nicht syntaktisch markiert – im Hebräischen müssten Narrative stehen – und es bliebe unklar, wer denn die Feststellungen, dass JHWH nicht in den gewaltigen Naturerscheinungen anwesend ist, hätte treffen können, da sich Elia ja noch in der Höhle befand. So ist es besser, mit H. S. SCHMOLDT V. 11–12 insgesamt als Ankündigung aufzufassen,[34] die Elia den ganzen Ablauf der Gotteserscheinung im Voraus mitteilt, damit er weiß, wann er die Höhle gefahrlos verlassen und JHWH treffen kann. Die Schilderung der Theophanie fehlte dann zwar, aber dies ist in der verkürzenden hebräischen Erzählweise problemlos möglich.[35]

Das Kommen JHWHs auf den Gottesberg, so wurde Elia vom JHWH-Wort belehrt, würde zwar unter den üblichen welterschütternden Naturerscheinungen, Ge-

---

34 H. S. SCHMOLDT, Elijas Begegnung mit Jahwä, 1988, 22–25; diese Auslegung wird auch von der griechischen Bibel gestützt.

35 Vgl. den göttlichen Auftrag an Elia 1. Kön 21,17-19, auf den sogleich die Reaktion des Königs erfolgt (V. 20), ohne dass dessen Ausführung erzählt wird.

wittersturm und Erdbeben, erfolgen, wie dies auch in der Erzählung von der Gotteserscheinung am Sinai vor Mose und dem Volk geschildert worden war (2. Mose 19–20), aber diese waren, so hält der nachexilische Erzähler gegenüber der älteren Tradition korrigierend fest, als reine Vorboten zu verstehen, mit denen JHWH substantiell nichts zu tun hatte. Konnte JHWH in der Frühzeit Israels wie ein Wettergott seine Gebote vom Gottesberg aus im lauten Donnergetöse verkünden (2. Mose 19,19; 20,1 ff.), so würde er Elia im »Geräusch eines leisen Säuseln« (1. Kön 19,12) nahe kommen. Dem nachexilischen prophetischen Erzähler war es wichtig, JHWH im Kampf gegen den Wettergott Baal von seiner eigenen Wettergottvergangenheit zu lösen. JHWH war wesensmäßig ein völlig anderer; seine Offenbarung erfolgte nicht aus den gewaltigen Wettererscheinungen heraus, sondern aus der großen Stille nach dem Sturm.

Es ist wahrscheinlich, dass der prophetische Erzähler mit dieser korrigierenden Anknüpfung an die Sinai-Erzählung die Offenbarung JHWHs an Elia mit der an Mose geschehenen grundsätzlich vergleichbar machen, wenn nicht sogar als überlegen darstellen wollte. Wie an Mose, der sich in einer Felsspalte verbarg (2. Mose 33,19.22), so war JHWH auch an Elia, der sich schützend mit seinem Mantel verhüllte, vorübergegangen (1. Kön 19,11.13). Wie konnten da einflussreiche Kreise in der nachexilischen Zeit behaupten, es gäbe außer der mosaischen gar keine weitere göttliche Offenbarung? Während Mose JHWHs Worte aus dem lauten Donnergetöse vernahm, sollte Elia seine göttlichen Anweisungen aus der großen Stille heraus in aller Verständlichkeit erhalten. War damit vom Prophetenwort nicht eine mindestens gleichwertige, wenn nicht sogar klarere Botschaft des göttlichen Willens zu erwarten?

Nachdem Elia von der göttlichen Stimme nach seinem Begehr gefragt worden war (1. Kön 19,13), hatte

Elia Gelegenheit, JHWH persönlich seine Klage über seinen vergeblichen Kampf um den Fortbestand der JHWH-Religion vorzutragen (V. 14). Doch JHWH reagierte weder entsetzt noch erstaunt; er hatte für seinen gescheiterten Propheten kein Wort des Mitleids oder des Trostes übrig. Stattdessen überhäufte er Elia knapp und sachlich mit einer ganzen Serie neuer Anweisungen, wie sein gescheiterter Kampf doch noch zum Erfolg geführt werden sollte: Elia sollte drei Personen »salben«, d. h. in Amt und Funktion einsetzen, nämlich Hasael zum König von Aram, Jehu zum König von Israel und Elisa zu seinem eigenen Nachfolger (V. 15 f.), damit diese mit voller göttlicher Legitimation Israel soweit dezimierten, dass nur die 7000 übrig bleiben würden, die nicht zu Baal abgefallen waren (V. 17 f.). Das furchtbare Läuterungsgericht, zu dem JHWH Elia vom Horeb aus persönlich beauftragte, würde somit begrenzt bleiben; es zielte auf die Rettung des JHWH-Glaubens in Israel. Aber es würde Tausende von Opfern kosten.

Mit diesem neuen göttlichen Auftrag an Elia öffnet der nachexilische Autor den Horizont weit in die folgende Geschichte Israels hinein: Nicht Elia selbst, wohl aber sein Nachfolger Elisa war bei der Usurpation Hasaels zum König von Aram beteiligt (2. Kön 8,7–15), der, zuerst mit Jehu verbündet, zu einem der ärgsten Feinde Israels werden sollte (10,32; 13,3–7). Ein Schüler Elisas wiederum salbte den Offizier Jehu heimlich zum Gegenkönig und setzte damit die blutige Jehurevolution in Gang (9,1 ff.), die in der Tat zu einer Zerstörung des Baalskultes in Samaria führte. Damit verlor aber Israel seine phönizischen Verbündeten und war schutzlos den Aramäern ausgeliefert, die es ein halbes Jahrhundert lang bekriegten und fast in die Knie zwangen.

Dieser turbulenten und leidvollen Zeit gibt der nachexilische Erzähler von der Gottesoffenbarung auf dem Horeb her eine neue Deutung. Er versteht sie als

Läuterungsgericht, das JHWH persönlich aufgrund des Scheiterns Elias anordnete. Aufgrund des aktuellen Notstands, dass sogar die Fortexistenz der JHWH-Religion auf dem Spiel stand, hatte seiner Meinung nach JHWH sogar das nicht ganz unproblematische, direkte politische Eingreifen der Propheten, das über die Wortvermittlung hinausging, für diese Periode ausdrücklich gebilligt. Die teilweise schlimmen Folgen, die es in der Jehurevolution und den Aramäerkriegen hervorrief, durften darum nicht dazu verwendet werden, die Prophetie umstürzlerischer Umtriebe zu verdächtigen und sie ins politische Abseits zu drängen. Solche waren von Jahwe ausdrücklich beabsichtigt; ging es doch damals um nichts weniger als um das Überleben des JHWH-Glaubens in Israel.

Der Erzähler schildert nun, wie die persönliche Begegnung mit JHWH den Propheten Elia vollständig verwandelte. Seine Resignation war verflogen; sofort machte er sich auf den Weg, um für die Fortsetzung seines Kampfes über seinen Tod hinaus Sorge zu tragen: Er berief Elisa, den er beim Pflügen traf, zu seinem Nachfolger (1. Kön 19,19–21). Der Umstand, dass Elia Elisa nicht salbte, wie man von V. 16 her erwarten sollte, sondern stattdessen seinen Mantel, mit dem er sich vor Gott geschützt hatte (V. 13), auf ihn warf, erklärt sich daraus, dass der Erzähler hier eine ihm vorgegebene Szene aus der Elisatradition verwendete. Elisa, so schilderte sie, war durch diesen Akt wie elektrisiert: Er verließ seine Rinder und rannte hinter Elia her (V. 20a). Umgehend verabschiedete er sich von seinen Eltern (V. 20b), ohne Zögern opferte er seine Zugtiere und verbrannte seinen Pflug. In einem Abschiedsmahl mit seiner Sippe brach er alle Brücken zu seiner bisherigen Existenz ab (V. 21). So getrennt von allen verwandtschaftlichen Verpflichtungen und Sicherungen, war Elisa bereit zur Nachfolge Elias; er war frei, den prophetische Kampf für JHWH an seiner Seite aufzunehmen und statt seiner fortzuführen.

2.6 2. Kön 2: Elia fährt feurig zum Himmel

Unmittelbar an die Episode von der Berufung Elisas in 1. Kön 19,19–21 schloss einmal im Rahmen der »Elisabiographie« die Erzählung von der Himmelfahrt Elias 2. Kön 2,1–15 an, bei der Elisa mit dem Geist Elias ausgestattet wird. Der nachexilische Erzähler von 1. Kön 19, der diese umfangreiche Sammlung von Elisa-Erzählungen (19,19–21+2. Kön 2,1–6,23*;13,14–21) aus dem 8. Jh. in das Deuteronomistische Geschichtswerk einschob, musste diese mit Rücksicht auf die darin schon fest verankerten Elia-Erzählungen (1. Kön 21; 2. Kön 1) auseinanderreißen.[36] Doch das in 1. Kön 19 angeschlagene Thema der Nachfolge Elias wird trotz der Unterbrechung in 2. Kön 2 weiterentwickelt: Es wird erzählt, wie aus dem berufenen Prophetenjünger, der alles aufgab, um seinem Meister nachzufolgen, bei dessen wunderbarem Ende ein würdiger Nachfolger Elias wurde, der über eine ähnliche von Gott geschenkte Vollmacht verfügte. Nicht die Entrückung Elias in den Himmel steht somit im Zentrum des Kapitels, so außergewöhnlich und spektakulär sie auch ist,[37] sondern die Autorisierung Elisas zu dessen legitimem Nachfolger.

Die Erzählung beginnt nicht mit einer Exposition, sondern – ganz ungewöhnlich – mit einer Art thematischen Zuordnung des folgenden Geschehens:

---

36 Vgl. im Einzelnen oben 85 f.

37 Elia ist der einzige Israelit, von dem im Alten Testament ein solches Schicksal erzählt wird. Sonst wird nur noch – sehr viel schlichter – von der Entrückung des vorsintflutlichen Henoch berichtet (1. Mose 5,24).

2. Kön 2,1a Es geschah, als JHWH Elia im Sturm zum Himmel auffahren ließ …

Der Satz appelliert an das Vorwissen der Hörer und Leser über Elias wunderbares Ende; selber den prophetischen Zirkeln zugehörig oder doch nahestehend, kennen sie längst Erzählungen über die dramatische Himmelfahrt Elias. Der Erzähler möchte ihnen nur bestimmte Begleitumstände zu diesem Ereignis schildern, die ihm besonders wichtig sind. Diese betreffen vor allem das Verhalten Elisas vor und während der Himmelfahrt. In einer längeren vorbereitenden Handlung (2. Kön 2,1–7) berichtet der Erzähler, wie sich Elisa während der hektischen Wanderungen Elias vor seiner Entrückung nicht abschütteln ließ, sondern immer wieder treu seinen Meister begleitete (V. 1b–3.4–5.6–7). In der Haupthandlung (V. 8–12) schildert er, wie Elisa als treuer und furchtloser Jünger während der Himmelfahrt Elias mit dem Geist Elias ausgestattet wurde. Und im Schlussteil (V. 13–15) weist er auf, wie Elisa bei seiner Rückkehr seine Vollmacht demonstrierte und von den Prophetenschülern als legitimer Nachfolger Elias anerkannt wurde. Dagegen stellen V. 16–18 einen Nachtrag dar, der nachweisen will, dass Elia wirklich in den Himmel entrückt wurde und nicht etwa eine irdische Geistentführung erlebte, wie sie bei Propheten vorkam (vgl. 1. Kön 18,12; Ez 3,12; 8,3; 11,1; 43,5).

Das Problem der Auslegung von 2. Kön 2 besteht darin, dass der prophetische Erzähler in seiner Variante der Himmelfahrtserzählung vieles nur andeutet oder gar offen lässt, weil er auf ein Vorwissen seines prophetisch gebildeten Fachpublikums vertrauen kann, das uns nicht mehr zur Verfügung steht. Wir wissen z. B. nicht, warum Elia kurz vor seinem Ende eine derart hektische Reisetätigkeit entwickelt haben soll. Von Gilgal, einem noch nicht eindeutig identifizierten Ort im

Jordangraben in der Nähe von Jericho, wo die Prophetenschule Elisas ihren Wohnsitz hatte (2. Kön 4,38; vgl. 6,1–7), ging es hinauf ins Gebirge nach Bethel, dem Ort des wichtigsten nordisraelitischen JHWH-Heiligtums (1. Mose 28,10–22; 1. Kön 12,26–32), wo es offenbar auch Propheten gab (2. Kön 2,3), von dort wieder hinunter in den Jordangraben nach Jericho (V. 4) und dann über den Jordan hinüber in die Jordanwüste (V. 7 f.). Das ist ein Gesamtweg von etwa 65 km Länge, wobei zweimal ein Höhenunterschied von über 1000 m durch eine raue Bergwüste bewältigt werden muss. Ein regelrechter Gewaltmarsch, und das in nur 1–2 Tagen! Wozu? Wollte Elia von den Prophetengruppen Abschied nehmen? Hatte er noch Heilungen zu erledigen? Suchte er ruhelos nach einem geeigneten Ort für sein Ableben? Wir wissen es nicht. Dem Erzähler ist es nur wichtig zu betonen, dass JHWH Elia den Befehl zur Wanderung an diese Orte erteilt hat; damit nimmt er das Bild eines total von Gott her gesteuerten Propheten auf (vgl. 1. Kön 17,3; 18,1; 19,15; 21,18); doch die Aufträge, die normalerweise damit verbunden waren, lässt er im Dunkeln.

Glaubt man dem Erzähler, so wollte Elia bei diesen seinen letzten Reisen allein sein. Dreimal forderte er Elisa auf zurückzubleiben (2. Kön 2,2.4.6). Wollte er ihn schonen vor der nicht ganz ungefährlichen Gottesbegegnung? Wollte er seinem Gott allein entgegentreten? Aber Elisa ließ sich nicht abwimmeln. Mochten auch die Befehle Gottes noch so unverständlich und die Wege noch so anstrengend sein, er wollte seinen Herrn und Meister, wegen dem er alles aufgegeben hatte, niemals verlassen, sondern ihm bis ans Ende nachfolgen. Dreimal widersetzte er sich der Aufforderung Elias und schwor ihm seine unbedingte Treue (V. 2.4.6). Auch die Warnungen der Prophetenschüler, dass die spektakuläre Entrückung Elias unmittelbar bevorstände (V. 3.5), konnten ihn nicht davon abhalten, seinen Herrn auf diesem schweren Weg zu begleiten. Jetzt war nicht der Ort für aufgeregte Angst, Trauer oder Sensationslust, jetzt galt es, treu bei der Sache zu bleiben, deswegen herrschte er die Prophetenschüler an: »Schweigt still!« (V.3.5). Während die Prophetenschüler bei der letzten Reise in einiger Entfernung vom Jordan respektvoll zurückblieben, zögerte Elisa nicht, mit Elia auch noch das letzte Stück des Weges über den Jordan zu gehen (V.7). Wenn der Erzähler gegen Ende dieses Weges ausdrücklich betont, dass Elia und Elisa »beide miteinander gingen« (V.6), »beide an den Jordan traten« (V.7) und »beide den Jordan durchquerten« (V.8), dann will er damit zum Ausdruck bringen, wie Elisa durch seine vorbehaltlose Nachfolge schon während der Wanderung vom untergeordneten Prophetenjünger zum gleichgeordneten Juniorpartner Elias aufstieg.[38]

Am Jordan angekommen, gab Elia ein letztes Zeichen seiner außergewöhnlichen Wundermacht. Er wickelte seinen Mantel zusammen und schlug auf das Wasser; darauf teilte sich das Wasser des Flusses, und Elia und Elisa konnten trockenen Fußes das Jordanbett durchqueren (2. Kön 2,8). Warum Elia seine Entrückung jenseits des Jordans erwartete, wird vom Erzähler nicht gesagt. Sollte damit eine Analogie zum Jordandurchzug Josuas (Jos 3–4) oder zum Schilfmeerdurchzug Moses (2. Mose 14) hergestellt werden, wie einige Ausleger annehmen?[39] Wollte Elia den Weg zurückwandern, den Israel unter Josua bei der Einwanderung nach Kanaan gegangen war, in Richtung auf das Grab des Mose am Nebo, wie H. Gese vermutet?[40] Doch lassen sich keinerlei bewusste Anspielungen auf solche heilsgeschichtlichen Zusammenhänge

---

38 So richtig beobachtet von C. Schäfer-Lichtenberger, 1989, 214 f.
39 Vgl. F.Crüsemann, Elia, 1997, 139 f.; V.Fritz, Könige II, 1998, 13 u.a.
40 Vgl. H. Gese, Zur Bedeutung Elias, 1997, 140 f.

nachweisen.[41] Deutlich ist allein, dass die Aufnahme Elias in die Sphäre Gottes nur völlig abseits menschlicher Besiedlung in der totalen Einöde der Jordanwüste stattfinden kann, »in einer Situation totaler Ausgeliefertheit und Ungesichertheit«.[42] Ob Elia dabei der Nähe seiner ostjordanischen Heimat zustrebte, wie F. CRÜSEMANN erwägt,[43] sei dahingestellt.

Erst als sie das jenseitige Jordanufer erreicht hatten und ganz allein waren, verwickelte Elia Elisa in ein Gespräch. Beeindruckt durch so viel Treue, stellte er seinem potentiellen Nachfolger einen Wunsch frei (2. Kön 2,9). Und dieser bewies dadurch seine Qualifikation, dass er nicht um äußere Dinge bat, etwa den Mantel, mit dem Elia ihn berufen hatte (1. Kön 19,19) und solche Wunderdinge vollbringen konnte, sondern um einen Anteil an seiner geistigen Vollmacht. Wenn dabei Elisa um »zwei Portionen«, d. h. um Zweidrittel des Geistes Elias bittet, dann bezieht sich das zurück auf das Erstgeburtsrecht, bei dem der erstgeborene Sohn einen solchen doppelten Anteil am Erbe bekommen soll (5. Mose 21,17), um den väterlichen Besitz zusammenzuhalten. Elisa wollte nicht unbescheiden sein, er wollte nicht die ganze geistige Kraft Elias für sich beanspruchen, aber er wollte doch mehr als alle anderen zusammen, um damit die Führungsrolle über die Prophetenjünger übernehmen und das Werk Elias fortführen zu können. Dass die Nachfolge im Amt durch eine Anteilgabe am Geist einer Person geschieht, findet sich sonst nur noch bei Mose in einer nachexilischen Erzählung (4. Mose 11,17 f. 24 f.).

---

41 In den Erzählungen vom Schilfmeerdurchzug des Mose (vgl. 2. Mose 14, 9.16.21b) und vom Jordandurchzug Josuas (vgl. Jos 3,13.16; 4,7) werden ganz andere Verben und Vorstellungen verwendet als in 2. Kön 2,8.
42 So richtig C. SCHÄFER-LICHTENBERGER, 1989, 217.
43 F. CRÜSEMANN, Elia, 1997, 140.

Erstaunlicherweise reagierte Elia auf die kluge Bitte Elisas zurückhaltend; er sah sich von ihr überfordert (2. Kön 2,10). So sehr ihm seine Vollmacht zu Gebote stand, so wenig konnte er über seinen Geist verfügen. Allein Gott stand es zu, seinen prophetischen Geist mitsamt »magischer« Vollmacht von ihm auf Elisa zu übertragen. Darum konnte Elia seinem treuen Gefährten keine Versprechungen machen, aber er wollte ihm doch ein tröstendes Zeichen geben, an dem er die Erfüllung seines Wunsches ablesen konnte: Sofern ihm gewährt werden würde, die Entrückung Elias zu sehen, käme darin die Zusage Gottes zum Ausdruck. In diesem Erzählzug macht der Erzähler noch einmal unmissverständlich deutlich, dass die außergewöhnliche prophetische Vollmacht Elias, für die er berühmt wurde, bis zum Schluss in der göttlichen Verfügung blieb.

Ohne jede Vorwarnung, mitten in das theologische Gespräch der beiden Propheten hinein, geschah urplötzlich die göttliche Erscheinung, die Elia in den Himmel entrückte:

2. Kön 2,11 Während sie weiter gingen und weiter sprachen, siehe, da erschien ein Feuerwagen mit Feuerpferden und trennte die beiden. Da fuhr Elia im Sturmwind auf zum Himmel.

Die Entrückung Elias trägt Züge einer Gotteserscheinung: Der feurige Streitwagen erinnert an das Motiv von JHWH als Wolkenreiter (Ps 68,5; Hab 3,8), der die Blitze zucken lässt; der Sturmwind (hebräisch: sa'arah) ist ebenfalls eine typische Begleiterscheinung der Theophanie.[44] Es besteht somit kein Anlass, eines der beiden Elemente literarkritisch auszusondern.[45] Zuerst wurde Elia durch einen Wagen der himmli-

44 So auch in 2. Kön 2,1; vgl. Hi 38,1; 40,6; Ez 1,4; 13,13; Jes 29,6; Jer 23,19; 25,32; Am 1,14; Sach 9,14; Ps 83,16.

schen Streitmacht von seinem irdischen Gefährten Elisa getrennt und sodann wurde er im Sturmwind in die Sphäre Gottes geholt. JHWH nahm somit den Propheten, der als erster entschieden für seine alleinige Verehrung eingetreten war und an den er sich so eng wie an keinen anderen gebunden hatte, zu sich in sein Reich. Mochte Elia mit seiner Mission auch letztendlich gescheitert sein, dennoch wurde er an seinem Ende durch die Entrückung in den Himmel von Gott auf wunderbare Weise bestätigt.

Nach der Darstellung des Erzählers war Elisa der einzige, der die theophane Entrückung Elias schaute; die Prophetenschüler bekamen aus der weiten Entfernung höchstens die Begleiterscheinungen mit:

> 2. Kön 2,12   Während Elisa (das) sah, schrie er laut: »Mein Vater, mein Vater, Streitwagen Israels und seine Gespanne!« Als er ihn nicht (mehr) sah, packte er seine Kleider und riss sie in zwei Teile.

Die göttliche Bestätigung für die Anteilgabe am Geist Elias war somit eingetreten. Elisa wurde Augenzeuge der Entrückung seines Meisters; mehr noch, er wurde von dem feurigen Streitwagen, der ihn von Elia trennte, nicht etwa verletzt oder gar getötet. War er damit von Gott zum Nachfolger Elias ausersehen? Unter dem gewaltigen Eindruck der machtvollen Erscheinung machte Elisa seinem Schrecken und seiner Faszination in einem lauten Schrei Luft. In der Situation des Abschieds erkannte er Elia als seinen geistigen Ziehvater an und versicherte ihm nachrufend seine nicht endende Verbundenheit. Und animiert von der himmlischen Erscheinung, erkannte er im Scheiden, was Elia für Israel gewesen war: Eben nicht ein Verderber, der sein

---

45 Gegen H.-C. SCHMITT, Elisa, 1972, 103 f.; E. WÜRTHWEIN, Könige II, 1987, 273 f.; 277; V. FRITZ, Könige II, 1998, 13.

Volk und dessen Könige schädigen wollte, sondern eine Schutzmacht, die es aus Gefahren errettete.[46]

Allerdings bleibt diese begeisterte Würdigung Elisas in der vorliegenden Fassung der Himmelfahrtserzählung mehr ein Nebengedanke. Entscheidend für den Erzähler aus dem Kreis der Elisajünger war es, stattdessen aufzuzeigen, dass die Bevollmächtigung Elisa als Nachfolger Elias während der göttlichen Erscheinung auch wirklich stattgefunden hatte. Darum hängte er an die Schilderung der Entrückung Elias noch eine längere Schlussszene an (2. Kön 2,13–15). Darin schilderte er, wie Elisa, der seine Kleider aus Trauer in zwei Teile gerissen hatte, überraschenderweise den Mantel Elias fand, der bei dessen Himmelfahrt auf den Boden gefallen war (V. 13.14). Elisa hatte diesen »Zaubermantel« nicht erbeten, doch bekam er ihn nun »vom Himmel« geschenkt. Anstelle seiner zerrissenen Kleider, welche die Trennung von seinem Meister symbolisierten, wurde er nun mit dem heilen Mantel Elias ausgestattet.

Kaum dass er den Mantel gefunden hatte, kehrte Elisa umgehend zum Jordan zurück, um auszuprobieren, ob er von Gott die geistige Vollmacht Elias übertragen bekommen hatte. Konnte er mit dem Mantel dieselben Wunder wie Elia vollbringen (V. 14)? Eigenartigerweise schildert dies der Erzähler auf eine etwas komplizierte Weise:

2. Kön 2,14   Darauf nahm er den Mantel Elias, der von ihm abgefallen war, und schlug auf das Wasser, dann sprach er: »Wo ist JHWH, der Gott Elias, ja, er?« Dann schlug er auf das Wasser, darauf teilte es sich hierhin und dorthin.

---

46 Der Ausruf begegnet – auf Elisa bezogen – noch einmal in 2. Kön 13,14 und rahmt die gesamte »Elisabiographie«. Wahrscheinlich war er ursprünglich ein Ehrentitel Elisas und bezog sich auf seine hilfreichen »magischen« Fähigkeiten bei den Aramäerkriegen. Durch die Übertragung auf Elia, wird der Titel weiter metaphorisiert.

Es wird erzählt, dass Elisa – anders als Elia in V.8 – zweimal das Wasser schlug und dazwischen die Frage nach der Anwesenheit Gottes stellte. Dies könnte man zur Not so verstehen, dass Elisa während des Schlagens seine Worte sprach.[47] Doch wird die Gleichzeitigkeit syntaktisch nicht angezeigt; im Hebräischen stehen sämtlich Narrative, die gewöhnlich eine Handlungskette bezeichnen. So möchte ich die Abfolge so deuten, dass Elisa den Mantel Elias ein erstes Mal auf das Wasser schlug und dabei nichts passierte,[48] dass er daraufhin seine fordernde Klage erhob, wo denn JHWH nun sei, er darauf erneut auf das Wasser schlug und sich erst dann das Wasserwunder ereignete. Versteht man die Erzählung so, dann wird verständlicher, warum Elisa Klage gegen JHWH erhob. Der Erzähler will mit dem Motiv des anfänglich gescheiterten Wunders klarstellen, dass es sich bei dem Mantel Elias eben nicht um einen »Zaubermantel« handelt, in dem magische Kräfte stecken, die automatisch wirken. Vielmehr beruht seine Wunderwirkung darauf, dass Gott beim Ritual anwesend ist und beim ritualsymbolischen Akt des Schlagens das Wasserwunder wirkt. Und in der Tat: Elisa konnte durch seinen Klageruf JHWH dazu bewegen, sich an ihn und seine Handlung zu binden und das Wunder zu wirken. Wenn er dabei JHWH speziell als »Gott Elias« apostrophiert, dann geht es ihm darum, JHWH an die enge persönliche Bindung, die er mit Elia eingegangen war, zu erinnern und ihn zu bewegen, diese auf seine eigene Person zu übertragen. So wurde das eingetretene Wunder zum Beweis der Selbstbindung JHWHs an Elisa.

---

47 So etwa H. C. SCHMITT, Elisa, 1972, 201; E. WÜRTHWEIN, Könige II, 1987, 273.

48 So sachlich richtig ergänzt von einem Teil der griechischen und lateinischen Überlieferung.

Die Prophetenjünger, die das von Elisa gewirkte Jordanwunder von der anderen Seite des Flusses beobachteten, deuteten es darum durchaus sachgemäß, wenn sie darin den Beweis sahen, dass sich der Geist Elias auf Elisa niedergelassen habe (2. Kön 2,15). Die Bitte Elisas um die geistliche Vollmacht Elias (V. 9) war von Gott augenfällig erfüllt worden. Indem die Prophetenjünger Elisa entgegenkamen, nahmen sie ihn dankbar wieder in ihre Gemeinschaft auf; und indem sie vor ihm niederfielen, erkannten sie seine geistige Führungsrolle demütig an.

Damit dass Elisa als Nachfolger des Elia und als Haupt einer Prophetenschule installiert war, endete die ursprüngliche Himmelfahrtserzählung. Die Geschichte der Prophetie konnte weitergehen, wie in der »Elisabiographie« (2. Kön 2,19 ff.) auch detailliert ausgeführt wird. Der Autor von 2. Kön 2 aus dem Kreis der Elisajünger, der ungefähr in die erste Hälfte des 8. Jh.s anzusetzen ist, war der erste, der den Gedanken einer prophetischen Sukzession, d. h. der Weitergabe eines prophetischen Amtes von einem Vorgänger auf einen Nachfolger, entwickelte. Für ihn bildete der Prophet Elia den Ausgangspunkt, der in der Elisagruppe als berühmter Vorläufer angesehen und verehrt wurde. Damit war die Grundlage für das Fortwirken Elias gelegt.

Der Gedanke der prophetischen Sukzession wurde von den klassischen Gerichtspropheten ab der zweiten Hälfte des 8. Jh.s weiterentwickelt. Allerdings griffen diese dabei nicht auf Elia, sondern auf Mose zurück (Hos 12,10 f.14; vgl. Jer 15,1; 28,8), um die Prophetie in der Gründungsgeschichte Israels zu verankern. Die deuteronomische Reformbewegung am Ende des 7. Jh.s entwickelte daraus die Theorie, dass JHWH seinem Volk Israel durch dessen ganze Geschichte hindurch jeweils einen Propheten wie Mose erwecken werde (5. Mose 18,15.18). Allerdings war diese Traditionskette mehr auf die gerichtsprophetische Linie und die warnende und belehrende Funktion der Prophetie beschränkt.

Als man in der nachexilischen Zeit in prophetischen Kreisen nach dem Ausgangspunkt einer prophetischen Traditionskette suchte, der nicht nur das heilsprophetische Wirken umschloss, sondern auch der Prophetie gegenüber Mose und seiner Tora-Offenbarung eine gewisse Eigenständigkeit verleihen konnte, stieß man erneut auf Elia und konnte dabei an die mit ihm begonnene Sukzessionskette über Elisa anknüpfen. Zudem eröffnete die Tradition von der Himmelfahrt Elias die Möglichkeit, auf eine Wiederkehr Elias zu hoffen, bei der der große Anfänger der Prophetie am Ende sein unvollendetes Werk noch einmal zum Abschluss bringen würde. Damit begann die außergewöhnliche Wirkungsgeschichte Elias.

C. WIRKUNG

1. DAS WEITERWIRKEN ELIAS IN DER BIBEL

Schon die Auslegung der Elia-Erzählungen in den Königsbüchern hat gezeigt, wie der Prophet des 9. Jh.s Schritt für Schritt zum Repräsentanten und eigentlichen Begründer der israelitischen Gerichtsprophetie aufstieg, an dessen Gestalt deren umstrittene Legitimität grundsätzlich verhandelt wurde. Die bleibende Bedeutung, die Elia dabei zuwuchs, zeigt sich nun auch daran, dass er eine ganz außergewöhnliche Wirkungsgeschichte in den späten Schriften des Alten Testaments, einigen frühjüdischen Schriften und insbesondere im Neuen Testament erlebte. Sein prophetisches Wirken wurde nicht nur räumlich über die Grenzen des Nordreiches hinaus auf Juda erweitert (2. Chr 21), sondern auch zeitlich bis in eine ferne Zukunft entschränkt. Da Elia nicht gestorben, sondern zu Gott entrückt worden war (2. Kön 2), entwickelte sich in der hellenistischen Zeit die feste Hoffnung, dass dieser bedeutende Prophet vor dem großen Gerichtstag JHWHs am Ende der Zeiten noch einmal auf Erden erscheinen werde, um sein Volk zurechtzubringen (Mal 3,23 f.).

Der Weisheitslehrer Jesus Sirach verband am Anfang des 2. Jh.s mit diesem neuerlichen Wirken Elias schon weitere heilvolle Endzeiterwartungen, so sicher die Wiederherstellung der Stämme Israels (Sir 48,10) und vielleicht auch eine Auferstehung der Gerechten (V. 11). Wie fest die Wiederkunft Elias zum Bestand frühjüdischer Eschatologie (Endzeiterwartungen) gehörte, belegt das Neue Testament: Johannes der Täufer, der den Anbruch der Endzeit unmittelbar erwartete, verstand sich wahrscheinlich selber als der wiedergekehrte Elia, der möglichst viele zur Umkehr führen solle, um sie vor dem drohenden Endgericht zu bewahren (Mk 1,

2–6; Mt 3,1–12; Lk 3,1–18). Auch Jesus wurde von der Bevölkerung teilweise mit Elia identifiziert (Mk 6,14–16; 8,27 f.), aber schon bald von seinen Anhängern als Messias erkannt (Mk 8,29). Als Folge davon wurde Johannes und mit ihm Elia von der jungen christlichen Gemeinde zum Wegbereiter des Messias Jesus umgedeutet (Mk 1,2.7–8 u. ö.). So erhielt die Vorstellung vom wiederkehrenden Elia im entstehenden Christentum eine wichtige formative Bedeutung.

Im Judentum wurde daneben der künftige Elia, mit Pinehas, dem Ahnherr der Hohenpriester verbunden,[1] der ebenfalls für die alleinige Verehrung JHWHs gekämpft hatte (4. Mose 25). Hier wirkten die priesterlichen Funktionen Elias weiter (1. Kön 18,30–39; Mal 3,1-4). Etwas später kam die Vorstellung von Elia als Nothelfer auf, der vom Himmel aus insbesondere die kleinen Leute besucht und ihnen in ihren Nöten beisteht.[2] Hier wurde die Hilfe Elias für die Witwe von Sarepta (1. Kön 17,8–24) und sein Eintreten für Gerechtigkeit wirksam (21,1–20).

Leider kann diese überaus reiche Wirkungsgeschichte der Eliagestalt hier nicht umfassend untersucht werden. Die folgende Darstellung muss sich auf einige Texte und Themen beschränken.[3]

---

1 So zuerst in einer aramäischen Paraphrase zum Alten Testament, dem Targum Pseudo-Jonathan zu 5. Mose 30,4; 33,11, wobei der erfolgreiche hasmonäische König Johannes Hyrkan (134–104 v. Chr.), der königliches und hohenpriesterliches Amt miteinander verband, als wiedergekehrter Elia angesehen wurde; vgl. M. ÖHLER, Elia im Neuen Testament, 1997, 22–27.

2 Die frühesten Belege stammen wahrscheinlich aus der Zeit um 135 v. Chr., meist jedoch aus der Spätantike, vgl. M. ÖHLER, Elia im Neuen Testament, 1997, 140 f.; 147; und L. GINZBERG, The Legends of the Jews IV, 1968, 202 ff.

3 Vgl. die ausführliche Behandlung der Wirkungsgeschichte bei K. GRÜNWALDT/H. SCHROETER, Elia, 1995, 41 ff.

1.1 2. Chr 21: Ein später Brief Elias

Wie sehr Elia in der nachexilischen Zeit zu einem der bedeutendsten Propheten aufgestiegen war, an dem man einfach nicht vorbeikam, belegen die Chronikbücher, die in der zweiten Hälfte des 4. oder der ersten Hälfte des 3. Jh.s verfasst wurden. Dieses Geschichtswerk wollte gegen die Ansprüche der Samarier, die sich inzwischen einen eigenen Tempel auf dem Garizim bei Sichem gebaut hatten, die Geschichte Israels unter dem Gesichtspunkt des Führungsanspruches Judas neu verfassen und kürzte deswegen die Nordreichgeschichte auf ein Mindestmaß. Dieser generellen Kürzung fielen auch alle Erzählungen von den Auseinandersetzungen Elias mit den Nordreichkönigen Ahab und Ahasja zum Opfer. Doch so ganz wollte der Chronist den berühmten Nordreichpropheten nicht übergehen. Er konnte sich einfach nicht vorstellen, dass diese Prophetengestalt, die längst im Süden eine hohe Bedeutung erlangt hatte, nicht auch in Juda tätig gewesen war. Da aber die Königsbücher nichts davon berichteten, konstruierte der Chronist einen Brief, den Elia dem König Joram von Juda geschrieben haben soll (2. Chr 21,12–15).[4] Joram war mit Atalja, der Schwester Ahabs verheiratet, die nach Sicht des Chronisten einen solch üblen Einfluss auf ihn ausübte, dass er seine Untertanen absichtlich zum Fremdgötterkult verführte (V. 11). Darum kündigte ihm Elia brieflich den Verlust seiner Familie und eine grauenvolle todbringende Krankheit an (V. 14–15), was dann auch beides eintrat (V. 16–20).

---

4   Ob Elia während der Regierungszeit Jorams von Juda noch gelebt hat, ist fraglich. Nach der Datierung 2. Kön 8,16 war dies wahrscheinlich nicht mehr der Fall, nach der abweichenden Datierung von 1,17 war es vielleicht noch möglich. Doch lässt der Chronist nirgends erkennen, dass er sich einen aus dem Himmel geschriebenen Brief vorstellt.

Der Brief Elias enthält – ohne jede Briefformeln – ein typisches prophetisches Gerichtswort, bestehend aus Botenformel, Anklage (V. 12–13) und Gerichtsankündigung (V. 14–15). Sprache und Inhalt sind, wie die vielen Verknüpfungen mit dem umgebenden Bericht zeigen, rein chronistisch, ohne jeden Anhalt an der älteren Eliatradition. So bezeugt der Brief in keiner Weise den historischen Propheten, wohl aber dessen völlige Unverzichtbarkeit im Juda der spätpersischen oder frühhellenistischen Zeit.

1.2 Mal 3: Die Wiederkehr Elias am Ende der Zeiten

Weitaus folgenreicher für die Weiterentwicklung des Eliabildes war die Einbeziehung des Propheten in die eschatologischen Zukunftserwartungen der späten Prophetie. Der Prophet Maleachi hatte im 5. Jh. in Anlehnung an den exilischen Propheten Deuterojesaja (Jes 40,3–5) verkündet, dass JHWH, bevor er zum großen Tag der Rettung und des Gerichts erscheine, noch einen Boten senden werde, der ihm den Weg bereiten solle (Mal 3,1a). Wen Maleachi damit meinte, ob einen Engel (vgl. 2. Mose 23,20) oder sich selber (Maleachi heißt »Mein Bote«), ist nicht sicher. In jedem Fall erwartete er eine Mittlergestalt, die das »plötzliche« Kommen Gottes (Mal 3,1b) ankündigen und so das damit verbundene Läuterungsgericht über den Tempel (V. 3–4), das Gericht über die übermütigen Frevler (V. 5.19.21) und die Rettung der leidenden Gerechten (V. 17–18.20) an diesem Tage für die Menschen absehbar machen würde. Es bestand damit vor diesem endgültigen richtenden und rettenden Eingreifen Gottes eine letzte Chance zur Umkehr.

Als man etwa im beginnenden 3. Jh. v. Chr. daranging, die Schriften der sog. »Kleinen Propheten« in einer Großkomposition zu vereinen, fügte ein Bearbeiter dem Maleachibuch eine Schlussbemerkung an:

Mal 3, 23   Siehe ich sende euch den Propheten Elia, bevor der
Tag JWHs kommt, der große und furchtbare.

24   Er wird umkehren das Herz der Väter zu den Söhnen und das Herz der Söhne zu den Vätern, damit ich
nicht komme und das Land mit einem Bann schlage.

Dabei griff er in Mal 3,23a die Wendung aus 3,1a auf
und identifizierte den geheimnisvollen Boten, von
dem Maleachi gesprochen hatte, mit dem Propheten
Elia. Außerdem zitierte er in V. 23b einen Vers aus dem
Joelbuch (Joel 3,4b), das noch intensiver als Mal 3 den
Tag JHWHs behandelte (vgl. 1,15; 2,1.11; 3,4; 4,14). Damit
schuf der Bearbeiter nicht nur eine weite kompositio-
nelle Klammer nach vorn, sondern reihte auch die Sendung Elias klar unter die Vorzeichen des Tages JHWHs
ein, von denen ebenfalls im Joelbuch die Rede war.
Schließlich erläuterte er die Aufgabe, die dem zurück-
gesandten Elia vor dem großen Gottesgericht zukom-
men würde: Er sollte Väter und Söhne zur Umkehr an-
leiten und damit die zerstrittenen judäischen Familien
zur Eintracht führen, um so das Gericht beim Kommen
JHWHs abzumildern. Offenbar wollte der Bearbeiter an
Elias Sieg auf dem Karmel anknüpfen, wo es dem Propheten schon einmal mit Gottes Hilfe gelungen war,
die Herzen des Volkes zurückzuwenden (1. Kön 18,37).
Ob er dabei an einen konkreten Generationenkonflikt
dachte, der dem entgegenstand, etwa an einen Zwist
um die rechte Ausübung der jüdischen Religion, wie er
in der hellenistischen Zeit aufkam, oder ob er allgemei-
ner die Auflösung der familiären Bindungen (vgl. Mi
7,6) im Auge hatte, die die mitmenschliche Solidarität
und Verantwortung zerstörte, wissen wir nicht genau.
Sicher ist nur, dass er in der Entzweiung der Familien
eine Bedrohung sah, die Gott bei seinem Kommen zu
einer völligen Vernichtung Israels provozieren könnte.[5]

Dienten die Bücher der »Kleinen Propheten« insgesamt dem Zweck, die Bevölkerung vor dem Tag JHWHs zu warnen, so würde Gott selber in seiner Fürsorge noch einmal den Propheten Elia schicken, der über die nötige Vollmacht verfügte, viele zur Umkehr zu bewegen und damit einen Teil der Bevölkerung durch das Gericht hindurchzuretten.

Wie der Bearbeiter zu der Überzeugung kam, dass der von Maleachi angekündigte Bote Elia sei, lässt der Text nicht erkennen. Wahrscheinlich konnte er schon auf eine verbreitete Vorstellung zurückgreifen, dass Elia noch einmal wiederkommen werde. Diese hing vermutlich damit zusammen, dass Elia nach der Tradition keines natürlichen Todes gestorben, sondern von Gott entrückt worden war (2. Kön 2,11). Daraus konnte man schließen, dass Gott mit diesem Propheten, der ihm besonders nahe stand, noch etwas Wichtiges vorhabe. Der Bearbeiter der »Kleinen Propheten« griff wahrscheinlich diese Erwartungen auf und gab ihnen im Ablauf der eschatologischen Ereignisse einen festen Platz. Damit legte er die Basis für die zentrale Rolle des wiederkehrenden Elia in den sich entwickelnden frühjüdischen und frühchristlichen Endzeiterwartungen (Sir 48,10; 4Q 558, Fr. 1, II,4; Mk 1,2; 9,12; Lk 1,17; 7,27).

Gegen Ende des 3. Jh.s wurde wahrscheinlich von einem weiteren Bearbeiter das Ende des Maleachibuches noch einmal erweitert:

Mal 3,22   Gedenkt der Tora meines Knechtes Mose, die ich ihm am Horeb über ganz Israel geboten habe, an die Gesetze und Rechtssätze!

---

5   Es ist auffällig, dass alle späteren Texte, die sich auf Mal 3,23 zurückbeziehen, die dort merkwürdig eng beschriebene Funktion des wiederkehrenden Elia erweitern: So auf die Zuwendung zum Nächsten in der Septuaginta, auf die Wiederherstellung Israels in Sir 48,10, auf die Belehrung der Ungehorsamen und

Die Mahnung Gottes, sich nach der Lektüre der Prophetenbücher der Fünf Bücher Mose und der darin von ihm gegebenen Gesetze zu erinnern, hat die Absicht, die mosaische Offenbarung der prophetischen vorzuordnen. Alles, was die Propheten verkündet haben, muss sich daran messen lassen, was Gott dem Mose geoffenbart hat. Da die Mahnung zudem in ihren Formulierungen auf Jos 1 und auf das 5. Buch Mose anspielt,[6] dient sie der Zuordnung des im 3. Jh. neu entstandenen Kanonteils der Propheten, der in der Hebräischen Bibel sowohl die Geschichtsbücher Jos – 2. Kön (»Vordere Propheten«) als auch die Bücher der drei »Großen Propheten« (Jes, Jer, Ez) sowie die der zwölf »Kleinen Propheten« umfasst (»Hintere Propheten«), zu dem schon im 5. oder 4. Jh. abgeschlossenen ersten Kanonteil der Tora (5 Bücher Mose). Damit gehört Mal 3,22 in den Prozess der Kanonisierung des Prophetenkanons hinein, der, wie das Buch Jesus Sirach bezeugt, bis zum Ende des 3. Jh.s abgeschlossen gewesen sein muss.[7] Wahrscheinlich stand dieser Vers ursprünglich ganz am Ende des Prophetenkanons, wie er von der Septuaginta (Griechischen Bibel) überliefert wird (als V. 24). Doch wurde er, wie die Hebräische Bibel zeigt, im dominierenden Teil der Textüberlieferung vor die Ankündigung der Sendung Elias gerückt (als V. 22). Durch diese Abfolge wurde nun noch einmal im Kleinen die Abfolge der beiden Kanonteile abgebildet: zuerst die Mosetora, so-

---

die Zubereitung des Volkes in Lk 1,17 und auf das Zurechtbringen von Allem in Mk 9,12.

6 Vgl. Jos 1,7.13; 5. Mose 4,1; 5,1; 11,32; 12,1, so schon richtig W. RUDOLPH, Maleachi, 1976, 290 f.

7 Vgl. die Vorrede V. 1–2.8–10, die der Enkel von Jesus Sirach um 132 v. Chr. dem Buch voranstellte, G. SAUER, Jesus Sirach, 505. Auch im Neuen Testament heißt die Bibel noch »das Gesetz und die Propheten« (Mt 5,17; Lk 16,16; Joh 1,45; Apg 13,15; Röm 3,21 u. ö.); d. h., der dritte Teil, »die Schriften« (Psalmen, Spr, Hi, Dan, Esr, Neh, Chr u. a.), war zu dieser Zeit noch nicht kanonisiert.

dann die Prophetie. Dabei repräsentierte Elia nunmehr die gesamte Prophetie. Er, der schon zu den »Vorderen Propheten« gehört hatte, bevor die »klassischen Propheten« auftraten, würde als letzter aller Propheten noch einmal wiederkommen und umschloss somit die gesamte prophetische Tradition. Damit rückte Elia auf eine abgestufte, aber dem Mose doch vergleichbare Spitzenstellung herauf. Dies war auch sachlich nicht ganz unberechtigt, hatte er doch wie Mose Wunder getan und war er doch wie dieser einer Offenbarung Gottes am Sinai gewürdigt worden (1. Kön 19). Dennoch ist diese Ehrenstellung, nimmt man nur einmal den reinen Umfang der Überlieferung und auch die theologische Gewichtigkeit von Propheten wie Jesaja, Jeremia, Ezechiel oder auch Hosea zum Vergleich, ganz erstaunlich. Sie läßt sich nur durch den Bedeutungszuwachs erklären, den Elia schon in der nachexilischen Zeit erfahren hatte, und durch die besondere Rolle, die ihm im Endzeitdrama zuwuchs.

1.3 Jes Sir 48: Das frühjüdische Eliabild

Welchen Popularitätsschub die Kanonisierung »der Propheten«, zu denen ja auch die Elia-Erzählungen in den Königsbüchern gehörten, noch einmal für den Propheten Elia hervorrief, lässt sich gut an Jesus Sirach erkennen. Als dieser betagte Weisheitslehrer daran ging, zu Beginn des 2. Jh.s v. Chr. (um 190) für die jüdische Jugend ein Lehrbuch zu schaffen, das ihr gegen alle Verlockungen griechischer Philosophie den bleibenden Wert der israelitischen Weisheit beweisen sollte, da schloss er auch einen »Preis der Väter der Vorzeit« ein (Sir 44,1-50,24),[8] der den Jugendlichen die eigenen berühmten Vorfahren, vom urzeitlichen Henoch bis

---

8   Das Buch Jesus Sirach findet sich als kanonischer Bestandteil in katholischen Bibeln, in den protestantischen unter den »Apo-

zum gegenwärtigen Hohenpriester Simon, vor Augen führen sollte, auf die sie stolz sein konnten.

Ausführlich geht Jesus Sirach auf Mose ein, erstaunlich ausführlich auf Aaron und Pinehas als Begründer des Hohenpriestertums; Josua und Samuel werden gebührend als frühe Propheten gewürdigt, und den Königen David und Salomo wird viel Lob gezollt. Aber regelrecht ins Schwärmen kommt Jesus Sirach beim Propheten Elia (Sir 48,1–11). Er redet ihn großteils (ab V. 4) sogar direkt an![9] Er widmet ihm nicht nur mehr Aufmerksamkeit als allen »Klassischen Propheten« zusammen (48,22b–24; 49,6b–10), sondern macht ihn – zusammen mit dem von seinem Geist erfüllten Elisa (48,12–15) – zum einzigen Propheten des Nordreichs, der in seiner Vollmacht dessen Untergang einleitete (vgl. den Rahmen 47,24; 48,15). Damit stilisiert Jesus Sirach Elia zum Gerichtspropheten *par excellence*.

In einem längeren ersten Teil (Sir 48,1–9) werden die Machttaten und Wunder Elias von Jesus Sirach ausführlich gepriesen:[10]

Sir 48,1	Bis dass aufstand ein Prophet wie Feuer, und seine Worte waren wie ein brennender Ofen.
2	So zerbrach er ihnen den Stab des Brotes und in seinem Eifer machte er sie gering an Zahl.
3	Durch das Wort Gottes hat er den Himmel verschlossen, dann ließ er drei Feuer herabfahren.

kryphen«; eine kritische Textedition besorgte G. Sauer, Jesus Sirach, 1981. Das Buch ist in zwei Fassungen erhalten: unvollständig in einer hebräischen Fassung, die dazu noch überwiegend in schlechten mittelalterlichen Handschriften überliefert ist, und vollständig in einer griechischen Fassung, die eine interpretierende und aktualisierende Übersetzung darstellt, die der Enkel von Jesus Sirach um 132 v. Chr. besorgte.

9 Wie sonst nur noch Salomo (Sir 47,14–21), den Begründer der israelitischen Weisheit.

10 Die Übersetzung folgt soweit wie möglich dem hebräischen Text, der allerdings einige kleinere Lücken aufweist.

4	Wie furchtbar bist du Elia!
	Wer wie du ist, kann sich rühmen!
5	Der du einen Verstorbenen vom Tode auferstehen ließest und aus der Unterwelt nach dem Wohlgefallen JHWHs,
6	der du Könige zur Grube fahren ließest und Geehrte von ihren Lagern,
7	der du hörtest auf dem Sinai Tadel und auf dem Horeb Strafurteile,
8	der du salbtest (Menschen) voll von Vergeltungstaten und ließest einen Propheten an deiner Stelle nachfolgen,
9	der du im Sturmwind nach oben entrückt wurdest und durch eine feurige Kampfschar in die Höhe.

Für Jesus Sirach ist Elia durch das Feuer charakterisiert (Sir 48,1a). Sein Wort hatte die Gewalt eines »brennenden Ofens« (V.1b), so wie Maleachi den Tag JHWHs charakterisiert hatte (Mal 3,19). Dreimal gebot Elia über das himmlische Feuer (Sir 48,3b), einmal am Karmel (1. Kön 18,38) und zweimal gegen die Soldaten Ahasjas (2. Kön 1,10.12). Und durch eine feurige Kampfschar wurde Elia in den Himmel entrückt (Sir 48,9b; vgl. 2. Kön 2,11). Das Feuer steht für Elias besondere Gottesnähe, seine Leidenschaft für JHWH (Sir 48,2b) und die Vollmacht, die ihm JHWH verlieh (V.3.5).[11]

Sehr scharf arbeitet Sirach die Ambivalenz dieses Propheten heraus: Auf der einen Seite stürzte er Israel in eine Hungersnot,[12] dezimierte das Volk (Sir 48,2), schickte Könige in den Tod (V.6) und beauftragte Menschen im Namen Gottes zu Vergeltungstaten (V.7–8), auf der anderen Seite erweckte er einen Verstorbenen vom Tode

---

11 Vgl. oben 9–18.
12 Der »Stab des Brotes«, der auch in 3. Mose 26,26; Jes 3,1; Ez 4,16 und Ps 105,16 metaphorisch erwähnt wird, diente in der Realität der Vorratshaltung; man steckte Ringbrote (challa z. B. 2. Sam 6,19) auf einen Stab, um sie vor Mäusen zu schützen, vgl. BRL, 29; NBL, 331.

(V. 5).[13] Die unvergleichliche Vollmacht Elias hatte eine erschreckende und eine faszinierende Seite (V. 4). Dabei lässt Jesus Sirach keinen Zweifel, dass er das Gerichtshandeln Elias an Israel für berechtigt hält, sein strafendes wie sein helfendes Wirken zielte auf die Umkehr und damit letztlich auf die Rettung Israels (vgl. V. 15). Die Apologie der Gerichtsprophetie, die in 1. Kön 17–19 beabsichtigt war, hat Sirach voll überzeugt.

In einem kürzeren Teil geht Jesus Sirach abschließend auf den wiederkommenden Elia ein, wie er durch Mal 3,23–24 in den Prophetenkanon eingeführt worden war:[14]

Sir 48,10   Der du aufgeschrieben bist, bereit zu sein für die Zeit, um den Zorn zu beenden vor dem Entbrennen, um umzukehren das Herz des Vaters zu seinem Sohn und wiederherzustellen die Stämme Israels.

11   Selig sind die, die dich sehen, auch die, die in Liebe entschlafen sind. Denn auch wir werden ganz gewiss leben.

Jesus Sirach versteht die Entrückung Elias (Sir 48,9) im Zusammenhang mit Mal 3,23 als eine göttliche Bestimmung zu einem erneuten Einsatz in der Zukunft, wenn das große Zornesgericht Gottes kommen wird. In der Zukunft, so interpretiert er das Ende des Maleachibuches, wird die Aufgabe Elias eine eindeutig rettende, schützende und aufbauende sein: Er wird den drohenden göttlichen Zorn abwenden, er wird die Familien befrieden und er wird die Stämme Israels wiederherstellen (Sir 48,10). Sirach erwartete somit von der Wiederkunft Elias über Mal 3,24 hinaus eine politische

---

13   Vgl. 1. Kön 17,1; 18,2b; 19,17–18; 2. Kön 1,4.6.16–17; 1. Kön 19,15–16 und 17,17–24.

14   Die Übersetzung folgt in Sir 48,10 dem hebräischen, in V. 11 dem griechischen Text, da der hebräische hier stark zerstört ist und nicht mehr mit Sicherheit zu rekonstruieren ist, vgl. P. Skehan/A. Di Lella, Ben Sira, 1987, 530–535; U. Kellermann bei K. Grünwaldt/H. Schroeter, Elia, 1995, 79–84; G. Sauer, Ben Sira, 2000, 327.

Wiederherstellung der zwölf Stämme Israels, die großteils im Exil verloren gegangen waren. Dabei übertrug er die Funktion des Gottesknechtes bei Deuterojesaja (Jes 49,6) auf den künftigen Elia, erweiterte sie aber noch, indem er ihm nicht nur ein »Aufrichten« (*lahaqim*), sondern sogar ein »Wiederherstellen« (*lahakin*) der Stämme zutraute.

Ob Jesus Sirach neben dieser nationalen Endzeiterwartung auch noch eine individuelle Auferstehungshoffnung mit Elias Wiederkunft verband, ist unsicher, da der hebräische Text von Jes 48,11 stark zerstört ist und Sirach sonst in seinem Buch einer solchen Hoffnung reserviert gegenübersteht. Doch bei seinem Enkel, der 60 Jahre nach ihm die griechische Übersetzung anfertigte, ist zweifellos von Auferstehung die Rede. In einem Makarismus werden all' diejenigen glückselig gepriesen, die Elia erleben werden und damit dem Gericht und dem Tod entgehen können, daneben aber auch all' diejenigen, die »in Liebe«, d. h. in Liebe zu Gott und in Treue zu seinen Geboten gestorben sind, weil sie am Rettungswerk Elias Anteil bekommen, und schließlich auch die gegenwärtige Gemeinde der Frommen, da sie ihres zukünftigen Lebens wegen Elia gewiß sein kann. Es geht also um die Auferstehung der Gerechten (vgl. Jes 26,19; äthHen 22,12 f.; 93,2; 103,4), nicht um eine allgemeine Auferstehung (Dan 12,2–3). In der Gemeinde der Frommen, mit der sich der Enkel von Jesus Sirach zu einem »Wir« zusammenschließt, wachsen dem Propheten Elia damit sogar die Qualitäten eines eschatologischen Heilsbringers zu. Damit war die Basis für die neutestamentliche Elia-Erwartung gelegt.

1.4 Elia und Johannes der Täufer

In den jüdischen Gruppierungen Palästinas, in denen das Christentum entstand, gehörte die Wiederkunft

Elias zum festen Bestand der eschatologischen Erwartungen.[15] Das zeigt nicht nur der häufige Rückbezug auf die entsprechenden Verheißungen (Mal 3,1.23 f.) in den Evangelien (Mt 11,10; 17,11; Mk 1,2; 9,12; Lk 1,17; 7,27), sondern auch die Art und Weise, wie darüber gehandelt wird: In einem stilisierten Gespräch fragen die Jünger Jesus, ob nicht vor der Auferstehung der Toten erst noch Elia erscheinen müsse. Dazu berufen sie sich auf die Meinung der Schriftgelehrten (Mk 9,11). Darauf stimmt Jesus dieser Ansicht ausdrücklich zu, nicht ohne sich dabei auf Mal 3,23 zu berufen: Elia würde zuvor kommen, um alles wieder zurechtzubringen (Mk 9,12); Jesus ist nur der Meinung, dass Elia schon gekommen sei (V. 13). D. h. Elias Wiederkunft als Zeichen für den Anbruch der Endzeit war allgemein akzeptierter Konsens. In einer Atmosphäre hochgespannter Naherwartungen ging die Diskussion nur noch darüber, wie die eigene Gegenwart mit ihr korreliert werden musste. Für die Jünger lag die Wiederkunft Elias noch in der Zukunft, für Jesus war sie schon geschehen; d. h. die Endzeit war für ihn schon angebrochen, die Auferstehung stand unmittelbar bevor.

Die Diskussion in den Evangelien kreiste dabei um zwei Hauptfragen: War Johannes der Täufer der wiedergekehrte Elia, was überwiegend bejaht wird, oder war es Jesus, was überwiegend verneint wird. Stattdessen wurde Jesus stärker mit dem geschichtlichen Elia in Beziehung gesetzt.

Der Evangelist, der am eindeutigsten Johannes den Täufer mit dem wiederkehrenden Elia identifizierte, war Matthäus: Johannes ist für ihn »Elia, der da kommen soll« (Mt 11,14); wenn Jesus davon sprach, dass

---

15 Zur ganzen neutestamentlichen Wirkungsgeschichte Elias vgl. M. Öhler, Elia im Neuen Testament, 1997; bzw. ders., Elija und Elischa, 1999.

Elia schon gekommen sei, dann hat er nach ihm »von Johannes dem Täufer geredet« (17,13). Dagegen hat der Evangelist Johannes diese Identifikation verneint. In seinem Evangelium lässt er den Täufer auf die Frage nach seiner Identität klar dementieren: Er sei weder der Christus, d. h. der Messias, noch Elia (Joh 1,20–21). Doch wenn der Evangelist den Täufer erklären lässt, er sei »die Stimme des Predigers in der Wüste: Ebnet den Weg des Herrn« (Joh 1,23), von der Deuterojesaja sprach (Jes 40,3), dann gibt auch er zu erkennen, dass er die verbreitete Einschätzung des Täufers als Wegbereiter Gottes kennt (Mk 1,2–3; Mt 3,3; Lk 3,4), aber seine Rolle möglichst herunterspielen will (Joh 1,6–8; 3,30; 5,34–36; 10,41). Der Evangelist Markus vollzog die Identifikation implizit, indem er die Tätigkeit des Täufers programmatisch unter die längst auf Elia bezogene Verheißung Mal 3,1 stellte (Mk 1,2). Für Lukas war die »geistige« Identität des Täufers mit Elia selbstverständlich (Lk 1,16 f.), aber sie hatte für ihn keine große weitere Bedeutung.

Hinter diesem vielstimmigen Disput in den Evangelien steht wahrscheinlich ein Streit zwischen den Johannesjüngern und der sich bildenden christlichen Gemeinde, wie die heilsgeschichtliche Rolle Johannes des Täufers im Vergleich zu der Jesus' von Nazareth zu bestimmen sei. Die Zuordnung war deswegen so heikel, weil beide Gruppen in ihrer Herkunft eng miteinander verknüpft waren: Jesus hatte sich von Johannes taufen lassen und gehörte damit zu seinem weiteren Jüngerkreis (Mk 1,9–11). Soweit erkennbar, hatte Jesus eine sehr hohe Meinung vom Täufer; er sah in ihm »mehr als einen Propheten« (Mt 11,9; Lk 7,26) und hielt ihn, wenn er die Verheißung Mal 3,1 auf ihn bezog, wahrscheinlich selbst für den wiedergekehrten Elia (Mt 11,10; Lk 7,27). Das Leidensschicksal, das Elia in der Gefangennahme und der Hinrichtung des Täufers hatte erdulden müssen, hatte für das Verständnis seines eigenen Geschicks unmittelbare Bedeutung (Mk 9,13; Mt 17,12). Da eine solche erstaunlich positive Einschätzung des Täufers durch Jesus angesichts der späteren Konkurrenz von Johannes- und Jesusjüngern kaum eine Erfindung der Evangelisten sein kann, hat sie wahrscheinlich Anhalt an historischen Gegebenheiten.

Es gibt unabhängig davon in der Darstellung der Evangelien eine ganze Reihe von Hinweisen, dass Johannes der Täufer sich selber als der wiedergekehrte Elia verstand oder doch von seinen Jüngern leicht so verstanden werden konnte.[16] Er war mit einem »Gewand aus Kamelhaaren und einem ledernen Gürtel um seine Hüften gekleidet« (Mk 1,6), ähnlich wie Elia nach 2. Kön 1,8. Er trat in der Wüste jenseits des Jordan auf (Joh 1,28), wahrscheinlich in der Nähe der Stelle, von wo aus Elia zum Himmel gefahren war (2. Kön 2,7 ff.). Seine Predigt vom unmittelbar bevorstehenden Feuergericht Gottes (Lk 3,17) hatte Anhalt an der Eliatradition (Sir 48,1.3) und an Mal 3,19. Und die Aufgabe, möglichst viele zur Umkehr zu bewegen (Lk 3,7–18), war sowohl die vornehmste Aufgabe des geschichtlichen Elia (vgl. 1. Kön 18,37) gewesen als auch die zentrale des eschatologischen (Mal 3,24). Wohl war Johannes' Taufe im Jordan, die Umkehr und Sündenvergebung besiegelte (Mk 1,4), ein neues Element, aber die damit verbundene Vorstellung einer Schutzhandlung, welche die Bußfertigen durch das göttliche Gericht hindurchretten sollte, entspricht durchaus der Elia in Mal 3,24 zugeschriebenen Funktion. So könnte dem Selbstverständnis des Täufers in etwa das nahe kommen, was Lukas – möglicherweise aus der Tradition der Täufer-

---

16 So etwa auch H. STEGEMANN, Essener, 1994, 292–306; M. ÖHLER, Elija und Elischa, 1999, 190–196. Die These ist umstritten, vgl. G. THEISSEN, Der historische Jesus, 1996, 187–193.

gemeinde schöpfend – den Engel des Herrn in der Geburtsgeschichte über ihn sagen lässt:

Lk 1,15   Denn er wird groß sein vor dem Herrn, Wein und
            Rauschtrank wird er nicht trinken, und mit dem heiligen Geist wird er erfüllt werden von Mutterleib an.

16   Und viele der Israeliten wird er zum Herrn, ihrem Gott bekehren.

17   Und er wird vor ihm hergehen im Geist und in der Kraft Elias, zu bekehren die Herzen der Väter zu den Kindern und die Ungehorsamen zur Einsicht der Gerechten, um vorzubereiten dem Herrn ein zubereitetes Volk.

Abgesehen von dem Motiv, dass Johannes der Täufer ein Nasiräer werden soll, dem Alkohol verwehrt ist, haben alle anderen Elemente ihren Anhalt an der Eliatradition: Wie Elia ist Johannes mit einem besonderen Geist ausgestattet (vgl. 2. Kön 2,9.15) und wie jener soll er viele Israeliten zur Umkehr bringen (vgl. 1. Kön 18,37; Mal 3,24; Sir 48,10). Es besteht eine Identität zwischen Johannes und Elia hinsichtlich dessen Geistbegabung und dessen Vollmacht, die diesen Propheten vor anderen auszeichnete (vgl. 1. Kön 17,1.21; 18,37 f.; Sir 48,1–6). Johannes ist von Gott dazu bestimmt, die Rolle des wiederkehrenden Elia zu übernehmen, von dem in Mal 3,1.23 die Rede war. Er soll Gott den Weg für sein Kommen bereiten, indem er die Familien zur Eintracht bekehrt (Mal 3,24), die Frevler zur Einsicht der Gerechten führt und ihm so ein Volk zurüstet, das auf sein Kommen vorbereitet ist (vgl. Lk 1,76–79).

Die beiden zuletzt genannten Funktionen weiten zwar den Aufgabenkatalog des wiederkehrenden Elia über das in Mal 3,24 Genannte ein Stück weit aus, bleiben aber insofern ganz in den Bahnen der frühjüdischen Elia-Erwartung, als Johannes hier noch nicht auf Jesus bezogen, sondern als Wegbereiter Gottes verstanden wird. Indem

Johannes für Gott ein Volk zurüstet, das durch das Endgericht hindurchgerettet wird, übt er selbst die Funktion eines Heilsmittlers oder sogar eines Heilsbringers im eschatologischen Drama aus. Dem entspricht, dass auch Johannes der Täufer offenbar Wunder getan (vgl. Mk 6,14; anders: Joh 10,41) und damit seine rettende Vollmacht unter Beweis gestellt hat. Damit trat der Täufer aber in unmittelbare Konkurrenz zu Jesus von Nazareth.

1.5 Elia und Jesus von Nazareth

Das Erscheinungsbild Jesus' von Nazareth war offenbar dem des Täufers so ähnlich, dass ihn viele Leute, unter ihnen angeblich auch der Tetrarch Herodes Antipas, nach dessen Hinrichtung für den auferstandenen Johannes hielten (Mk 6,14.16; 8,28 par.). Andere wiederum identifizierten nunmehr Jesus anstelle des ermordeten Johannes mit dem wiedergekehrten Elia (Mk 6,15; 8,28 par.). Doch scheint diese Identifikation nicht so zwingend gewesen zu sein, denn es gab offenbar auch die Meinung, Jesus sei der Prophet Jeremia (Mt 16,14) oder einer der Propheten (Mk 8,28 par.). Wir können nur noch erahnen, was die Gefangennahme und Ermordung des Johannes durch Herodes Antipas (Mk 6,17–28; Lk 3,19 f.), den der Täufer wegen Inzest angeklagt hatte, für dessen Anhängerschar und für Jesus bedeutete. War damit dessen Rettungswerk vor dem großen Gottesgericht gescheitert? War seine Identifikation mit dem wiederkehrenden Elia falsch gewesen? Oder würde sein Werk in irgendeiner Weise weitergehen, etwa durch Jesus von Nazareth, der ebenfalls Wunder wie Johannes tat? Möglicherweise war Johannes im Gefängnis von ähnlichen Fragen umgetrieben (vgl. Lk 7,18–35). Jesus scheint sie so beantwortet zu haben, dass er trotz allem an der Identifikation des Täufers mit Elia festhielt, aber für sich die Konsequenz zog, dass auch der eschatologische Elia habe abgelehnt werden und leiden müssen (Mk 9,13), wie dies schon vom geschichtlichen Elia berichtet worden war (1. Kön 19).[17] Da Jesus aber überzeugt war, dass mit Johannes der eschatologische Elia schon gekommen sei (Mk 9,13), musste er daraus folgern, dass nach dessen Tod die kommende Gottesherrschaft endlich angebrochen sei und dass sein eigenes Wirken, seine Dämonenaustreibungen, seine Heilungen und Sündenvergebungen, in unmittelbarem Zusammenhang damit stände (Lk 7,21–23; 10,18; 11,20). Allerdings sah Jesus anders als Johannes im Kommen Gottes nicht primär das große Reinigungsgericht, sondern eine barmherzige Zuwendung Gottes zu den Sündern. Doch dass er dabei seine Heilsmittlerschaft in Analogie zum Schicksal des Johannes als Leidensweg begriff, wie es Markus in 9,12 f. darstellt, ist nicht unmöglich. Die Identifikation des Täufers mit Elia hatte somit für das Verständnis des Wirkens Jesu als Anbruch der Endzeit und die Ausbildung einer Leidenschristologie fundamentale Bedeutung.

Wenn die Wiederkunft Elias mit Johannes dem Täufer schon geschehen und im Wirken Jesu die Gottesherrschaft schon sichtbar angebrochen war, dann stellte sich die Frage nach der eschatologischen Identität Jesu. Diese Frage wird in der Szene vom Petrusbekenntnis (Mk 8,27–33) ausdrücklich verhandelt: Jesus fragt seine Jünger, für wen ihn die Leute halten. Die Jünger berichten von den verschiedenen Einschätzungen, Jesus sei der Täufer, Elia oder sonst ein Prophet, d. h., er gehöre noch zu den Vorläufern des erwarteten Kommens Got-

---

17 Dass der Hinweis »wie geschrieben steht« in Mk 9,13 auf 1. Kön 19,1 ff. zu beziehen ist, ergibt sich zudem aus der Analogie, dass es auch bei Johannes dem Täufer wieder die Frau eines Herrschers war (Herodias), die wie beim geschichtlichen Elia (Isebel) die Ermordung des Propheten betrieb (vgl. Mk 6,19.24 ff.).

tes. Darauf fragt Jesus die Jünger nach ihrer eigenen Meinung. Nur Petrus antwortet und spricht das entscheidende Bekenntnis: »Du bist der Christus, d. h. der Messias!« (V. 29) Für Petrus ist Jesus von Nazareth der erwartete Heilskönig, der selber schon die Gottesherrschaft heraufführt und das Kommen Gottes realisiert. Er ist nicht nur Heilsmittler, sondern auch Heilsbringer.

Es ist hier nicht der Ort, die verschlungenen Pfade der alttestamentlichen und frühjüdischen Messiaserwartungen zu verfolgen,[18] deutlich ist jedoch, dass dort nirgends die Wiederkunft Elias mit dem Auftreten des Messias verbunden war.[19] Erst die Christen, die spätestens nach dem Tod und der Auferstehung Jesu die Messianität Jesu erkannten und bekannten (vgl. 1. Kor 15,3–5; Röm 6,4; 14,9), haben aufgrund der bestehenden Nähe Jesu zu Johannes dem Täufer diese Verbindung hergestellt. Sie machten konsequent Elia, der einmal ein Wegbereiter Gottes gewesen war (Mal 3,1.23 f.), zum Vorläufer des Messias und damit Johannes zum Wegbereiter Jesu (Mk 1,1–8; Lk 7,18–23.24–35). Diese neue Zuordnung hatte eine doppelte Konsequenz: Sie bestritt gegen den Anspruch der Johannesjünger dem Täufer jegliche eigene Heilsmittlerschaft; er hatte gegenüber dem Messias Jesus nur eine Vorläuferfunktion. Und sie lieferte ein zusätzliches starkes Argument, um die Messianität Jesu zu begründen: Wenn der Täufer der wiedergekehrte Elia war, der auf das Kommen des Messias verwies, dann konnte Jesus nur der Messias sein. So wurde die neu ausgerichtete Vorstellung vom eschatologischen Elia für die frühen christlichen Gemeinden eine nicht unwesentliche Stütze für ihren Christusglauben (bes. im Matthäusevangelium, vgl. Mt 11,14).

---

18 Vgl. dazu z. B. G. Theissen, Der historische Jesus, 1996, 462–470.
19 So mit Recht M. Öhler, Elia im Neuen Testament, 1997, 29.

Eine ganz andere Weise, Jesu Verbindung mit Elia bei gleichzeitiger Überlegenheit über ihn darzustellen, findet sich in der Verklärungsgeschichte (Mk 9,2–8 par.). Auf einem hohen Berg, der an den Sinai bzw. den Horeb erinnert (vgl. 2. Mose 24; 1. Kön 19), werden die Jünger Petrus, Jakobus und Johannes einer Gotteserscheinung gewürdigt. Jesus wird dabei vor ihren Augen in eine himmlische Gestalt verwandelt (Mk 9,2–3), und es erscheinen Mose und Elia und reden mit ihm wie alte Bekannte (V. 4). Petrus will sich gleich auf dem Berg häuslich einrichten, aber solche Gottesunmittelbarkeit kommt den Jüngern Jesu nicht zu (V. 5–6). Stattdessen kommt eine Wolke und überschattet die beiden Vorgänger, während eine göttliche Stimme Jesus als geliebten Gottessohn proklamiert, auf den die Jünger hören sollen (V. 7).

Mose und Elia repräsentieren hier die beiden Kanonteile, das Gesetz und die Propheten;[20] diese Funktion war Elia neben Mose schon im Abschluss des Prophetenkanons, Mal 3,22–24, zugewachsen. Ob dabei an den irdischen oder den entrückten Elia gedacht ist, kann man nicht entscheiden, sicher ist nicht der wiederkehrende Elia gemeint. Vorausgesetzt ist nur, dass die für das Gottesverhältnis Israels so entscheidend wichtigen Personen bei Gott aufgehoben sind und in Theophanien auf Erden erscheinen können. Die geschilderte Theophanie vermittelt den Jüngern die entscheidende Erkenntnis, dass Jesus nicht allein auf die gleiche Ebene wie diese führenden Gottesmänner Israels gestellt, sondern von Gott sogar noch über diese

---

20 M. ÖHLER, Elia im Neuen Testament, 1997, 122–126; 192, leugnet diese alte, seit dem Kirchenvater Tertullian vertretene Auslegung und will in Elia nur einen Repräsentanten der himmlischen Welt sehen, da er keine eigenen Schriften hinterlassen habe; doch übersieht er, dass Elia schon im Alten Testament längst zum Repräsentanten auch der Schriftprophetie aufgestiegen war.

herausgehoben und mit einer eigenen Weisungsbefugnis gegenüber den Jüngern ausgestattet wird (Mk 9,7). Das abschließende Sätzchen »auf den sollt ihr hören« erinnert an das Prophetengesetz in 5. Mose 18,15; es ist dort bezogen auf den Propheten, den Gott anstelle des Mose in Zukunft erwecken wird. Dies bedeutet: Jesus ist für die Jünger dieser zukünftige Prophet in der Linie von Mose und Elia, ja, sogar mehr als das. Er ist von Gott autorisiert, seinen Jüngern eigene Weisungen und Verheißungen zu verkünden, die sogar über das von Mose Gebotene und von Elia Verkündete hinausgehen können. So begründet und legitimiert die Verklärungsgeschichte die Bildung eines eigenen christlichen Kanons, der gegenüber dem alten Kanon aus »Gesetz und Propheten« für die christliche Gemeinde seine eigenständige Berechtigung hat.

War erst einmal geklärt, dass Jesus von Nazareth nicht der eschatologische Elia, sondern der Messias war, dann konnte man ohne Gefahr das Wirken Jesu mit dem geschichtlichen Elia in Analogie setzen, ohne damit Missverständnisse hervorzurufen. Dieses ist im Lukasevangelium der Fall: In seiner Antrittspredigt verweist Jesus hier auf das heilvolle Wirken Elias an der Witwe im phönizischen Sarepta, um zu begründen, warum er sein Rettungswerk, abgelehnt von vielen seiner Landsleute, auf die Heiden ausdehnt (Lk 4,25–26). Darüber hinaus gestaltet Lukas einige Heilungsgeschichten Jesu und der Apostel in Analogie zur Totenerweckung Elias (7,11–17; Apg 9,36–43; 20,7–12; vgl. 1. Kön 17,17–24); auch seine Erzählung von der Himmelfahrt Jesu (Apg 1,1–12) weist einige sprachliche Anspielungen auf die Himmelfahrt Elias auf (2. Kön 2,1–15). Doch konnte sich Jesus nach Lukas auch von Elia distanzieren; so wenn er sich weigerte, Feuer vom Himmel auf die ungastlichen Samaritaner fallen zu lassen (Lk 9,54 f.)[21] wie weiland Elia auf die Militärkohorte

(2. Kön 1,10.12). Die Erwartungen, die mit dem eschatologischen Elia verbunden waren, verlegte Lukas dagegen auf die Wiederkunft Christi (Apg 1,6; 3,19–21).

So ist die alttestamentliche Verheißung von der
Wiederkunft Elias durch den Bezug auf Johannes den
Täufer keineswegs abgegolten; die Person Elias wird
aber, nachdem die Naherwartung verblasst war, in der
christlichen Zukunftsvorstellung durch Jesus ersetzt.

Nicht recht einordnen lässt sich die Tradition, dass Jesu Klageruf am
Kreuz »Eli, Eli lama asabtani« (»Mein Gott, mein Gott, warum hast
du mich verlassen?«) von den Umstehenden als Hilferuf an Elia miss-
verstanden worden sein soll (Mk 15,34-36 par.). Real ist ein solches
Missverständnis kaum vorstellbar, da Jesus hier den Anfang eines
bekannten Psalms zitiert (Ps 22,2), den eigentlich alle Juden kennen
müssten; zudem besteht zwischen dem hebräischen Wort »*'eli*« (»mein
Gott«) und noch mehr zwischen dem aramäischen Pendant »*'elahi*«
und dem Namen des Propheten, der hebräisch *'Elijjah* lautet, ein erheblicher klanglicher Abstand. Man hat die falsche Volksmeinung
mit der Tradition von Elia als Nothelfer in Zusammenhang bringen
wollen,[22] doch erscheint darin der Prophet als eine Gestalt, die die
Menschen auf Erden besucht. So handelt es sich wohl nur um ein rein
literarisches Motiv, das das völlige Unverständnis und die pure Sensationslust der Volksmenge bei der Kreuzigung aufzeigen will.

1.6 Elia als Orientierung für die frühen Christen

In den christlichen Gemeinden des 1. Jh.s n. Chr. wird
neben vielen anderen Gestalten des Alten Testaments
zuweilen auch auf den Propheten Elia zurückgegrif-
fen, um Orientierung für das eigene christliche Leben
zu erhalten. So verwendet Paulus in seinem Römerbrief
etwa die Erzählung von Elias Begegnung mit Gott am
Horeb (1. Kön 19), um die nach wie vor gültige Erwäh-

---

21 In vielen Textzeugen wird der Bezug auf Elia expliziert.
22 Zur Diskussion vgl. M. ÖHLER, Elia im Neuen Testament, 1997,

lung Israels zu beweisen, obwohl viele Juden Jesus nicht als Messias Israels anerkennen (Röm 11,1–6): Selbst auf die Klage Elias hin, dass Israel Gottes Propheten getötet und seine Altäre zerbrochen habe, hat sich Gott damals nicht zur Verstoßung Israels hinreißen lassen, sondern trotz allem an einem Rest des erwählten Volkes festgehalten (V. 2–4). Elia wurde somit von Gott eines Besseren belehrt; seine Klage über das abtrünnige Volk hat Gott nicht mit dessen Verwerfung beantwortet. Das Beispiel ist gut gewählt, da es in 1. Kön 19 in der Tat um den Fortbestand des Gottesverhältnisses Israels ging.[23] Selbst die Ermordung von Propheten, selbst die Tötung des Christus, so sagt Paulus, kann Gott nicht von seiner Treue zu Israel abbringen. Hätten die Christen diese Auslegung der Eliatradition durch den Apostel beherzigt, hätten sie dem jüdischen Volk und der ganzen Welt unendliches Leid ersparen können!

Der Autor des Jakobusbriefes erinnert seine Gemeinde an Elia, um ihr ein ermutigendes Beispiel für die Kraft des Gebets zu geben (Jak 5,17–18). Dabei werden sowohl Elias Dürreschwur in 1. Kön 17,1 als auch sein Regenzauber in 18,42–44 als Gebete interpretiert und die »magische Komponente« dieser Handlungen unterschlagen. Wenn der Autor formuliert »Elia war ein schwacher Mensch wie wir«, dann soll das die Vergleichbarkeit Elias mit den christlichen Adressaten ermöglichen. Elia war aber nur selten schwach (1. Kön 19), sondern zeichnete sich gerade dadurch aus, dass sich Gott in völlig außergewöhnlicher Weise an ihn band und seine Gebete unmittelbar erfüllte. So kann das Beispiel Elias wohl verzagten Glauben stärken, aber auch leicht zu einer Überforderung von Christen führen.

139–154; er selbst sieht darin eine Polemik gegen eine Verwendung von Jesusworten im Bereich der Magie.
23 S. o. 141–150.

In seinem Rückblick auf die beispielhaft Glaubenden spielt der Autor des Hebräerbriefs auch auf Elia an, obgleich er seinen Namen nicht nennt (Hebr 11,35a.37). Elia gehört für ihn zu den verfolgten Glaubenszeugen, die standhaft blieben und so der Verheißungen Gottes teilhaftig wurden. In dem schwierigen Wort von den zwei Zeugen (Off 11,3–13), verwendet der Seher Johannes u. a. Eliamotive, um verschlüsselt das prophetische Amt der Kirche zu beschreiben. Wie Elia die Macht hatte, den Himmel zu verschließen (V. 6), die Verfolgung überstand und zum Himmel auffuhr (V. 12), so wird auch die prophetische Stimme der Kirche trotz aller staatlicher Einschüchterungen und Massaker nicht zum Verstummen gebracht werden können.

So weist der Rückbezug auf Elia im Neuen Testament eine reiche Vielfalt unterschiedlicher Facetten auf. Dadurch ist Elia in der Geschichte des Christentums endgültig zu dem Prototyp des biblischen Propheten aufgestiegen, auf den hin er sich schon in der inneralttestamentlichen Wirkungsgeschichte zubewegt hatte.

2. ELIA IN KUNST, MUSIK UND LITERATUR

Aus der reichen weiteren Wirkungsgeschichte Elias innerhalb des Judentums und Christentums sollen hier nur einige wenige Beispiele aus der Aufnahme und Ausformung der Eliagestalt in der bildenden Kunst, der Musik und der Literatur behandelt werden. Eine ausführlichere Darstellung findet sich im hermeneutischen Arbeitsbuch von K. GRÜNWALDT/ H. SCHROETER, Elia, 1995, 267–330.

2.1 Elia in der bildenden Kunst

Die älteste bildliche Darstellung des Propheten Elia begegnet in der jüdischen Synagoge von Dura-Europos, das wegen seiner erhaltenen Malereien auch »Pompeji des Ostens« genannt wird. In dieser 300 v. Chr. gegründeten Stadt am mittleren Euphrat, etwa 45 km nordwestlich der heutigen irakisch-syrischen Grenze gelegen (arabisch: *Qalat es-salihije*), gab es seit Ende des 1. Jh.s n. Chr. eine kleine jüdische Gemeinde. Um 100 n. Chr. war die Stadt von den Römern erobert und zu einer Festung und einem Handelsplatz an der östlichen Grenze ihres Weltreiches ausgebaut worden. Die Synagoge war zuerst in einem Privathaus eingerichtet, das um 200 n. Chr. noch einmal erweitert und umgebaut wurde. Dabei wurde der gesamte Gebetsraum – das biblische Bilderverbot freizügig auslegend – in Freskentechnik mit Szenen und Motiven aus der Hebräischen Bibel ausgemalt. Im Jahr 256 n. Chr. wurde die Stadt von den Sassaniden erobert und zerstört. So blieben die meisten Fresken der Nachwelt im Schutt der Ruinen erhalten, bis sie ab 1922 von J. H. BREASTED und C. H. KREALING wiederentdeckt wurden.

Vier der ursprünglich fünf Szenen, die alle aus der Dürrekomposition in 1. Kön 17–18 stammen, sind erhalten geblieben, Elia in Zarpat, die Baalspropheten, das Gottesurteil Elias und die Totenauferweckung. Hier sollen die beiden Fresken, die von den Wundern Elias an der Witwe von Zarpat handeln, kurz besprochen werden: Das erste (Abb. 10) stellt die Begegnung Elias mit der Witwe dar (1. Kön 17,9–12). Obgleich die Figur des Propheten teilweise abgewaschen ist, erkennt man, wie Elia die rechte Hand in Richtung Witwe erhebt. Der Gestus unterstreicht wohl seine Forderung nach Wasser und Brot. Auffällig ist, wie tief die Witwe sich vor Elia verneigt; dies ist wohl als Gestus der Demut

Abb. 10: Fresko aus Dura-Europos mit Elia und der Witwe aus
Zarpat (3. Jh. n. Chr.)

gemeint. Die Witwe ordnet sich dem Propheten klar
unter. Aber dennoch streckt sie ihm verzweifelt oder
hilfesuchend die beiden abgewinkelten Arme entgegen. Sie weiß, dass sie Elia nicht helfen kann, sondern
selber seine Hilfe benötigt. Hinter ihrem Rücken warten schon eine Amphore mit dem Mehl und ein Krug
mit dem Öl auf das Wunder, das Elia zu ihrer beider
Rettung tun wird. In der Erzählung sind sie nicht weniger als dreimal erwähnt (V. 12.14.16); dagegen wird
das Kind der Witwe vom Künstler übergangen.

Die Mutter und ihr Kind stehen dagegen im Mittelpunkt des Freskos von der Totenauferweckung (Abb. 11).

Abb. 11: Fresko aus Dura-Europos mit der Darstellung der Totenerweckung durch Elia (3. Jh. n. Chr.)

Die Abfolge der Wundererzählung 1. Kön 17,17–24 wird gleichsam simultan in drei verketteten Szenen dargestellt: Auf der linken Bildseite ist die Witwe zum Zeichen der Not mit einem schwarzen Rock und einem schwarzen Umhang bekleidet. Die Brust ist zum Zeichen äußerster Trauer entblößt. Anklagend hält die Witwe Elia den schlaffen Leichnam ihres Kindes entgegen.

Die ganze Mitte des Bildes ist von einer reich verzierten Liege ausgefüllt, auf der Elia, in ein faltenreiches langes Gewand gehüllt, halbsitzend lagert. Anders als in der Erzählung beugt er sich nicht auf das Kind nieder, sondern hält es mit beiden Armen hoch, Gott entgegen. Wenn dabei das Gesicht Elias nicht Gott, sondern dem Betrachter zugewandt ist, soll dies wohl die Gewissheit des Propheten unterstreichen, Gott zum Eingreifen bewegen zu können. Und wirklich erscheint als Zeichen der göttlichen Zuwendung eine Hand vom Himmel. Die mittlere Szene strahlt also anders als die Erzählung, die von Elias Vorwürfen an Gott berichtet (1. Kön 17,20), ein demonstratives Gottvertrauen aus. Von einem durchaus riskanten magischen Ritual in der Abgeschiedenheit des Obergemachs (V. 19–22) ist nichts mehr zu spüren.

Die rechte Bildseite zeigt die glückliche Mutter, in ein buntes Festgewand gekleidet, mit ihrem strahlenden Kind auf dem Arm. Beide blicken den Betrachter an und bezeugen ihm das geschehene Wunder der Totenauferweckung. Mit ihrem ausgestreckten Arm weist die Witwe zugleich auf Elia, der das göttliche Wunder vollbracht hat. So steht in diesen beiden Bildern von Dura-Europos Elia als Nothelfer und Wundertäter, der zugleich Glaubensstärke verkörpert, im Mittelpunkt.

Ein Beispiel für die künstlerische Gestaltung einer Eliaszene im frühen Christentum findet sich in der römischen Katakombe der Via Latina aus der Mitte des 4. Jhs. Hier ist die Stirnseite des Gewölbes im Cubiculum B mit der Szene von der Himmelfahrt Elias (2. Kön 2) ausge-

Abb. 12: Fresko aus der Katakombe an der Via Latina mit der Himmelfahrt Elias (4. Jh. n. Chr.)

malt (Abb. 12). Die Katakomben wurden im 3. Jh. von christlichen Familien, Collegien oder ganzen Gemeinden als übliche Begräbnisstätten für ihre Toten geschaffen und erlebten bis zur ersten Hälfte des 4. Jh.s ihre größte Blüte. In diesem Zusammenhang bedeutete eine Abbildung der Himmelfahrt Elias einen Hoffnung stiftenden Hinweis auf die erwartete Auferstehung der Toten.

Das Bild strahlt zugleich eine große Dynamik und eine beschauliche Ruhe aus: Mit einem vierspännigen römischen Streitwagen jagt Elia über das Himmelsgewölbe hin. Dabei lässt er nach 2. Kön 2,13 auf Elisa, der nur mit einem zottigen Fell bekleidet ist, seinen Mantel herabfallen. Der entrückte Prophet sorgt für die Seinen und weist sie in das irdische Leben zurück (vgl. Apg 1,11). Dieses irdische Leben wird mit einer bukolischen Szene, die im Unterschied zum dramatischen Geschehen am Himmel große Ruhe ausstrahlt, im rechten unteren Segment gefeiert; ein Hirte oder Landmann, lässig auf das Joch seines Gespanns gestützt, betrachtet seine vor ihm weidenden Rinder. Hier könnte es sich um den Elisa vor seiner Berufung handeln, der

Abb 13: Elia in der Einöde, Russische Ikone aus dem 14. Jh.

Landmann gewesen war (1. Kön 19,19–21), bevor ihm Elia begegnete. Wenn diese Interpretation richtig ist, dann bildet die Elia-Elisa-Malerei der römischen Katakombe Wegstationen christlichen Lebens ab, das sich zwischen irdischem Beruf, christlicher Berufung und himmlischer Auferstehung bewegt.

Die wichtigste christliche Eliatradition in der bildenden Kunst entwickelte sich allerdings in den orthodoxen Kirchen Osteuropas. In der byzantinischen und russischen Ikonenmalerei wurde Elia zu einer ausgesprochen populären Figur. Neben Mose und Jesus in der Verklärungsszene taucht Elia hier als Einzelgestalt vor allem in drei Szenen auf: 1. in einer Felswüste sitzend, oft von einem Raben gespeist (vgl. 1. Kön 17,6), 2. als Brustbild mit einer Schriftrolle und 3. in Himmelfahrtsikonen (vgl. 2. Kön 2).[1]

---

1 Vgl. dazu genauer Kerstin Grünewaldt in K. GRÜNEWALDT/ H. SCHRÖTER, Elia, 1995, 268–271.

Als Beispiel für den ersten Typ sei hier eine Ikone aus dem 13./14. Jh. ausgewählt, die sich in der Tretjakov-Galerie in Moskau befindet (Abb. 13). Elia wird hier als bärtiger, alter und nachdenklicher Mann gezeichnet, der seinen Kopf auf einen Arm stützt und in den Himmel blickt. Angetan ist er mit einem Mönchsrock und einem weiten Prophetenmantel. Ein Heiligenschein (Nimbus) um seinen Kopf markiert seine Nähe zur himmlischen Welt. Die irdische Welt wird dagegen durch eine kahle raue Bergwüste repräsentiert, die dem Heiligen dennoch als eine Art Thronsitz dienen muss. Kein Zweifel, der Prophet Elia ist hier zum Repräsentanten der Möncheremiten geworden. Wie sie hat er sich aus der belebten Welt zurückgezogen, um Gott ganz nahe zu sein. Und der Rabe, der in vielen Ikonen dieses Typs auftaucht, repräsentiert zugleich

Abb. 14: Elia mit Schriftrolle, Russische Ikone aus dem 14. Jh.

191

die Gewissheit, dass Gott die Eremiten in der völligen Ungesichertheit ihrer Existenz nicht allein lässt, sondern auf wunderbare Weise für sie sorgt.

Der zweite Typ zeigt Elia im Brustbild von vorne als einen alten, vergeistigten Mann; seine rechte Hand ist zu einem Segensgestus erhoben, in der linken hält er eine kleine Schriftrolle (Abb. 14). Die Schriftrolle überrascht erst einmal, weil dieser Prophet keine eigenen Schriften in der Bibel hinterlassen hat. Doch wird diese Darstellungsweise sofort verständlich, wenn man berücksichtigt, dass Elia schon im Alten Testament (Mal 3,23 f.) und in der Verklärungsszene im Neuen Testament (Mk 9,2–8) zum Repräsentanten des gesamten Prophetenkanons, einschließlich der Schriftprophetie, aufgestiegen ist. Wenn die byzantinisch-russische Tradition Elia zum Prototypen des inspirierten Schreibers und Schriftgelehrten macht, dann liegt das durchaus auf der Linie der schon in der Bibel begonnenen Wirkungsgeschichte dieses Propheten.

Von diesem weisen und erleuchteten Elia in den Andachtsbildern der Ostkirchen ist die kämpferische Eliagestalt zu unterscheiden, die für die Malerei in den westeuropäischen Kirchen typisch geworden ist. Besondere Bedeutung erhielt diese in der Reformationszeit. Lukas Cranach der Ältere (1472–1553), der 1505 an den Hof Friedrichs des Weisen nach Wittenberg berufen worden war und den Reformatoren Martin Luther und Philipp Melanchthon nicht nur geistig nahe stand, sondern auch persönlich mit ihnen befreundet war, malte 1545 ein 127,5×242 cm großes Tafelbild »Elias und die Baalspriester«. Dieses thematisierte am Vorabend des Schmalkaldischen Krieges (1546–1547), in dem zum ersten Mal die Sache der Reformation mit Waffengewalt gegen den Kaiser und die katholischen Reichsfürsten verteidigt werden mußte, Elias scharfe Auseinandersetzung mit den Baalspriestern auf dem

Karmel (1. Kön 18,20–40) mit der klar erkennbaren Absicht, seinen sächsischen Kurfürsten Johann Friedrich von der Notwendigkeit einer scharfen, und wenn nötig blutigen Abrechnung mit den Altgläubigen zu überzeugen. Das Abschlachten der Baalspriester durch Elia im biblischen Text (1. Kön 18,40) wird von Cranach im linken Hintergrund des Bildes zwar insofern abgewandelt in Szene gesetzt, als nicht mehr der Prophet selber, sondern die Soldaten des Kurfürsten das blutige Handwerk verrichten, aber eben deswegen soll wie weiland der israelitische König Ahab nun der sächsische Kurfürst durch das Gottesurteil, das Elia auf dem Karmel vollzieht, überzeugt werden, dass nur eine Religion die richtige sein kann, die darum gegen den Irrglauben gesichert werden muß. Die Speere und Helebarden der Soldaten des Kurfürsten sind schon im Gebüsch sichtbar. Es bedarf nur eines Winks von ihm, um die Irrgläubigen niederzumachen. Der kämpferische Elia wird somit von Lukas Cranach direkt dazu verwandt, um eine gewaltsame Verteidigung des protestantischen Glaubens zu legitimieren.

Das monumentale Ölgemälde von Lukas Cranach, das bis ins 18. Jh. in der Schlosskapelle von Torgau gehangen haben soll und nun – wohl wegen seiner problematischen Botschaft – ein Schattendasein im Magazin der Staatlichen Kunstsammlungen Dresden fristet,[2] lässt sich aus technischen Gründen in diesem kleinformatigen Büchlein nicht reproduzieren. Es gibt aber einen kleinformatigen Holzschnitt aus der Lutherbibel von 1534, den man als eine Art Vorarbeit zu

---

2 Es diente allerdings als eindrucksvolles Titelbild der 2. Landesausstellung des Freistaates Sachsen, die unter dem Titel »Glaube und Macht« auf Schloss Hartenfels in Torgau im Jahr 2004 stattfand. In deren Katalog (hrsg. von H. Marx und E. Kluth) im Michel Sandstein Verlag, Dresden 2004, findet sich auf S. 30f. eine hervorragende Reproduktion.

Abb. 15: Illustration aus der Lutherbibel von 1534 mit der
Darstellung der Opferprobe auf dem Karmel

dem späteren Ölgemälde aus der Werkstatt von Lukas
Cranach betrachten kann (Abb. 15).[3] Auch dieses Bild
bedient sich der Simultanmethode, um die Handlungs-
abfolge der Karmelerzählung (1. Kön 18,20–45) in ein
einziges Bild zu bannen.

Während am rechten Bildrand die Baalspriester
noch verzückt um ihren Altar tanzen (1. Kön 18,28 f.),

steht Elia im rechten Vordergrund ruhig und gefaßt und betet – nur leicht vorn übergebeugt – das Feuer auf seinen Altar herbei (V. 36–38). Wie eine riesige gespaltene Zunge fällt das Feuer aus dunklem Gewölk vom Himmel, lässt durch seine Gewalt riesige Rauchwolken aufsteigen und entzündet nicht nur das Opfertier, sondern züngelt überall aus dem zerberstenden, aus zwölf Steinen erbauten Altar und leckt den ihn umgebenden Wassergraben auf (V. 38). Die vorbereitende Wässerung von Holz und Opfertier, welche die Entzündung erschweren sollte (V. 34–35), wird am linken vorderen Bildrand dargestellt. Ein junger Bursche, vielleicht der Künstler selbst,[4] hat schon drei Krüge ausgegossen und schleppt den vierten Krug heran. Links hinter dem Altar sieht man einige von den Israeliten niederfallen und den Herrn als ihren einzigen Gott anbeten (V. 39). Dagegen betrachtet der König Ahab, umgeben von seinem Hofstaat und einer Menge von Schaulustigen, das feurige Gottesurteil in stehender Haltung, eher aus der Position eines Interessierten heraus. Er ist ja in der eigentlichen Erzählung vom Gottesurteil (V. 20–40) nicht erwähnt; so blieb für den Maler seine Position zwischen den Lagern offen. Im linken Bildhintergrund tötet Elia einige Baalspriester am Kidronbach, die von Israeliten gefangen wurden (V. 40).

Nach diesem Sieg sieht man Elia in der oberen Bildecke auf einer Felsenklippe stehen. Der Künstler versucht die eigenartige geduckte Haltung des magischen Rituals, bei dem Elia den Kopf zwischen seine Knie steckt (1. Kön 18,42), darzustellen, wobei er nicht an eine

---

3   Der kolorierte Holzschnitt findet sich in der Lutherbibel von 1534 der Anna Amalia Bibliothek zu Weimar.

4   Der Künstler aus der Cranach-Werkstatt, der mit den Initialen MS zeichnet, ist bis heute nicht identifiziert. Auf dem Ölgemälde hat sich der alte Lukas Cranach selber als Wasserträger in Szene gesetzt.

sitzende, sondern eine halbhockende Position denkt. Vorn auf der Klippe steht der junge Diener Elias, der mit ausgestreckter Hand auf eine kleine Wolke weist, die aus dem Meer aufsteigt (V. 44). Es ist der Moment, in dem Elia mit der Kraft Gottes den Regen wiederbringt und damit die Dürrenot beendet. So ist der Holzschnitt eine recht genaue Illustration der biblischen Erzählung vom Götterwettstreit auf dem Karmel, noch ohne erkennbare religionspolitische Tendenz.

Als Lukas Cranach ein gutes Jahrzehnt später sein monumentales Ölgemälde anfertigte, folgte er grundsätzlich dem Bildaufbau der Bibelillustration aus seiner Werkstatt. Die Hauptveränderung, die er anbrachte, bestand darin, dass er den Altar der Baalspriester voll sichtbar in die rechte Bildhälfte rückte. Damit kam König Ahab, der nun mit dem Rock eines Kurfürsten bekleidet wurde, zentral in die Mitte zwischen den beiden Altären zu stehen. Das Gottesurteil geschah nun vor allem um seinetwillen, damit er sich zwischen falschem und rechtem Glauben klar entschied und so seine Truppen, die schon aus dem Wald im Hintergrund herandrängen, für den rechten Glauben einsetzte. Dadurch dass Cranach die tanzenden Baalspriester mit Mönchskutten bekleidete, ließ er für den Betrachter keinen Zweifel, worum es seiner Meinung nach bei dieser Entscheidung ging: um die militärische Verteidigung des Protestantismus gegen den Irrglauben des Katholizismus.

Ob der Landesherr Johann Friedrich von Sachsen, der die im schmalkaldischen Bündnis vereinten Protestanten anführte, eine solche Ermutigung durch seinen Hofmaler Lukas Cranach nötig hatte, entzieht sich unserer Kenntnis. Doch dass es unter den Protestanten an politischer Einheit fehlte, belegt das Beispiel des Herzogs Moritz von Sachsen, der im Schmalkaldischen Krieg mit Kaiser Karl V. und der katholischen Gegenpartei paktierte, obgleich auch das albertinische

Sachsen seit 1539 protestantisch geworden war. Durch sein unsolidarisches Verhalten trug Moritz wesentlich dazu bei, dass die Protestanten von Kaiser Karl am 24. April 1547 auf der Lochauer Heide bei Mühlberg (Kreis Cottbus) vernichtend geschlagen wurden. Während Moritz vom Kaiser mit der Kurwürde und einem Großteil des ernestinischen Sachsens belohnt wurde, musste Johann Friedrich nach seiner Niederlage eine fünfjährige Gefangenschaft erdulden, wurde seiner Kurwürde beraubt und verlor weite Teile seiner Besitzungen. Sein entschiedenes militärisches Eintreten für den »wahren Glauben« auf den Spuren Elias bzw. Jehus, hatte somit für ihn einen hohen Preis. Man mag es als ein Zeichen von echtem Mitgefühl beurteilen, dass der alte Lukas Cranach seinen Landesherrn, den er durch sein Bild in den Kampf für den protestantischen Glauben gedrängt hatte, auf seinem Weg in die demütigende Gefangenschaft begleitete. So gestärkt, verweigerte Johann Friedrich während der Haft jedes Zugeständnis in Glaubensdingen. Doch beide starben schon bald nach ihrer Entlassung im Jahr 1552.

So problematisch die religionspolitische Instrumentalisierung des Propheten Elia durch Lukas Cranach gewesen ist, so muss man doch bedenken, dass ohne eine politische und militärische Verteidigung des als wahr erkannten Glaubens die Reformation wahrscheinlich schon kurz nach dem Tod Luthers 1546 weitgehend gescheitert wäre. Sie hat nach der vernichtenden militärischen Niederlage von 1547 vor allem deswegen politisch überlebt, weil Moritz von Sachsen, von vielen Protestanten als »Judas von Meißen« geschmäht, sich eines Besseren besann, noch einmal die Fronten wechselte und im Jahr 1552 den Kaiser mit Waffengewalt aus Deutschland vertrieb. Erst dadurch war der nötige politische Freiraum geschaffen, in dem 1555 der Augsburger Religionsfriede geschlossen werden konnte. Es bedurfte

Abb. 16: Elia unter dem Ginsterbusch, Glasfenster von
Marc Chagall in der St.-Stephans-Kirche, Mainz

allerdings noch vieler bitterer Erfahrungen der Religi-
onskriege, bis in Europa die unmittelbare Verquickung
von politischer Macht und Religion, die seit den Zeiten
Jehus und Elias eine Blutspur durch die Geschichte gezogen hatte, aufgelöst und eine weniger gewalttätige,
rechtlich geregelte Zuordnung in der Idee vom religi-
onsneutralen Staat gefunden werden konnte.

Darum soll am Ende dieser Wirkungsgeschichte in der bildenden Kunst ein friedliches Eliabild stehen, das der Maler Marc Chagall 1977–1981 in der Kirche St. Stephan in Mainz geschaffen hat (Abb. 16). Chagall hatte den Auftrag, das Mittelfenster im Ostchor zu gestalten, das aus drei Teilfenstern besteht. Im linken Fenster gestaltete er das Verhältnis von Mann und Frau, angefangen vom Paradies (1. Mose 2,22–24), über die Prophetin Debora (Ri 4 f.), die Brautwerbung Rebekkas für Isaak (1. Mose 24), David und Bathseba (2. Sam 11–12) und die um ein Kind bittende Sara (1. Mose 16). Im mittleren Fenster gestaltete er die Beziehung zwischen Mensch und Gott, den Besuch der geheimnisvollen drei Männer bei Abraham (1. Mose 18), die Fürbitte Abrahams für Sodom (1. Mose 19), die Opferung Isaaks (1. Mose 22) und die von Jakob traumhaft geschaute Offenbarung des Gesetzes durch Mose (1. Mose 28,10–22; 2. Mose 19–20). Im rechten Fenster ging es Chagall um den Menschen als Mittler Gottes: Zuerst wird der Mensch der übrigen Schöpfung als Ebenbild Gottes präsentiert (1. Mose 1,26–28), sodann rettet Noah Menschen und Tiere mit Hilfe einer Taube durch die Flut (8,8–12), darauf folgt Elia, der zu Gott vor dem Ginsterbusch klagt (1. Kön 19,4–8); über ihm steht David, der zur Harfe singt und mit seinen Psalmen den Menschen die Sprache zum Klagen und Loben verleiht. Schließlich folgt ganz oben der gekreuzigte Messias Jesus, der in seinem Leiden und Sterben den Menschen das Heil bringt.

Der Prophet Elia wird vom Maler Chagall zutreffend zwischen die Mittler Gottes eingereiht. Aber es ist nicht der Mahner und Warner, der die Menschen mit dem Gotteswort konfrontiert, nicht der siegreiche Kämpfer für Gott, der die Menschen zur Entscheidung ruft, sondern der leidende und klagende Mensch, für den sich der Maler interessiert. Der Elia Chagalls ist gescheitert. Er ist vor den Nachstellungen Isebels geflohen (1. Kön 19,2–3) und nun hockt er einsam und verlassen vor dem Ginsterbusch und gesteht sich und Gott sein Scheitern ein (V. 4). Die Kühle der Nacht hat den Körper des Propheten schon ergriffen; gefasst will er sterben. Doch schon kommt ein leuchtender Engel durch die dunkle Nacht geflogen, um ihn mit duftendem Brot und frischem Wasser für das Leben zurückzugewinnen (V. 5). Der Krug mit dem erquickenden Wasser steht schon unbemerkt neben dem Betenden; es bedarf nur des Engels, damit er ihn entdeckt (V. 6). Der wiederbelebte Elia wird seine göttliche Mission weiterführen, wird zum Gottesberg wandern und die Aufträge, die er dort erhält, ausführen, damit das Gottesvolk von den Abtrünnigen gereinigt und ein treuer Rest gerettet werden kann (V. 9–18). Wenn Chagall Elia in eine Reihe mit Noah, David und Christus stellt, dann unterstreicht er – wie schon ein Teil der biblischen Überlieferung – die rettende und heilvolle Funktion, die diesem Propheten trotz aller seiner Unheilsworte zukommt.

2.2 Das Oratorium »Elias« von Felix Mendelssohn-Bartholdy

Der biblische Eliastoff hat zwar einige Vertonungen angeregt,[5] von ihnen hat aber nur eine einzige, das Oratorium »Elias« von Felix Mendelssohn-Bartholdy (1809–1847), eine bleibende Bedeutung erlangt. Allerdings war dieses Werk lange Zeit häufig antijüdischen und fragwürdigen ästhetischen und theologischen Vorurteilen ausgesetzt. So wurde einerseits schon im 19. Jh. der Vorwurf erhoben, dass es sich bei Mendelssohns »Elias« um einen »jüdelnde(n) Text« handele; und andererseits konnte noch in den achtziger Jahren des

---

5   Vgl. E. LANGE in: K. GRÜNEWALDT/H. SCHRÖTER, Elia, 1995, 295 f.

20. Jhs nun wieder der jüdische Musikwissenschaftler Eric Werner sein Libretto »ein Potpourri von religiöser Fanatik und salbungsvoller Pastoren-Frömmigkeit« nennen.[6] Erst in jüngster Zeit hat man Mendelssohn auch von Seiten der alttestamentlichen Theologen eine einfühlsame und durchaus sachgerechte Auslegung der biblischen Eliatradition bescheinigt.[7] Ich halte, obwohl musikalisch ein absoluter Laie, von meiner Kenntnis der Bibeltexte her Mendelssohns Elia-Interpretation schlicht für genial. Ja, ich verdanke ihr sogar einige meiner exegetischen Einsichten.

Felix Mendelssohn hat »den Elias« relativ schnell komponiert, nachdem er im September 1845 die Einladung erhalten hatte, für das nächste Birmingham Music Festival ein neues Oratorium zu schreiben. Schon am 26. 08. 1846 wurde es unter seinem Dirigat mit großem Erfolg in Birmingham uraufgeführt und darauf für eine Londoner Aufführung noch einmal leicht überarbeitet. Allerdings gingen die Planungen zum »Elias« schon bis ins Jahr 1837 zurück. Nach seinem Erfolg mit dem Oratorium »Paulus« schwebte Mendelssohn ein Oratorium zu Elias vor, das wie eine Oper ohne einen Erzähler auskommt und ganz von den Dialogen der beteiligten Personen lebt. Dabei interessierte Mendelssohn an den Elia-Erzählungen vor allem deren Dramatik, die er in Dialoge umsetzte und mit szenisch passenden Versen aus anderen Teilen der Bibel aufzufüllen suchte. Einen ersten Entwurf des Librettos schuf Mendelssohn zusammen mit seinem Jugendfreund Karl Klingmann, der als Legationsrat in London tätig war. Dann wandte er sich an einen

---

6 Vgl. dazu ausführlich R. Bartelmus, Elia(s), 1998, 89 ff.
7 So etwa R. Bartelmus, Elia(s), 1998, 93–102, und W. Thiel, Mendelssohns ›Elias‹, 2000, 177–188. Hier finden sich auch gute Informationen zur Entstehung des Werks, aus denen ich im Folgenden schöpfe.

anderen ehemaligen Jugendfreund, Julius Schubring, um Hilfe, der bei Schleiermacher studiert hatte und inzwischen Pfarrer und Oberkonsistorialrat in Dessau geworden war. Doch kam das Projekt wegen konzeptioneller Differenzen 1839 erst einmal zum erliegen. Erst 1845 wandte sich Mendelssohn erneut an Schubring, der ihm viele Textvorschläge lieferte. Schubring hielt allerdings einen christologischen Schluss des Oratoriums, etwa in der Verklärung Jesu (Mk 9,2–8), für angebracht, was Mendelssohn aber aus stilistischen und sachlichen Gründen ablehnte. Als praktizierender Christ aus einer berühmten jüdischen Familie – er war im reformierten Glauben erzogen und 1816 getauft worden[8] – scheute er sich wohl, die Eliagestalt christlich zu vereinnahmen und schuf stattdessen aus alttestamentlichen Texten einen messianischen Schluss, der sowohl der christlichen als auch der jüdischen Tradition offen stand. In dem letztlich von Mendelssohn selber redigierten Libretto werden nur zwei Verse aus dem Neuen Testament aufgegriffen (Mt 10,22 in Nr. 32 und Mt 13,43; vgl. Dan 12,3 in Nr. 39).[9]

Im Folgenden soll ein kurzer exegetischer Kommentar des Oratoriums versucht werden, der sich allerdings weitgehend auf den Text beschränkt, da mir die nötige musikwissenschaftliche Kompetenz fehlt. Das Handlungsgerüst für das Oratorium liefert die er-

---

8 Sein Großvater war der berühmte jüdische Aufklärungsphilosoph Moses Mendelssohn (1729–1786). Sein Vater Abraham Mendelssohn konvertierte zum Christentum und nahm den nicht-jüdischen Namen Bartholdy an; doch war sein Glaube eher von einem aufgeklärten Deismus geprägt.

9 Die Nummern beziehen sich auf die Zählung der Musikstücke in der Partitur, die auch in die Textbücher übernommen ist. Einen detaillierten Nachweis der verwendeten Bibelverse bietet eine Synopse bei R. Bartelmus, Elia(s), 1998, 112–133. Sie lässt auch bequem erkennen, welche Anpassungen und Veränderungen Mendelssohn vorgenommen hat.

weiterte Dürrekomposition 1. Kön 17–19; sie wird am Ende fortgeführt durch eine Würdigung des Wirkens Elias einschließlich seiner Himmelfahrt (Nr. 38) nach Sir 48,1–9 und durch einen Hinweis auf die Wiederkunft Elias (Nr. 40) nach Mal 3,23f. Dagegen wird auf die Nabot-Erzählung nur kurz angespielt (Isebel in Nr. 23 auf 1. Kön 21,7); die Ahasja-Erzählung (2. Kön 1) wird völlig übergangen. Den tiefen Einschnitt zwischen 1. Kön 18 und 19 hat Mendelssohn dadurch berücksichtigt, dass er hier den 2. Akt seines Oratoriums beginnen lässt.

Es zeigt das feine Gespür Mendelssohns für den biblischen Text, dass er den Schwurzauber Elias von 1. Kön 17,1, der den dramatischen Konflikt der ganzen Dürrekomposition in Gang setzt, noch vor die Ouvertüre an den Anfang seines Werks setzte. Durch seine Vertonung mit tiefen Bläserakkorden hat Mendelssohn die Furchtbarkeit dieses Dürre und Hunger heraufbeschwörenden Gerichtswortes unterstrichen. Majestätisch und finster bricht durch Elia das Unheil von Gott her herein. Und die ganze Ouvertüre schildert die Erschütterung und Aufgeregtheit, die es auslöst.

Mendelssohn hat mit der ihm eigenen Stilsicherheit gespürt, dass es auf ein derart furchtbares Wort hin, das die Dürrenot nicht nur ansagt, sondern auch bewirkt, eigentlich nur eine angemessene menschliche Reaktion geben kann: die Klage des Volkes. In der biblischen Erzählung bleibt eine solche aus; vielmehr geht sie sofort zur Bewahrung Elias in der Dürrenot über (1. Kön 17,2–24), um das Unheilswort des Propheten unmittelbar mit seinem Heilswirken zu kontrastieren. Die schlimmen Auswirkungen der Dürrenot werden hier erst im Nachhinein und dann auch nur in der Schilderung Obadjas nachgetragen (18,2b.5.10). Mendelssohn gestaltet dagegen – und zwar im Sinne der üblichen biblischen Tradition – eine Folge erschütternder Klagen des von der Dürre betroffenen Volks (Nr. 1–2.5), wobei er sich einiger Verse aus den Klagen in Jer 8,19–20 und Klgl 1,17; 4,4 bedient.[10] Um die Dramatik noch zu steigern, lässt Mendelssohn Obadja als Bußprediger auftreten, der das Volk an die Güte Gottes erinnert und ihm für den Fall echter Umkehr sogar seine Zuwendung in Aussicht stellt (Nr. 3–4 aus Joel 2,13; Jer 29,13 f.). Aber das kann das aufgebrachte Volk nicht trösten; voll Bitterkeit stellt es fest, dass Gott sie offenbar alle umbringen will (Nr. 5 aus 5. Mose 28,45). Erfahrbar ist für es nur der »eifersüchtige Gott« aus den Zehn Geboten, mit dem nicht zu spaßen ist, während der barmherzige Gott nur ganz am Ende des Klagegebets von Ferne aufscheint (2. Mose 20,5–6).

Erst nach diesem bewegenden einleitenden Klageteil kommt das Oratorium auf die Bewahrung Elias zu sprechen (Nr. 6–9). Die Rabenepisode (1. Kön 17,2–7) und das Ölwunder (V. 8–16) werden nur kurz von einem Engel referiert. Stattdessen unterstreichen die Engel durch das strahlende Doppelquartett »Denn er hat seinen Engeln befohlen über dir, dass sie dich behüten …« aus dem Vertrauenspsalm Ps 91,11 f. im Kontrast zur Klage des Volkes die barmherzige Fürsorge Gottes. Dramatisch ausgestaltet wird von Mendelssohn dagegen die Erweckung des gestorbenen Kindes der Witwe (1. Kön 17,17–24). Wenn der Komponist dabei die Witwe in einer wilden Klage harte Vorwürfe gegen Elia erheben lässt (Nr. 8), er habe ihre Schuld aufgedeckt und die Tötung ihres Sohnes bewirkt (vgl. V. 18), dann hat er genau den Punkt getroffen, warum diese Erzählung in die Dürrekomposition aufgenommen wurde: Es geht um den bösen Verdacht, dass Elia allein schon

---

10 Erst durch diesen abweichenden Eingangsteil im Oratorium ist mir bewusst geworden, dass die Präsentation der Ereignisse in der Dürrekomposition (1. Kön 17–18) eine erklärungsbedürftige Ausnahme vom normalen Geschehensablauf darstellt.

durch seine Anwesenheit nicht nur sein Volk, sondern auch seine Anhänger ins Unglück stürzt, der durch die Totenerweckung ausgeräumt werden soll. Elia versucht die aufgebrachte Mutter durch freundliche Gelassenheit zu beruhigen. Voll Vertrauen ruft er Gott um Hilfe an. Doch dreimal muss er – immer wieder unterbrochen durch zweifelnde Fragen der Witwe – mit sich steigernder Intensität zu Gott rufen, bis dieser das rettende Wunder vollbringt. Die glückliche Mutter erkennt die Gottverbundenheit Elias und damit seine Legitimität an (V. 24); die beiden vereinen sich im gemeinsamen Gesang des Bekenntnisses Israels (*Schemá Jisra'él* 5. Mose 6,5).

Wie die biblische Erzählung so kehrt auch das Oratorium zur Haupthandlung der Dürrenot zurück (1. Kön 18,1 ff.). Elia trifft hier selber den Entschluss, sich Ahab zu zeigen und damit das Ende der Dürre einzuleiten (Nr. 10). Darauf steuert das Oratorium aber – stringenter als die biblische Erzählung – unter Auslassung der durch die Klagen funktionslos gewordenen Obadja-Episode (18,2b – 16) direkt auf die Begegnung mit Ahab zu. Der Vorwurf des Königs, Elia habe das Volk verwirrt, d. h. – besser übersetzt – ins Verderben geführt (18,17), der im Oratorium sogar vom Volk aufgegriffen wird, stellt noch einmal massiv die Legitimität des Propheten in Frage. Doch wie in der biblischen Erzählung gibt Elia den Vorwurf an das Königshaus zurück (V. 18) und fordert Ahab auf, die Baalspropheten zum Götterwettstreit auf dem Karmel zu versammeln.

Der Wettstreit zwischen Elia und den Baalspropheten auf dem Karmel gehört zu dem Dramatischsten, was je in der Oratorienmusik komponiert worden ist (Nr. 11 – 18). Dreimal versuchen die Baalspriester, Baal zum Entzünden ihres Opfers zu bewegen, zuerst noch selbstgewiss, dann durch den Spott Elias angestachelt immer schriller und verzweifelter (Nr. 11–13). Im Kontrast dazu bittet Elia ruhig und voll Vertrauen den Gott Israels (Nr. 14); und wird in dieser vorbildlichen Haltung noch von einem Engelquartett gestärkt (Nr. 15). Richtig erkennt Mendelssohn, dass es bei dem erbetenen Gottesurteil nicht allein um den Erweis der alleinigen Göttlichkeit JHWHs geht, sondern ebenso um den Erweis der Legitimität Elias als dessen beauftragten Boten (vgl. 1. Kön 18,36 f.). Auf eine erneute Bitte Elias antwortet JHWH tatsächlich im Feuer und entzündet das Brandopfer Elias, wie das Volk erregt berichtet. Darauf demütigt sich das Volk und spricht – deutlicher als im Bibeltext (V. 39) – ein eindeutig monotheistisches Bekenntnis (Nr. 16).

Erstaunlicherweise übernimmt Mendelssohn aus dem Bibeltext auch die gewalttätige Abschlachtung der Baalspriester in aller Drastik (1. Kön 18,40). Aber er war sich der theologischen Problematik dieses Bibelverses sehr wohl bewusst, wie ein doppelter Kommentar zeigt, den er anschließt: Erstens lässt er die Hammer-Arie Elias folgen, in der der Prophet, ein Wort aus Jer 23,29 aufnehmend, die unbändige Gewalt des prophetischen Gotteswortes zu Bedenken gibt. Gottes Wort bleibt nicht in der unverbindlichen Sphäre frommer Gedanken hängen, es hat reale und im Einzelfall auch hart strafende Auswirkungen. Es führt, wie Elia durch Verweis auf Ps 7,12 f. verdeutlicht, das Richteramt Gottes mit aller Härte aus. Doch so sehr sich Gott an Elia und sein Prophetenwort gebunden hat, so wenig ist er mit dem blutigen Ausgang des Konfliktes zufrieden. Mendelssohn läßt auf die dunkle Hammer-Arie Elias das Arioso einer Altstimme erklingen (Nr. 18), in dem Gott selber darüber klagt, dass er die Baalspriester in ihrer Verblendung hat strafen müssen: »Ich wollte sie wohl erlösen, aber sie hören es nicht« (nach einer Klage Gottes über Israel in Hos 7,13). Hier, auf dem Höhepunkt des Konflikts dringt Mendelssohn in die Tiefe des biblischen Gottes-bildes vor: Gott ist den Menschen liebend zugewandt und leidet daran, wenn sie ihn ablehnen. Er straft die Abtrünnigen nicht leichten Herzens, sondern trauert um alle, die er strafen muss. Es ist bemerkenswert, dass Mendelssohn lange vor aller feministischen Diskussion um das christliche Gottesbild eine Frau dem trauernden Gott ihre Stimme leihen lässt.

Nach diesem theologischen Höhepunkt folgt der Schlussteil des ersten Aktes, in dem Elia die Dürre-not beendet und den rettenden Regen wiederbringt (Nr. 19–20). Mendelssohn hat diesen Teil, der im bibli-schen Text nur fünf Verse umfasst (1. Kön 18,41–45) zu einer dramatischen Gebetsszene ausgebaut. Eingelei-tet wird sie nach der theologischen Reflexion dadurch, dass Obadja zusammen mit dem Volk Elia um Hilfe bittet, da sie eingesehen haben, dass kein heidnischer Gott, sondern allein JHWH Regen bringen kann (nach Jer 14,22). Elia ist nach der Bekehrung des Volkes so-fort bereit, die Kraft seiner Fürbitte für es einzusetzen. Mit immer neuen Argumenten versucht er, Gott zum rettenden Eingreifen zu bewegen: Er habe seine Feinde besiegt, er möge die Umkehr des Volkes berücksichti-gen, er möge seiner Barmherzigkeit gedenken. Doch dreimal geht die Klage Elias ins Leere; immer wieder meldet der Diener Elias einen Misserfolg. Das sich in mehreren Akten vollziehende magische Regenmacher-ritual des biblischen Textes wird von Mendelssohn in ein Gebetsdrama übersetzt. Elia betet noch einmal mit höchster Dringlichkeit, steht doch erneut seine Legiti-mität auf dem Spiel. Da endlich reagiert Gott und lässt es regnen. So endet der erste Akt mit einem jubelnden Dankchor des Volkes (Nr. 20).

Mendelssohn hat offenbar klar gespürt, dass zwi-schen 1. Kön 17–18 und Kap. 19 ein harter Bruch vor-liegt, der im biblischen Text nur ungenügend überbrückt wird. So fügte er an den Anfang des zweiten Aktes seines Oratoriums einen langen Abschnitt neuer Texte ein (Nr. 21–23), die den Umbruch vom Sieg zum Scheitern des Propheten besser motivieren sollen. Durch eine Sopran-Arie wird Israel aufgerufen, treu bei Gott zu bleiben, obgleich es einem Tyrannen unterworfen ist. Da Ahab in der biblischen Karmelszene nicht auftaucht, hat Mendelssohn den Text – allerdings gegen 1. Kön 18,41–46 – so ausgelegt, dass der König die ganze Zeit in seinem Irrglauben verharrte. Das bekehrte Volk müsste darum seinem König Widerstand leisten, wozu ihm ein Engelchor Mut zuspricht (Nr. 22 Heilsorakel aus Jes 41,10.13).

Unter dieser Perspektive nimmt im Oratorium Elia erst jetzt seinen Kampf gegen das götzendienerische Königshaus auf und konfrontiert Ahab mit der harten Anklage (Nr. 23), die der deuteronomistische Historiker in 1. Kön 16,30–33, d. h. vor der eigentlichen «Dürrekomposition» gegen ihn erhoben hatte (vermehrt um 1. Kön 14,7.15 f.). Dies fordert aber nun die Gegenreaktion der Königin Isebel heraus. In einer dramatischen Anklagerede beschuldigt sie Elia vor dem Volk. Dabei wirft sie ihm nicht nur vor, die Baalspriester getötet zu haben, wie dies in 1. Kön 19,2 geschieht, sondern auch, dass er die politische Macht des Königshauses untergraben will, wie sie dies ähnlich in der Nabot-Erzählung geäußert hatte (21,7). Ja, Isebel stellt sogar grundsätzlich Elias Legitimität als Prophet JHWHs in Frage (»Warum darf er weissagen im Namen des Herrn?«) und zieht damit das Volk auf ihre Seite. In den sich überschlagenden Beschuldigungen von Königin und Volk wird gegen Elia auch Anklage wegen seines Dürrewortes (17,1) erhoben. Das Regenwunder ist vergessen. Angestachelt von der Königin, fordert das Volk für Elia schließlich die Todesstrafe (Nr. 24). Durch diesen breiten Ausbau des Eingangs von 1. Kön 19 gelingt es Mendelssohn in der Tat, den totalen Abfall des Volkes von JHWH zu erklären, der in der Klage Elias V. 10.14 vorausgesetzt wird.

Die Nachricht vom Todesurteil wird im Oratorium Elia von Obadja überbracht. Er rät ihm in die Wüste zu gehen, gibt ihm eine Zusage göttlichen Schutzes und bittet zum Abschied um seinen Segen. Resigniert stellt Elia die Unbußfertigkeit des Volkes fest und verabschiedet sich (Nr. 25). Darauf folgt eine erschütternde Klage des gescheiterten Propheten in der Wüste, die nicht nur 1. Kön 19,4, sondern auch schon die später am Horeb geäußerte Klage V. 10.14 einbezieht. Elia muss sich die Erfolglosigkeit seines Ringens um das Volk eingestehen, er will sterben (Nr. 26). Ein Engel schildert kurz, wie Elia unter dem Wacholderbusch liegt (Nr. 27); es ist die einzige Stelle im Oratorium, wo entgegen der Absicht des Komponisten ein Erzähler auftritt. Ein wunderschönes Engelterzett, das ohne Orchesterbegleitung gesungen wird, spricht dem schlafenden Elia mit den Worten von Ps 121,1–3 Trost zu (Nr. 28). Und ein Engelschor versichert ihm mit den Worten von Ps 121,4 und 138,7 die jederzeit aufmerksame Fürsorge Gottes (Nr. 29).

Es folgt nun wie in 1. Kön 19,7–15 die Begegnung Elias mit Gott am Horeb (Nr. 30–37). Diese wurde allerdings von Mendelssohn in ihrer Ausrichtung stark verändert. Sie zielt nicht mehr auf die Legitimation eines noch schärferen Gerichtshandelns der Propheten in der Nachfolge Elias (V. 15–17), sondern auf die göttliche Bestätigung Elias trotz seines Scheiterns. Nachdem Elia durch einen Engel ermutigt wurde, zum Gottesberg zu gehen, trägt er Gott seine Klage vor, warum er nicht mit aller seiner Macht gegen die Abtrünnigen eingreift, ja, warum er Ungehorsam und Abfall nicht verhindert (Jes 63,17; 64,1–3). Elia stellt somit ähnlich wie Hiob Gott fordernd die Theodizeefrage (Nr. 30). Darauf wird er von einem Engel, dem sich noch ein

Chor anschließt, zur Geduld und Demut gemahnt; er soll seinen Zorn und Grimm fahren lassen (Nr. 31–32 nach Ps 37,4–5.7–8 und Mt 10,22). Selbst durch einen Propheten wie Elia will sich Gott nicht zu einem Vernichtungsgericht drängen lassen. Diese Zurückweisung, so fromm sie auch von den Engeln vorgetragen ist, stürzt Elia in die tiefste Gottverlassenheit (»Herr, es wird Nacht um mich, sei du nicht ferne ...«). Hatte sich Gott von seinem Gerichtspropheten, der ihm so nahe stand wie kein anderer, losgesagt? Erst aufgrund seiner abgrundtiefen Verzweiflung erhält Elia von einem Engel die Anweisung von 1. Kön 19,11, sich auf eine Gotteserscheinung vorzubereiten (Nr. 33); Gott will seinen gescheiterten und verzweifelten Propheten nicht allein lassen. Die Theophanie wird nach 1. Kön 19,11–12 geschildert, wobei Mendelssohn sie ausdrücklich als Wesensoffenbarung des biblischen Gottes versteht: Nicht im Sturm, nicht im Erdbeben, nicht im Feuer, sondern im »Säuseln nahte sich der Herr« (Nr. 34). Nicht die zerstörerische Gewalt, sondern eher die leisen und eher unscheinbaren Erscheinungen repräsentieren somit das Wesen Gottes. Die positive Seite seines Wesens entfaltet Mendelssohn zusätzlich durch den Gesang der Serafim von Jes 6,3, das sog. Trishagion (Nr. 35): Als Heiliger ist JHWH grundsätzlich von aller Welt geschieden, dennoch durchdringt seine Herrlichkeit (*kabod*, besser als »Ehre«) die ganze Welt, unabhängig davon, ob die Menschen dies anerkennen oder nicht.

Abschließend weist ein Engelschor Elia vom Gottesberg wieder zurück in die Welt, ohne ihm aber einen konkreten Auftrag zu geben. Aus der Zusage, dass Gott zukünftig 7.000 treue JHWH-Verehrer in Israel trotz eines schlimmen Gerichtes retten will (1. Kön 19,18), wird ein tröstender Hinweis, dass Gottes Sache trotz des Scheiterns Elias keineswegs verloren ist. Belehrt und getröstet von der Gottesbegegnung, ist Elia bereit, auch sein Scheitern als gottgewollt anzunehmen (Nr. 36); es ist nicht mehr Ausdruck der Gottesferne. Im paradoxen Bekenntnis »ich muss um deinetwillen leiden; darum freut sich mein Herz und ich bin fröhlich« stößt Elia zu einem zutiefst jüdischen wie zutiefst christlichen Existenzverständnis durch, das sich trotz allen Scheiterns und Nichtverstehens von der Gnade Gottes getragen weiß. In seinem abschließenden Arioso akzeptiert Elia dankbar, trotz allen Leids auf ewig in der Gnade Gottes geborgen zu sein (Nr. 37).

An dieser Stelle endet der durch 1. Kön 17–19 vorgezeichnete Lebensweg Elias. Es folgt in den Nr. 38–39 eine Art Nachruf, den das Volk auf den berühmten Propheten singt, und in dessen Folge auch die dramatische Himmelfahrt Elias berichtet wird. Redeform und Inhalt läßt sich Mendelssohn hier vom Lob der Väter in Sir 48,1–9 vorgeben. Dabei steht der Preis der gewaltigen Wundertaten und furchtbaren Gerichtsworte Elias in einem eigenartigen Kontrast zur geduldigen Leidensbereitschaft, zu der der Prophet inzwischen selber gelangt war.[11] Vielleicht meinte Mendelssohn, dass das teilweise gescheiterte Lebenswerk des Propheten durch die Aufnahme Elias in den Himmel von Gott nachträglich voll bestätigt wurde. Wie vorher Elia schon zum Prototyp jüdischer und christlicher Existenz geworden war, so wird seine Himmelfahrt in einem Tenorsolo (Nr. 39) zum Vorbild für die von Juden und Christen gleichermaßen erwartete Auferstehung der Gerechten gemacht (Dan 12,3; Mt 13,43). Dann endlich wird ihr Leid, das sie Gottes wegen auf sich nehmen, ein Ende haben (Jes 51,11).

---

11 Bei dem Satz »Er hat auf dem Berge Sinai gehört die zukünftige Strafe, und in Horeb die Rache« aus Sir 48,6 f. nimmt Mendelssohn sogar ein regelrechtes Blindmotiv in Kauf, da er zuvor die Gerichtsaufträge Gottes auf dem Horeb (1. Kön 19,15–17) weggelassen hatte.

Waren damit schon Hoffnungen individueller Eschatologie angeklungen, so setzt Mendelssohn an das Ende seines Oratoriums, ganz im Sinne der biblischen Eliatradition (Mal 3,23–24), einen messianischen Ausblick (Nr. 41–42). Eigentümlicherweise ist für Mendelssohn die Wiederkunft Elias, die darauf zielt, die Väter und Kinder zur Umkehr zu rufen und damit das Endgericht Gottes abzumildern, schon vollzogen (Nr. 40). Dies entspricht der vorherrschenden Sicht des Neuen Testaments, die Mendelssohn als Christ offenbar teilt. Doch vermeidet er jede Festlegung auf Johannes den Täufer. Die messianische Zeit hat also schon begonnen. So kann Mendelssohn unmittelbar an Elias Wiederkunft das bevorstehende Kommen des Messias anschließen (Nr. 41). Dieses schildert der Chor mit Worten aus Deuterojesaja, die einmal auf das Kommen des Perserkönigs Kyros zur Rettung Israels bezogen waren (Jes 41,25), aber nun durch Bezüge auf die messianische Weissagung Jes 11,2 auf den zukünftigen Heilskönig umgedeutet werden. Wieder vermeidet Mendelssohn bewusst jede Festlegung, wer dieser Messias sei. Stattdessen werden alle Dürstenden, die auf das rettende Kommen des Messias warten, mit den Worten aus Jes 55,1–3 eingeladen, zu ihm zu kommen und bei ihm Leben zu finden. So ist der Schluss des Oratoriums sowohl für die christliche wie auch für die jüdische Heilshoffnung offen.

Der Schlusschor nimmt die erwartete Offenbarung der Herrlichkeit Gottes am Ende der Zeiten schon vorweg, bei der alle Getreuen zu Gott geholt werden, wie das schon einmal bei Elias Himmelfahrt der Fall gewesen war (Nr. 42). Da dann das Erbarmen Gottes über sein Strafhandeln endgültig gesiegt haben wird, kann der Schlusschor – alle Dissonanzen aufhebend – ihn schon jetzt als Herrscher der ganzen Welt preisen (Ps 8,2).

Obgleich Felix Mendelssohn im einzelnen eigene Akzente setzte, stellt sein Oratorium »Elias« eine kongeniale Auslegung weiter Teile der biblischen Eliatradition dar. Kompositorisch wird das Wirken Elias im Oratorium sogar stimmiger und verständlicher dargestellt als in der biblischen Vorlage von 1. Kön 16–19. Theologisch wird die umstrittene Ambivalenz des Propheten zwischen Gerichts- und Heilswirken und die große Spannweite des Gottesbildes zwischen göttlichem Gericht und Erbarmen in ihrer ganzen Widersprüchlichkeit und in ihrer höheren Einheit von Mendelssohn klar erfasst und in ihrer Dramatik musikalisch gestaltet. Anthropologisch wird das Ringen Elias für Gottes Sache durch alle Höhen und Tiefen ausgelotet; dabei macht Mendelssohn den Propheten stärker als die biblische Erzählung zu einem Sinn- und Vorbild christlicher und jüdischer Existenz vor Gott, die hin- und hergerissen wird zwischen Vertrauen und Verzweiflung, Erfolg und Scheitern, Leiden und Hoffnung. So ermöglicht Mendelssohns Oratorium eine emotionale Auseinandersetzung mit Elia, die das verstehende Eindringen in die biblischen Texte, die von ihm handeln, ergänzt und vertieft und damit ihrer rationalen Verflachung entgegenwirkt.

2.3 Der Roman »Der Fünfte Berg« von Paulo Coelho

Die Gestalt Elias hat anders als die Davids oder Hiobs nur wenige Spuren in der neuzeitlichen Literatur hinterlassen.[12] Eine Ausnahme bildet in jüngster Zeit der brasilianische Erfolgsautor Paulo Coelho (geb. 1947), der sich von den biblischen Elia-Erzählungen zu einem ganzen Roman anregen ließ. Dieser ist 1996 in Brasili-

---

12 Vgl. W. JANSSEN in K. GRÜNEWALDT/H. SCHRÖTER, Elia, 1995, 283–294.

en und 1998 in deutscher Übersetzung unter dem Titel »Der Fünfte Berg« erschienen.[13]

Coelho, der seine Berufung als Schriftsteller, die er schon in jungen Jahren spürte, gegen den härtesten Widerstand seiner Eltern – diese wiesen ihn zweimal zwangsweise in die Psychiatrie ein – hat durchsetzen müssen und der nach wilden Jahren des antibürgerlichen und antikapitalistischen Protests aufgrund einer Erscheinung und einer Pilgerfahrt zum katholischen Glauben und seinem Weg als Schriftsteller zurückfand, interessiert an Elia vor allem das Ineinander von göttlicher Beauftragung und Lebensleitung einerseits und menschlicher Autonomie und Verantwortung anderseits. Er arbeitet heraus, dass sein moderner Elia, auch da, wo er anders als in der Bibel wie Jakob mit Gott kämpft (1. Mose 32,25–29), dennoch und gerade die Absicht Gottes erfüllt: »Vom Himmel lächelte der Herr zufrieden – weil es genau dies war, was Er wollte, nämlich dass jeder die Verantwortung für sein Leben in die eigenen Hände nahm. Schließlich war dies ja die größte Gabe, die Er Seinen Kindern gegeben hatte: Die Fähigkeit, selbst zu wählen und zu bestimmen« (190).

Coelho lässt seinen Roman im Jahr 870 v.Chr. beginnen, d.h. am Anfang der Regierungszeit des Ahab (870–851). Elia ist nach seiner Meinung zu dieser Zeit 23 Jahre alt (37), also noch ein junger Mann. Schon als Kind hatte er Stimmen gehört, und ein Priester hatte ihn als Prophet (*nabi'*) identifiziert. Doch seine Eltern waren gegen eine solche gefährliche Karriere und hatten ihm eine kleine Tischlerei gekauft (13). Elia wollte nicht Prophet werden (12). Dennoch konnte er sich seiner Bestimmung nicht entziehen: Nachdem Ahab Isebel geheiratet hatte, und diese einen geradezu mis-

---

13 Im Diogenes Verlag, Zürich. Eine Taschenbuchausgabe (Diogenes 23158) erschien in Zürich, 2000. Nach ihr wird zitiert.

sionarischen Eifer für den Gott Baal an den Tag legte, sah er sich von einer himmlischen Stimme getrieben, bei König Ahab um Audienz nachzusuchen, um ihm das furchtbare Dürrewort auszurichten (15f.; vgl. 1. Kön 17,1). Während der König dies nicht ernst nahm, überzeugte die Königin ihren Mann, dass die JHWH-Propheten eine Gefährdung für den Staat darstellten und darum umgebracht werden müssten. 450 Propheten wurden ermordet (vgl. 1. Kön 18,4; Zahl aus V.19), doch Elia konnte sich in einem Pferdestall in Gilead verstecken und schließlich mit Hilfe seines Schutzengels an den Bach Krit fliehen (19–22; vgl. 1. Kön 17,2–6).

Der junge Elia grämt sich des Unheils, das er angerichtet hat und schämt sich seiner Feigheit. Er wird sich bewusst, dass der Mensch kaum die Macht hat, eigene Entscheidungen zu fällen und gegen sein Schicksal anzukämpfen (23). Doch der Rabe ernährt ihn nicht nur wie in der biblischen Geschichte, sondern belehrt ihn auch darüber, dass ein Mensch mehrere Etappen durchlaufen muss, bevor er sein Schicksal erfüllen kann (33). Der »Engel des Herrn«, der bei Coelho dem Schutzengel Elias übergeordnet ist, eröffnet Elia, dass es seine Mission sei, den wahren Gott an Isebel zu rächen. Doch könne er nur etwas zerstören, wenn er zuvor etwas aufgebaut habe. Damit Elia dies lerne, schickt ihn der Engel ins phönizische Ausland, nach Zarpat (1. Kön 17,8–10).

Anders als in der Bibel findet Elia in Zarpat, das von Coelho im Folgenden Akbar genannt wird, keine freundliche Aufnahme. Die Witwe betrachtet ihn anfangs als Feind Phöniziens und nimmt ihn nur wegen einer Erscheinung auf (38). Das Ölwunder (1. Kön 17,8–16) wird von Coelho rationalisiert; es ereignet sich dadurch, das Elia die Witwe zur Arbeit aktiviert. In die Rolle eines Sündenbocks gerät Elia, als der Sohn der Witwe krank wird. Man wirft ihm vor, den Zorn der phönizischen

Götter, die auf dem Fünften Berg versammelt seien, auf sich und seine Umgebung gezogen zu haben (43). Als das Kind stirbt, wird gegen ihn Anklage wegen Schadenszaubers erhoben (48). Er muss sich einem sakralen Strafverfahren unterziehen und auf den Fünften Berg steigen, wo ihn die phönizischen Götter töten würden. Die Bedrohung und Anfechtung, die der Tod des Kindes für Elia bedeutete, werden von Coelho hervorragend erfasst und ausgestaltet.

Doch erstaunlicherweise wird Elia auf dem Fünften Berg nicht von den Göttern getötet. Stattdessen gibt der Engel des Herrn Elia Anweisungen zur Totenerweckung (52). Kurz bevor er selbst hingerichtet werden soll, gelingt es Elia, den Sohn der Witwe ins Leben zurückzuholen (56; vgl. 1. Kön 17,20–23). Während die Leute das Wunder Baal zuschreiben, bekehrt sich die Witwe zu JHWH (V. 24). Elias Ansehen und Autorität im Ort werden gestärkt, doch wird ihm vom Engel des Herrn mitgeteilt, dass ihm kein weiteres Wunder im Ausland zustehen werde; das Wunder des Wiederaufbaus wird Elia aus eigener Kraft vollbringen müssen. Elia muss lernen, dass Gott nicht fortlaufend rettend eingreifen kann, weil er sonst den Menschen seiner Verantwortung entheben würde (59).

Folgte Coelho bis hierhin – in dichterischer Freiheit – weitgehend dem Ablauf der biblischen Darstellung (Teil I), so schiebt er nun (Teil II, 61–213) eine frei erfundene Erzählfolge ein, die Elias Rolle während und nach einer assyrischen Eroberung der Stadt Akbar schildert. Ausgestattet mit der Autorität eines göttlichen Wunders (64), wird Elia zum Gegenspieler des Priesters und des Stadtkommandanten von Akbar, während der Stadthauptmann sich seiner Hilfe zu bedienen sucht.

Als die Assyrer ihre Truppen vor der Stadt langsam verstärken, kündigt Elia, beauftragt durch den Engel des Herrn, die Zerstörung von Akbar an, rät aber

gleichzeitig zum Frieden, um die Stadt zu retten (64 f.).
In letzterem wird er vom Stadthauptmann unterstützt.
Der Priester dagegen hält Krieg und Zerstörung für
unausweichlich, um die Buchstabenschrift von Byblos auszurotten, die seiner Meinung nach, anders als
die ägyptischen Hieroglyphen von jedermann leicht
erlernbar, die rituell gesicherte Stabilität der Welt ins
Wanken bringen würde (61–63; 75–77; 125; 138–141).
Coelho lässt hier kulturgeschichtliche Überlegungen
zur Erfindung der phönizischen Buchstabenschrift
einfließen, die von den Griechen zum Alphabet ausgebaut wurde. Die Buchstabenschrift, die Elia zuerst die
Witwe (88), dann ihren Sohn (197) und schließlich alle
Bewohner von Akbar lernen lässt (204), repräsentiert
für ihn den Fortschritt, die ägyptische Wort- und Sil-
benschrift das Beharren auf Tradition.[14] Der Stadtkom-
mandant unterstützt die rückwärtsgewandte Position
des phönizischen Priesters und drängt aus militärischer Ruhmsucht zum Krieg.

Die Auseinandersetzung der Rivalen erreicht ihren Höhepunkt, als ein assyrischer General, der zu
Verhandlungen mit der Stadt gekommen war, als Spi-
on gefangen genommen und vor Gericht gestellt wird

---

14 Diese Einschätzung ist richtig; allerdings unterlaufen Coelho
im Detail einige Ungenauigkeiten. Die phönizische Schrift wurde schon am Ende des 2. Jt.s und nicht erst im 9. Jh. v. Chr. eingeführt. Die Griechen fügten nicht die Vokale hinzu (so Coelho
111), sondern definierten die Guttural- und Semivokalzeichen,
die sie für ihre Sprache nicht mehr benötigten, in Vokalzeichen
um. Wohl ist das griechische Wort *biblion* »Papierrolle, Buch« in
der Tat von der Stadt Byblos und dem dort vertriebenen Papy-
rus (*byblos*) abgeleitet, aber der Plural davon heißt nicht *biblias*
(so Coelho 144), sondern *biblia*. Dieser Plural biblia bezeichnete
dann in der Antike die heiligen Schriften der Kirche. Im Mittel-
alter wurde der Plural des Neutrums als ein Singular des Femi-
nins verstanden und es entstand das deutsche Lehnwort »die
Bibel«.

(94–106). Elia hofft, durch eine öffentliche Verhandlung vor dem ganzen Volk dessen Verurteilung zu verhindern. Doch abgedrängt vom Stadtkommandanten, kann er dem Stadthauptmann, der um eine friedliche Lösung bemüht ist, nicht helfen. Der Priester heizt die Kriegsstimmung des Volkes an und der assyrische General wird gesteinigt. Nach diesem Misserfolg wandert Elia ziellos durch die Wüste; er hadert mit Gott, weil schon wieder ein Mensch seinetwegen sterben musste. Er möchte endlich seine Mission loswerden, doch der Engel des Herrn schickt ihn zurück. Elia darf erst nach Israel zurückkehren, wenn er gelernt hat wiederaufzubauen (107–109). In seinem Misserfolg sieht sich der Prophet einem unabwendbaren Schicksal ausgeliefert (113).

Der Stadthauptmann verlangt von Elia ein neues Wunder, um das Volk für eine Friedenslösung zu gewinnen. In diesem Fall will er den JHWH-Glauben zur Staatsreligion erheben. Elia wäre bereit, diese große Bekehrungschance zu ergreifen. Doch sein Schutzengel verbietet jegliches weitere Wunder. Der Engel des Herrn stellt Elia vor eine Wahl: Er kann das Karmelwunder (1. Kön 18,20 ff.) nur einmal tun, entweder in Akbar, um die Schlacht zu vermeiden, oder in Israel, um sein Volk von Isebel zu befreien (113–118). Elia ist hin- und hergerissen; er liebt das gastfreundliche Volk von Akbar, aber er liebt auch sein eigenes Volk. »Warum muss ich wählen?«, klagt er, und wird vom Engel belehrt, dass die Stärke des Menschen eben darin besteht, Entscheidungen zu treffen und darin die Lehren aus dem Unabwendbaren zu ziehen (129). Während Elia noch mit sich ringt, beginnt der Krieg. Gott hat die Entscheidung für ihn getroffen. Die Gerichtsankündigung Elias wird wie angekündigt vollzogen.

Elia versucht, aus der angegriffenen Stadt mit der Frau, die er inzwischen liebt, und ihrem Sohn, der ihm ans Herz gewachsen ist, nach Israel zu fliehen

(135–137). Doch wird er vom Engel des Herrn barsch zurückgeschickt. Er habe dem Willen Gottes zu gehorchen; sein Schicksal in Phönizien sei noch nicht erfüllt. Die Assyrer überrennen mordend und brandschatzend die Stadt. Elia wird verletzt; die geliebte Frau stirbt langsam unter den Trümmern. Sterbend identifiziert sie sich mit der Stadt Akbar.

Zutiefst selbst betroffen vom selbst angekündigten und nicht verhinderten Unheil, klagt Elia Gott an und sagt sich von ihm los (158). Von den Überlebenden wird er beschuldigt, Fluch über Akbar gebracht zu haben und wird mit Schimpf und Schande aus der Stadt vertrieben (162). Nun ist es der Sohn der Witwe, der überlebt hat, welcher an Elias Verantwortung appelliert: Wie er ihn vom Tode erweckt habe, so solle er die Stadt wiederaufbauen, mit der sich seine Mutter identifiziert habe (164; 173). Daneben versucht ein alter Hirte, Elia zu einem eigenständigen Neuanfang zu ermutigen (166–172).

So kehrt Elia mit dem Jungen in die zerstörte und fast entvölkerte Stadt zurück. Endlich fühlt er sich frei von Gott und seinen Anweisungen. Aus seiner eigenen Entscheidung will er Gottes Zerstörungswerk verändern und die Stadt wieder aufbauen (174 f.). Indem Elia tatkräftig die Leichen zusammenträgt, Mitstreiter gewinnt und den Aufbau der Stadt organisiert, entwickelt er ein neues Gottesverhältnis: Er will mit Gott wie weiland Jakob (1. Mose 32,25–29) um den Segen, um den Erfolg kämpfen. Er will sein Schicksal nicht mehr einfach hinnehmen, sondern selber erwählen; das Unglück nicht mehr als Strafe erleiden, sondern als Herausforderung annehmen. Wie Jakob nach dem Kampf mit Gott den Namen »Israel« (d. h. »Gottesstreiter«) erhielt (1. Mose 32,29), so gibt sich auch Elia selbstbewusst den neuen Namen »Befreiung« (191). Die Autonomie, die Elia im Widerstreit mit Gott erringt, fordert nach Coelho nun keineswegs den Zorn Gottes heraus.

Im Gegenteil, Gott lächelt zufrieden, weil er Elia durch all sein Tun genau zu diesem selbstbestimmten aufbauenden Handeln hatte bringen wollen. Und der Erzähler konstatiert: »Was Elia für eine Herausforderung an Gott gehalten hatte, war in Wahrheit eine Wiederbegegnung mit Ihm« (192).

Aufgrund seines neuen Gottes- und Selbstverständnisses wird Elia zu einem sehr erfolgreichen Stadthauptmann, der Akbar zu einer blühenden Stadt mit lernbereiten Bewohnern verwandelt. Sie begreifen das Unglück ihrer Stadt als Chance, ihr Leben neu aufzubauen. Die Stadt erhält eine neue Geschichte, sie erhält neue Gottesdienste und Festtage. Ihr Selbstvertrauen ist so gestärkt, dass selbst die Erwartung einer neuen assyrischen Fremdherrschaft ihre Bewohner nicht schrecken kann. Der Engel des Herrn legitimiert Elias Aufbauwerk ausdrücklich: »Du hast recht getan, Elia. Gott hat deinen Kampf angenommen« (201). Und die geliebte Frau erscheint Elia und nimmt die von ihm wiederaufgebaute Stadt freudig in Empfang (209). Vor den Bürgern der Stadt fasst Elia seine nur scheinbar widersprüchliche Gotteserfahrung zusammen: »Es gibt Augenblicke, in denen Gott Gehorsam verlangt. Doch es gibt auch Augenblicke, in denen er unseren Willen erproben will und uns herausfordert, Seine Liebe zu begreifen« (207).

Doch genau in dem Moment, wo Elia sich behaglich in seinem Erfolg einrichten könnte, ergeht vom Engel des Herrn der Befehl, nach Israel zurückzukehren, um sich Ahab zu zeigen (1. Kön 18,1). Wegen der langen Unterbrechung der Dürrekomposition ist bei Coelho der Rückkehrbefehl nicht mehr primär auf die Beendigung der Dürre, sondern auf die Befreiung Israels gerichtet. Gott will sein Werk auf Erden fortsetzen. Durch diese erneute Indienstnahme Elias soll, wie der Engel mit Zitaten aus 5. Mose 8,2.11–13 erläutert, jeder Hochmut, zu der menschliche Autonomie führen könnte, ausgeschlossen werden (213 f.). Elia fügt sich dem göttlichen Befehl: »Man muss immer wissen, wann eine Etappe im Leben vorüber ist« (217). In einem abschließenden Gespräch mit dem Jungen, der sein Nachfolger als Stadthauptmann von Akbar werden soll, rechtfertigt Elia Gott ausdrücklich: Gott könne hart sein, aber nie härter als die Betroffenen es ertragen können. Er sei nicht böse, sondern am Ende würden wir sehen, »dass das Gute häufig als Böses verkleidet ist und trotzdem das Gute und Teil des Planes bleibt, den Er für die Menschheit geschaffen hat« (219). Mit dieser Theodizee endet Coelhos Eliageschichte.

Das in der biblischen Erzählung zentrale Handeln Elias auf dem Karmel (1. Kön 18,20–40) wird von Paulo Coelho nur innerhalb eines Epilogs kurz nachgetragen. Elia kehrt nach Israel zurück, versammelt die Baalspriester auf dem Karmel und läßt sie in dem folgenden Bürgerkrieg hinrichten. Vor den Nachstellungen Isebels (1. Kön 19,1–2) flieht er nicht zum Horeb, sondern in ein Gebiet östlich vom Fünften Berg. Ahab wird durch die Syrer (1. Kön 22,34), Isebel in einem Volksaufstand getötet, während Elia auf dem Berg seinen Nachfolger beruft und seine Himmelfahrt erlebt (1. Kön 19,19; 2. Kön 2,11). Das alles ist eine sehr verkürzte und geglättete Fassung der biblischen Geschichte, die das Auftreten Elias und die von Elisa initiierte Jehu-Revolution ineinander schiebt. Dass das Wirken Elias weiterging, deutet Coelho durch eine knappe Aufnahme der Erzählung von der Verklärung Jesu und der Identifikation des wiedergekehrten Elias mit Johannes dem Täufer an (Mt 17,2.10–13).

Paulo Coelho hat sich im vorliegenden Roman auf eine erstaunlich intensive und explizite Weise mit dem biblischen Stoff auseinandergesetzt, wie das vielleicht nur noch ein Schriftsteller aus Lateinamerika tun kann. Über die Eliaerzählungen hinaus, von denen viele Verse zitiert werden, finden sich noch eine Vielzahl weiterer Zitate und Anspielungen auf Texte des Alten Testaments, die meist durch Kursivdruck hervorgehoben, aber – leider – nicht aufgeschlüsselt werden. Das Buch ist für Menschen geschrieben, die sich noch in der Bibel auskennen.[15] Es handelt sich also um ein frommes, aber nicht speziell christliches Buch. Der Autor wollte auch keinen historischen Roman schreiben,[16] sondern Glaubens- und Lebenslehren verkünden.

Es ist ein moderner Elia, den Paulo Coelho seinen Lesern präsentiert: ein Prophet, der sich danach sehnt, ein gewöhnlicher Mensch zu sein, ein Mensch, der an seiner erschreckenden Gerichtsbotschaft selber leidet, ein Mann, der sich kaum wagt, seine Liebe zu einer Frau einzugestehen, ein Gottesmann, der erst im Kampf gegen Gott seine eigene Bestimmung findet. Co-

---

15 Für die anderen seien hier einige Hinweise gegeben: S. 9: 2. Mose 3,14; S. 16: 1. Kön 17,1; S. 33: 17,2 f.; S. 34: 17,8 f.; S. 36: 17,14; S. 38: 17,14; S. 57: 17,24; S. 87: Ps 23,1 f.; S. 109: 5. Mose 28,30; S. 117 vgl. 1. Kön 18,20–40; S. 131: Jos 10,12; S. 142: 1. Mose 3,24; S. 143: 5. Mose 20,7 (abgewandelt); S. 175: 3,23–27; S. 178: 3. Mose 26,30.32.36; S. 188 f.: 1. Mose 32,25–29; S. 213: 1. Kön 18,1; 214: 5. Mose 8,2.11–13; S. 222: 1. Kön 18,27–29.(33).39.45; S. 223: Mt 17,2.10–13.

16 Historisch lässt sich das von Coelho entwickelte Szenario nicht einordnen: Eine Stadt Akbar gab es nicht; Zarpat hatte nicht die strategische Lage zwischen Tyros und Sidon, die Coelho voraussetzt. Wohl gab es schon im 9. Jh. Westfeldzüge assyrischer Könige (Assurnasirpal II 883–859; Salmanassar III 858–824), aber diese beschränkten sich auf das Einziehen von Tributen, von assyrischen Eroberungen in Phönizien hören wir erst im 8. und 7. Jh. (Sanherib, Asarhaddon). Zudem stehen die 3 Jahre, die Coelho aus 1. Kön 18,1 übernommen hat (213), in Spannung zur Fülle der in Phönizien berichteten Ereignisse und der Frühdatierung des Dürrewortes von 17,1 in das Jahr 870 v. Chr. Vom Beginn bis zum Ende der Regierung Ahabs vergingen 20 Jahre. Zuweilen unterlaufen dem Erfolgsautor auch regelrechte Schnitzer: Die Griechen verwendeten nicht 5, sondern 7 Buchstaben für die Vokale (111); Jerobeam war nicht der Sohn von Salomo (139); Israel liegt nicht im Westen von Phönizien (142); und Elia zog nie nach Jerusalem (217). Dass Israel zu seiner Zeit in Nord- und Südreich geteilt war, scheint dem Autor unbekannt zu sein.

elho möchte, dass die Menschen nicht einfach dumpf dahinleben, sondern am Beispiel Elias sensibel dafür werden, was Gott mit ihnen vorhat. Aber er möchte auch, dass sie ihr Schicksal nicht gottergeben erdulden, sondern selber gestaltend in die Hand nehmen. Die gesamte Thematik von Autonomie und Verantwortlichkeit des Menschen ist von Coelho neu in den biblischen Eliastoff eingetragen. Interessant ist aber, dass er auch für diese eine biblische Basis sucht und sie im Kampf Jakobs mit Gott in Pnuel (1. Mose 32,25–33) findet. Man könnte somit Coelhos Elia als eine Mixtur aus biblischem Elia und biblischem Jakob bezeichnen.

Weit mehr noch als die biblische Erzählung malt Coelho die heilvollen Funktionen Elias gegenüber seinen gerichtsprophetischen aus. Sein Elia ist da, wo er zu sich findet, ein tatkräftiger Volksführer und humaner Reformer, der eine zerstörte Stadt wieder aufbaut und ihren Menschen neuen Lebensmut einflößt. Nur deswegen erhält er überhaupt die Berechtigung zu seinem späteren Gerichtswerk an Israel. Dagegen werden die hart anklagenden, Schuld aufdeckenden und zur Entscheidung zwingenden Handlungsweisen des biblischen Elia weitgehend ausgeblendet. Der schroffe Elia, der Prophet »wie ein Feuer«, von dem Jesus Sirach begeistert redete, passt offenbar wenig in unsere moderne Zeit.

Aber was wäre, wenn der wirkliche Elia heute wiederkäme?

D. VERZEICHNISSE

1. LITERATURVERZEICHNIS

Das Literaturverzeichnis verzeichnet nur eine Auswahl wichtiger Titel zu den Elia-Erzählungen und die in den Anmerkungen erwähnte Literatur. Es soll dem Leser helfen, sich einen ersten Überblick über die Forschungsdiskussion zu verschaffen. Weitere Literatur findet sich in den neueren Kommentaren und Monographien. Die Abkürzungen richten sich nach S. Schwertner, Abkürzungsverzeichnis zur Theologischen Realenzyklopädie (TRE).

Quellen

Biblia Hebraica Stuttgartensia, Stuttgart 1984.

Die Bibel nach der Übersetzung MARTIN LUTHER, revidierte Fassung von 1984, Stuttgart 1987.

MAIER, J., Die Qumran-Essener: Texte vom Toten Meer, Bd. I – III, München & Basel, 1995–96.

SAUER, G., Unterweisungen in lehrhafter Form. Jesus Sirach (Ben Sira), JSHRZ III/5, Gütersloh 1981.

Texte aus der Umwelt des Alten Testaments, Bd. I – III, O. KAISER (Hrsg.), Gütersloh 1982 ff. (= TUAT).

Kommentare

FRITZ, V., Das erste Buch der Könige, ZB.AT 10.1, Zürich 1996.

– Das zweite Buch der Könige, ZB.AT 10.2, Zürich 1998.

REVENTLOW, H. Graf, Die Propheten Haggai, Sacharja und Maleachi, ATD 25/2, Göttingen 1993.

RUDOLPH, W., Haggai – Sacharja 1–8 – Sacharja 9–14 – Maleachi, KAT XIII/4, Gütersloh 1976.

SAUER, G., Jesus Sirach/Ben Sira, ATDA 1, Göttingen 2000.

Skehan, P. W./Di Lella, A. A., The Wisdom of Ben Sira, AnB 39, New York etc. 1987.

Thiel, W., Könige, Lieferungen 1–2, BK IX/2, Neukirchen-Vluyn 2000–2002.

Würthwein, E., Die Bücher der Könige. 1. Kön. 17 – 2. Kön. 25, ATD 11/2, Göttingen 1984.

Lexika

Galling, K. (Hrsg.), Biblisches Reallexikon, HAT I,1, Tübingen ²1977 (= BRL).

Görg, M./Lang, B. (Hrsg.), Neues Bibel-Lexikon, Zürich 1991-2001 (= NBL).

Reike, B./Rost, L., Biblisch-Historisches Handwörterbuch, 4 Bde., Göttingen 1962–1979 (= BHH).

Van der Toorn, K./Becking, B./van der Horst, P.W. (Hrsg.), Dictionary of Deities and Demons in the Bible, Leiden & New York & Köln 1995 (= DDD).

Einzelstudien

Albertz, R., Die Exilszeit. 6. Jahrhundert v. Chr., BE 7, Stuttgart 2001.

– Elia, ein Prophet im Widerspruch, in: Ders. »Zieh deine Schuhe aus …!« Von den Zumutungen Gottes, Leipzig 2001, 49–63.

– Magie, II. Altes Testament, TRE XXI, 1991, 691–695.

– Persönliche Frömmigkeit und offizielle Religion. Religionsinterner Pluralismus in Israel und Babylon, CThM A 9, Stuttgart 1978 = Atlanta 2005.

– Religionsgeschichte Israels in alttestamentlicher Zeit, 2 Bde., GAT 8/1–2, Göttingen ²1996, ²1997.

Bartelmus, R., Elia(s) – Eine Prophetengestalt im Alten Testament und ihre musikalisch-theologische Deutung durch Felix Mendelssohn-Bartholdy, in: Ders., Theologische Klangrede. Studien zur musikalischen Gestaltung und Vertiefung theologischer Gedanken durch J.S.Bach, G.F.Händel, F.Mendelssohn, J.Brahms und E.Pepping, Zürich 1998, 89–133.

BECK, M., Elia und die Monolatrie. Ein Beitrag zur religionsgeschichtlichen Rückfrage nach dem vorschriftprophetischen Jahwe-Glauben, BZAW 281, Berlin/New York 1999.

BLUM, E., Der Prophet und das Verderben Israels. Eine ganzheitliche, historisch-kritische Lektüre von 1 Regum XVII–IX, VT 47, 1997, 277–292.

– Die Nabotüberlieferungen und die Kompositionsgeschichte der Vorderen Propheten, in: R. KRATZ/TH. KRÜGER/K. SCHMID, Schriftauslegung in der Schrift. FS O.H. STECK, BZAW 300, Berlin 2000, 111–128.

CRÜSEMANN, F., Elia – die Entdeckung der Einheit Gottes. Eine Lektüre der Erzählungen über Elia und seine Zeit (1Kön 17 – 2Kön2), Gütersloh 1997.

FOHRER, G., Elia, AThANT, Zürich ²1968.

GESE, H., Zur Bedeutung Elias für die biblische Theologie, in: AADNA, J./HAFEMANN, S.J./HOFIUS, O. (Hrsg.), Evangelium – Schriftauslegung – Kirche. FS Peter Stuhlmacher, Göttingen 1997, 126–150.

L. GINZBERG, The Legends of the Jews, Vol.IV, Philadelphia 1968.

GRÜNWALDT, K./SCHROETER, H. (Hrsg.), Was suchst du hier, Elia?. Ein hermeneutisches Arbeitsbuch, Hermeneutica 4, Rheinbach-Merzbach 1995.

HARDMEIER, C., Prophetie im Streit vor dem Untergang Judas. Erzählkommunikative Studien zur Entstehungssituation der Jesaja- und Jeremiaerzählungen in II Reg 18–20 und Jer 37–40, BZAW 187, Berlin/New York 1990.

HENTSCHEL, G., Die Elijaerzählungen. Zum Verhältnis von historischem Geschehen und geschichtlicher Erfahrung, EThSt 33, Leipzig 1977.

LEHNHART, B., Prophet und König im Nordreich Israel. Studien zur sogenannten vorklassischen Prophetie im Nordreich Israel anhand der Samuel-, Elija- und Elischa-Überlieferungen, VT.S 96, Leiden/Boston 2003.

NOTH, M., Überlieferungsgeschichtliche Studien, Tübingen ³1967.

ÖHLER, M., Elia im Neuen Testament. Untersuchungen zur Bedeutung des alttestamentlichen Propheten im frühen Christentum, BZAW 88, Berlin/New York 1997.

– Elija und Elischa, in: DERS., Alttestamentliche Gestalten im Neuen Testament. Beiträge zur Biblischen Theologie, Darmstadt 1999, 184–203.

OEMING, M., Naboth, der Jesreeliter. Untersuchungen zu den theologischen Motiven der Überlieferungsgeschichte in I Reg 21, ZAW 98, 1986, 363–382.

OSWALD, N., Elia. II Judentum, TRE IX, 1982, 502–504.

OTTO, S., Jehu, Elia und Elisa. Die Erzählungen von der Jehu-Revolution und die Komposition der Elia-Elisa-Erzählungen, BWANT 152, Stuttgart 2001.

ROFÉ, A., The Vineyard of Naboth. The Origin and Message of the Story, VT 38, 1988, 89–104.

SCHÄFER-LICHTENBERGER, C., ›Josua‹ und ›Elischa‹ – eine biblische Argumentation zur Begründung der Autorität und Legitimität des Nachfolgers, ZAW 101, 1989, 198–222.

SCHMITT, H.-C., Elisa. Traditionsgeschichtliche Untersuchungen zur vorklassischen nordisraelitischen Prophetie, Gütersloh 1972.

SCHMITT, R., Magie im Alten Testament, AOAT 313, Münster 2004.

SCHMOLDT, H., Elijas Begegnung mit Jahwä (1 Kön 19,9–14), BN 43, 1988, 19–26.

SEBASS, H., Elia. I. Altes Testament, TRE IX, 1982, 498–502.

SEYBOLDT, K., Elia am Gottesberg. Vorstellungen prophetischen Wirkens nach 1. Könige 19, EvTh 33, 1973, 2–18.

SMEND, R., Das Wort Jahwes an Elia. Erwägungen zur Komposition von 1. Reg. XVII–XIX, VT 25, 1975, 525–543.

STECK, O. H., Überlieferung und Zeitgeschichte in den Elia-Erzählungen, WMANT 26, Neukirchen-Vluyn 1968.

STEGEMANN, H., Die Essener, Qumran, Johannes der Täufer und Jesus. Ein Sachbuch, Herder Spektrum 4128, Freiburg & Basel & Wien ³1994.

STIPP, H.-J., Elischa – Propheten – Gottesmänner. Die Kompositionsgeschichte des Elischazyklus und verwandter Texte, rekonstruiert auf der Basis von Text- und Literarkritik zu 1 Kön 20.22 und 2 Kön 2–7, ATSAT 24, St. Ottilien 1987.

THEISSEN, G./MERZ, A., Der historische Jesus. Ein Lehrbuch, Göttingen 1996.

THIEL, W., Deuteronomistische Redaktionsarbeit in den Elia-Erzählungen, in: Emerton, J. A. (ed.), Proceedings of the 13th Congress of the ISOT, VT.S 43, Leiden 1991, 148–171.

– Mendelssohns »Elias« und der biblische Elia, in: DERS., Gelebte Geschichte. Studien zur Sozialgeschichte und zur frühen prophetischen Geschichtsdeutung Israels, Neukirchen-Vluyn 2000, 173–188.

TIMM, S., Die Dynastie Omri, Quellen und Untersuchungen zur Geschichte Israels im 9. Jahrhundert vor Christus, FRLANT 124, Göttingen 1982.

2. ABBILDUNGSVERZEICHNIS

Abb. 1: Monolith Salmanassars III. aus Kurkh; BOERKER-KLÄHN, J., Altvorderasiatische Bildstelen und vergleichbare Felsreliefs, BAF 4, Mainz 1982, Abb. 148 (Monolith Salmanasser III.).

Abb. 2: Rekonstruktion der Zitadelle von Hazor, Stratum V A; YADIN, Y. u.a., Hazor II, Jerusalem 1960, Fig. 2.

Abb. 3: Rekonstruktion der Toranlage von Megiddo, Stratum IV; LOUD, G., Megiddo II, OIP, Chicaco 1948, Fig.107.

Abb. 4: Grundriss der Anlage von Jesreel; D. USSISHKIN, D./ WOODHEAD, J., Tel Jezreel 1994-96, TA 24, 1997, 6-72, Fig. 4.

Abb. 5: Elfenbeineinlage mit Darstellung eines Keruben aus Samaria; CROWFOOT, J. W./CROWFOOT, G. M., Early Ivories from Samaria, Samaria-Sebaste II, London 1938, Pl. V.3a.

Abb. 6: Palast und Kasernen in Megiddo, Stratum IV A; LA-MON, R. S./SHIPTON, G. M., Megiddo I, Seasons of 1925-34, OIP XLII, Chicago 1939, Fig. 43.

Abb. 7: Ostraka aus Samaria (8. Jh. v. Chr.); RENZ, J./RÖL-LIG W., Handbuch der Althebräischen Epigraphik, Bd. III, Darmstadt 1995, Tafel VII.

Abb. 8: Stele des Wettergottes, den Chaosdrachen überwindend, Aleppo, Anfang des 9. Jhs.; KEEL, O., Die Welt der Altorientalischen Bildsymbolik und das Alte Testament: Am Beispiel der Psalmen, Zürich u. a. 1972, Abb. 142.

Abb. 9: Schwarzer Obelisk mit dem Tribut Jehus an Salmanassar III.; GRESSMANN, H., Altorientalische Bilder zum Alten Testament, Berlin/Leipzig 1927, Abb. 123.

Abb. 10: Fresko aus Dura-Europos mit Elia und der Witwe aus Zarpat (3. Jh. n. Chr.); KRAELING, C. H., Excavations at Dura-Europos, Final Report VIII, Part 1: The Synagogue, New Haven/London/Oxford 1956, Pl. XXXI.

Abb. 11: Fresko aus Dura-Europos mit der Darstellung der Totenerweckung Elias; KRAELING, C. H., Excavations at

Dura-Europos, Final Report VIII, Part 1: The Synagogue, New Haven/London/Oxford 1956, Pl. LXIII.

Abb. 12: Fresko aus der Katakombe an der Via Latina mit der Himmelfahrt Elias (4. Jh. n. Chr.); STÜTZER, H.A., Die Kunst der römischen Katakomben, DuMont-TB 141, Köln 1983, Abb. 57 (Himmelfahrt Elias).

Abb. 13: Elia in der Einöde, Russische Ikone aus dem 14. Jh.; IVANOV, V., Das große Buch der russischen Ikonen, Freiburg/Basel/Wien ²1990, Abb. 21 (Elia in der Einöde).

Abb. 14: Elia mit Schriftrolle, Russische Ikone aus dem 14. Jh.; FELICETTI-LIEBENFELS, W., Geschichte der russischen Ikonenmalerei, Graz 1972, Abb. 27 (Elia mit Schriftrolle).

Abb. 15: Illustration zu 1. Kön 18, die Opferprobe auf dem Karmel darstellend; Die Lutherbibel von 1534, Vollständiger Nachdruck, 2 Bde., Köln u. a. 2002, Bd. 1.

Abb. 16: Elia unter dem Ginsterbusch, Glasfenster von Marc Chagall im Ostchor der St.-Stephans-Kirche in Mainz, Postkarte.

Eva Ebel

Lydia und Berenike

Zwei selbständige Frauen bei Lukas

Biblische Gestalten 20

208 Seiten, Paperback
ISBN 978-3-374-02681-4
EUR 16,80 [D]

In Philippi trifft Paulus die gottesfürchtige Purpurhändlerin Lydia. Die jüdische Königin Berenike wird Zeugin einer großen Rede des Apostels während seiner Gefangenschaft in Caesarea maritima. So unterschiedlich die Lebensgeschichte und die gesellschaftliche Stellung beider Frauen sind, so gegensätzlich ist ihre Reaktion auf die neue Lehre: Lydia lässt sich taufen, Berenike bleibt von den Worten des christlichen Missionars unbeeindruckt.

Der Blick auf den lukanischen Bericht und außerbiblische literarische und epigraphische Quellen erhellt die unterschiedliche Lebenswelt beider Frauen und macht ihre unterschiedliche Haltung zur Botschaft des Evangeliums deutlich.

EVANGELISCHE VERLAGSANSTALT
Leipzig

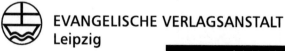

www.eva-leipzig.de